Reminiscences of Yugoslavia

田中一生
Kazuo Tanaka

追想のユーゴスラヴィア

かりん舎

ドブロヴニク全景

ドブロヴニク　聖ヴラホ教会　左奥に大聖堂

ドブロヴニク　総督邸中庭

ドブロヴニク旧市街　プラッツァ中央通り

ベオグラード　スカダリア通り

セルビア　ソポチャーニ修道院壁画「聖母の死」

IC

アンドリッチ像（ベオグラード）

田中一生

追想のユーゴスラヴィア

はじめに

一九三五年、北海道の美唄に生まれた田中一生さんは、早稲田大学の露文学科を卒業後、一九六二年から政府交換留学生としてユーゴスラヴィアに学び、一九六八年に帰国してからは、ユーゴスラヴィア研究の第一人者として活躍した（田中さんのライフヒストリーは、田中一生『バルカンの心――ユーゴスラビアと私』（彩流社、二〇〇七年）所収の「我、バルカンの架け橋とならん」に活写されている）。田中さんのバルカンとユーゴスラヴィアへの関心は幅広く、特定の分野に偏ることのない研究姿勢は、田中さん自身はそうは考えていなかったかもしれないが、まさに地域研究者のものであったと思う。私のようにこの地域の歴史を志す者にも、文学や文化を志す者にも、美術や芸術を志す者にも、その前には常に田中さんがいた。ただ、政治や経済には、必要以上の関心はもたなかった。それは、田中さんがライフワークとした「バルカンの精神史」を明らかにするうえで、あまり重要ではなかったからかもしれない。

田中さんが研究を始めてからすでに半世紀以上が過ぎ、日本におけるバルカン研究、（旧）ユーゴスラヴィア研究の裾野ははるかに広がった。研究に厚みが生まれる反面、それは、一種の蛸壷化にもつながりうる。それを戒め、広い視野を持つことの重要性を確認するうえでも、今、田中さんのされてきた仕事を振り返ることには大きな意味があるだろう。

田中さんが二〇〇七年三月九日に亡くなってから、すでに一三年以上が過ぎた。逝去直後の同年四月には、既発表の論考をまとめた『バルカンの心』が出版され、また日本教育会館で行われた四月一五日の「田中一生さんを偲ぶ会」には、内外から多数の人々が集った。没後一〇年を過ぎた二〇一八年五月には、田中さんが創設以来関わってきた歴史文化交流フォーラムの主催により「田中一生さんが遺してくれたもの」と題し、文学、歴史、美術史の各分野から田中さんの学問的貢献を振り返る会も開催された。そして今般、本書『追想のユーゴスラヴィア』を皆さんにお届けすることが叶った。

本書には、田中さんがさまざまな場で発表してきたテキストのうち、『バルカンの心』に収められていないものおよそ三〇編を収録している。『バルカンの心』と併せれば、田中さんが発表されたものは、翻訳を除きほぼすべてが網羅されている。ただ事典類に執筆した項目は割愛した。各テキストは千字程度の短いものからボリュームのある論文体裁のものまで多様で、また発表時期も一九七〇年代から二〇〇〇年代までさまざまである。本書では、それら珠玉の諸論考を、歴史（第一部）、文学（第二部）、芸術（第三部）、文化（第四部）の各分野に分類した。内容の共通するものを並べたことから、必ずしも発表順にはなっていない点をおことわりしておく。また、「おわりに」として、田中さんの研究をもっとも近くでみてきた南塚信吾さん、山崎洋さん、柴宜弘さんの文章を収めている。

各論考における地名・人名などの表記は、発表時点のものそのままの表記となっている。このため、本書全体として表記の揺れが存在している点はご了承頂きたい。こうした表記の揺れは、発表媒体の規定に従ったり、時間が経つ中で一般的な表記が移り変わったりの結果である。例えば、「ドブロヴニク」、「ドゥブロヴニク」、「ドゥブローヴニク」、「ドゥブロブニク」の各表記があらわれるが、これはもちろん同一の都市を指している。また、「ツルナ・ゴーラ」あるいは「ツルナゴーラ」は、独立国家となった現在では「モンテネグロ」としてよく知られているが、こちらも発表時のままとしている。そのモンテネグロを代表する文学者ニェゴシュの代表作も、『栄光の山並み』として紹介される文と『山の花環』として紹介される文があるが、同一の作品である（田中さんと山崎洋さんによる二〇〇三年の日本語訳は『山の花環』として彩流社より刊行された）。

前著『バルカンの心』に収められていない良質な文章が多数残されていながら、その掲載誌が学会誌から映画パンフレットと多岐にわたるため、田中さんの思考や感性の全体像に接することはいまやしだいに難しくなりつつあった。バルカン研究者はもとより、田中さんの視野や生き方に惹かれる方には、そのことがもどかしく思われていた。今回の出版企画は、そのような皆さんからの、田中さんの文章をまとめて読みたいという声に応えようと意図して始まった。本書の編集には、田中さんがかつて顧問を務めた世界史研究所から、木村英明と山崎信一があたった。また、かりん舎の坪井圭子さんには、通常の作業に加えて転載のアレンジを含めご尽力を頂いた。

折しもコロナ禍の中、図書館の閉館などもあり論考の収集にも苦労を強いられた。そうした中でも無事に出版に漕ぎ着けることができたことは、大きな喜びである。本書の実現に力を尽くして下さったすべての方に、改めて感謝申し上げます。

二〇二〇年一〇月

世界史研究所　山崎信一

田中一生　追想のユーゴスラヴィア　もくじ

第一部　ドブロヴニクと中世バルカン

第二部　アンドリッチとその時代

第三部　ユーゴスラヴィアの芸術世界

第四部

ユーゴスラヴィアを想う

おわりに

追悼　田中一生

旧ユーゴスラビアの諸国とその周辺
ウクライナ
モルドバ
ルーマニア
ブカレスト
ドナウ川
ルビア
ビディン
ニーシュ
ベリコ・タルノボ
黒　海
ソフィア
ブルガリア
ボヤナ
リシュティナ
プロブディフ
スコピエ
マケドニア
プリレプ
トルコ
イスタンブール
ギリシア
アトス山
トルコ

ウィーン
ブラチスラバ
スロバキア
ドナウ川
オーストリア
ブダペスト
ハンガリー
マリボル
トリグラフ山
クラーニ
イタリア
リュブリャナ
スロベニア
ザグレブ
モハーチ
ドラバ川
ベネチア
トリエステ
コペル
ピラン
サバ川
カルロバツ
ボイボディナ
リエカ
イストラ半島
クロアチア
ノビ・サド
プーラ
ボスニア・ヘルツェゴビナ
ベオグラード
ディナル・アルプス
ヤイツェ
トラブニク
ザダル
ダルマチア
ドリナ川
サラエボ
シベニク
ストゥデニッツァ
ビシェグラード
ネレトバ川
アンコーナ
スプリト
ソポチャーニ
モスタル
フバル島
ノビ・パザル
モンテネグロ
イタリア
コルチュラ島
アドリア海
ドブロヴニク
コトル
ポドゴリツァ
ツェティニェ
ティラナ
ドゥラス
アルバニア
オフリド湖

第1部

ドブロヴニクと中世バルカン

ドゥブローヴニク

一　自治都市の成立

ドゥブローヴニクはクロアティア（旧ユーゴスラヴィア）随一の観光地である。アドリア海東岸のほぼ中央に位置し、中世の城郭都市が今に残る生ける博物館だ。この市はかつて独立国として東西貿易に携わり、一時はヴェネツィアと覇を競うほどに繁栄した。そして一八〇八年、ヴェネツィアから遅れること一一年、同じナポレオンの手によって滅亡したのである。

ビザンツ皇帝コンスタンティヌス七世ポリフィロゲニトゥスの『帝国統治論』は、七世紀アヴァール人やスラヴ人の難を逃れたローマ人が住み着いた小さな岩島こそ、ドゥブローヴニクの起源であると語っている。[1] ローマ人は島の形状からその地をラグシウム、後にラグーザと名づけた。岩島の対岸に腰を据えたスラヴ人は、周りに密生する樫の木に因んでそこをドゥブローヴニクと称した。両地はやがて合体して自治都市となり、両者を分つ狭い水路も埋め立てられて、共通の市壁で囲まれた。一三世紀のことである。それゆえ、彼らは自分たちの市をラグーザないしドゥブローヴニクと呼んだ。ラグーザが優勢であったとはいえ、こうした両義性は当市の特異な性格となって、以後あらゆる局面で認められるだろう。

千二百年に及ぶドゥブローヴニクの歴史は、イレチェク[2]によればビザンツ期（七世紀—一二〇五）、ヴェネツィア期（—一三五八）、ハンガリー期（—一五二六）、オスマン帝国期（—一八〇八）に区分されるが、一三五六年以降は独立時代と看做される。ハンガリーおよびトルコに年貢こそ支払わなければならなかったものの、独自の内政と外交を遂行し、国章と国旗をもち、貨幣を発行するなど、独立国家としての属性をすべて備えていたからである。一五世紀からは共和国を名乗って国際場裡で活躍し東西世界の小さな緩衝地帯としても重要な役割を演じたことを忘れてはならない。

小さな岩島の漁師や舟夫たちが外敵から身を守るため土と木で柵をめぐらせ、九世紀には強固な城塞を築いていたことは、彼らが一五ヵ月におよぶアラブ人の包囲攻撃に耐えぬいた事実からもうかがい知ることができる。穀類を確保するため大陸のスラヴ人から耕地を借り受け、両者の共生はやがて共住関係へと発展していった。その間ビザンツ皇帝から交易上の特権を受け、一二世紀にはアドリア西海岸の諸都市と商業上の協定を結ぶに到った(3)。また一〇二二年には司教座が教皇により大司教座へ昇格され、広域な後背地まで教区に加えられて、ドゥブローヴニクの重要度は著しく増大していた。一一八一年には初めて「ラグーザ・コミユーン」なる名称が言及されていることも、右の事実を傍証してくれる。

一三世紀に入り、ドゥブローヴニクの運命は一変した。第四次十字軍の余勢をかってヴェネツィアが一二〇五年、この市を征服したからである。この時から一三五六年、最後の総督が帰国するまでヴェネツィアは二年ごとに総督を送りこみ、大司教にも自国人を任命することにより聖俗界ににらみを利かし、商業上には制約を加えて、ライバルを封じこめるために腐心した。その反面、先進国の占領政策によってドゥブローヴニクが進歩発展した面も多々あった。例えば明らかにヴェネツィアをならって作成された一二七二年の都市法(4)がそれで、同法により、われわれはこの小さな自治都市の当時の政治・経済・社会の大要を知ることができる。

政治は貴族が独占していた。最も重要な政治機構は、まず二〇歳(後に一八歳)以上の男子貴族が構成する大評議会で、人数は年代によってばらつきがあるが、約三百人がこれを構成していた。次いで彼らの中から選ばれた一〇人と総督の計一一人から成る小評議会がある。さらに小評議会員を含む三〇—四〇名が組織する元老院があったが、これは事実上の政府とみなされる。小評議会と元老院はいずれも任期一年だが、後者がより重要な機関であった。ハンガリーの影響下に入ってからは、総督（元首）も当市の名門貴族から選出されるようになる。ただ期間はわずか一ヵ月で「これは……恐るべき強国に取り囲まれた一小共和国においてでなければ起こりえない」[5]政治現象だった。

ビザンツ時代の遺産である民会もあり、確かに都市法は大小評議会で採択された後、民会にはかられ賛同をえて発効した。だがこれはもはや形式的なものに過ぎず、一三世紀中にはそうした形式すら廃れてしまったと考えられる。

二　独立と繁栄

ドゥブローヴニクの繁栄はその地理的条件からすでに約束されていたといえよう。アドリア海の東岸は温かい海流が北上し、魚介類は豊富である。カルスト系のディナル・アルプスが海岸線と並走して、大小の入江と天然の良港をそこかしこに造り、千を超える島々が船舶に恰好の避難所を提供してくれた。だが島影もこの市から南へ下ると急に少なくなって、イオニア海、地中海という交易路網につらなる。また後背地には比較的ゆるやかな山道があって、ヘルツェゴヴィナ、ボスニア、セルビア、ブルガリア、遂にはコンスタンティノープルまたはイスタンブルへと通じていた。それゆえドゥブローヴニクは水上では南北、陸上では東西の要となって、商業都市として発展できたのである。

ヴェネツィア支配に入ると、たしかにその国際都市へは入港を制限され、そこで外国人と直かに商売することは禁じられた。だが「地中海世界全域の中で最も豊かな都市」（ブローデル）[6]をパトロンにもったことで、おおいに潤った面もあったことは、銘記されなければならない。つまりドゥブローヴニクの船舶は有翼獅子の旗（ヴェネツィア共和国の旗）を用いることで公海での安全を保障されたのである。さらに、ヴェネツィアの大船団はレヴァントへの往還にドゥブローヴニク港へ立ち寄って、船員を整え、あるいは交替させ、食糧を調達するなどして、大いに金銭を落としていったからだ。一三二九年に造船所ができてから、ここで艤装される軍船も多く、ドゥブローヴニクはさらに潤った。

一方、海上貿易が制限されたことで、後背地との交易があらためて注目された。折からセルビアでは鉱山採掘が活況を呈し、多くの銀、銅、鉛、鉄を産出しはじめた。ドゥブローヴニクの商人はこれらをアドリア海へ運搬しイタリアへ売り捌くだけでなく、鉱山の賃借権を得たり、やがては鉱山を所有するまでになった。一四世紀に入るとボスニアからも多量の銀、鉛、鉄がもたらされた。隊商がバルカン内陸部から運んで来たものは鉱物の他に、家畜、蜜蝋、羊毛、皮革、毛皮、食糧などで、時として奴隷も見られた。逆にそれらの地へは、塩、織物、武器、貴金属細工、ガラス、絵画などを輸出した。

仲介貿易によって得た莫大な富で、ドゥブローヴニクは都市国家としての態様を整えていった。外敵を防ぐ市壁は絶えず強化伸長し、一四世紀にはほぼ今日のような美しく堅牢な防御施設が完成する。一周およそ二キロメートル、壁の厚さは平均五・五メートル、高さは二〇メートルにも達した。要所に角塔が立ち、さらに市壁を外から守る要塞も二つ建造された。その一つロヴリイェナツ（聖ロレンツォ）は西側の小さな湾をへだつ高い岩塊の上に乗って、市全体を見守っている。要塞入口には「Non bene pro toto libertas venditur auro あらゆる黄金を以ても自由を売るは正しからず」というモットーが刻まれていた。ドゥブローヴニクは何よりも自由を尊び、国旗にも Libertas と大書したほどである。その自由と独立を保障したのが他ならぬ市壁と、後に見る巧みな外交であった。

市内を彩るもっとも立派な公共建造物は、フィレンツェのミケロッツィも参画した総督邸だ。総督の執務室と寝室、大小評議会と元老院、裁判所、大蔵局、監獄、武器や火薬庫なども置かれていた。同様に美しいゴシックとルネサンス様式が混合したスポンザ宮殿には、造幣局、税関、後にはアカデミーもあった。

大聖堂《カテドラル》は、第三次十字軍の帰途この近くで難破したリチャード獅子心王が最初に献堂したものだと言われている。それはロマネスク様式の旧聖堂で、現在のは一七世紀に成ったバロック建築である。この市の守護聖人名を冠した聖ヴラホ（聖ブレシウス）教会も改築されたバロック様式で現存する。一四世紀に造られた後期ロマネスク様式のフランシスコ会修道院、一五世紀にかけて成ったドミニコ会修道院、今はレストランに改造されている聖キアラ尼僧院。さらに大小さまざまな教会や礼拝堂が人びとの宗教生活に関わっていた。

興味ぶかいのは穀物を保存した巨人な倉庫ルーペ（穴蔵）で、一二〇〇トンの容量を誇る。このお蔭もあって、市民は五百年にわずか八度の飢饉しか経験しなかったらしい。

一四三六年、上水道の建設を決議し、大規模な作業に巨額な資金が充てられることになった。それまでは天水や共同井戸に頼り、あるいは船で近間から運ばれた飲料水を、一六キロメートル離れたスルジ山近くの水源から導管で直接引くというものである。イタリア人オノフリオ・デ・ラ・カーバは八二〇〇ドゥカト、一年四ヵ月の期間で工事を請負った。実際はもう少し長びき、費用もかさんだが、見事に完成して今日も働いている。同じころ下水道も設置され、廃棄物はすべて海へ流されるようになった。また道路や広場も石とレンガで舗装されると、家屋もすべて石造りに改築された。

三　人びとの暮らし

市が繁栄するにつれて、ローマ人とスラヴ人から成る住民に階層分化が始まった。貴族に関する最初の言及は一一世紀に遡る。主にローマ人の末裔から成る名家《ノビレス》が一四世紀には貴族階級を形成し、いわゆる閉鎖令を発して貴族を固定化してしまった。名門はメンチェティッチ、ソルコチェヴィッチ、ジュルジェヴィッチ、グチェティッチ、グンドゥリッチ家。クレキッチによれば、貴族人口は一五世紀で約一一〇〇人、市内（一六ヘクタール）の人口を五ないし六〇〇〇人と推定すると（タディッチ）[7]、その割合はひじょうに高い。なおドゥブローヴニクは平和的手段でつぎつぎに領域を拡張し、共和国の総人口は二万から二万五〇〇〇人に達していたと考えられる。

一般市民は政治権力こそもたないものの、中には商人や船長として貴族と同等もしくはそれ以上に富む者もいた。彼らは一四世紀アントニーニ（聖アントニウス兄弟団）を結成してエリート市民層を成し、やがては特令で新貴族になるのである。

手工業は一三世紀末に起源する。織物、造船、石工、大工、製靴、染色などの他、サンゴや金銀細工に従事する者は、各業種の守護聖人に因んだ名のギルドに組織されていた。農民は主にブドウとオリーブを栽培し、近郊からは新鮮な野菜や果物を毎朝市場へ運びこんだ。ザクロ、イチジク、季節の花々も屋台を飾った。

地中海性気候に恵まれ、当代ヨーロッパで最高水準に達したインフラストラクチャーを享受して、文化生活も花開いた。一五世紀のジヴォ・グチェティッチはラテン語とギリシア語で、シシュコ・メンチェティッチとジョーレ・ドゥルジッチはスラヴ語で作詩した。ダルマティアの諸都市にはイタリア人文主義の影響を受けて多くの文学者が輩出したが、もっとも有名なのはこの市が生んだ一六世紀のマリン・

ドゥルジッチだろう。シエーナ大学に留学してローマ時代の喜劇に親しみ、帰国して自作自演した「マロエ伯父さん(Dundo Maroje)」は、当代ドゥブローヴニク商人の吝嗇《りんしょく》ぶりを笑殺したもの。現在もサマー・フェスティヴァルなどで、彼の時代と変らぬ屋外広場を舞台にしばしば上演される。一七世紀にはジヴォ・グンドゥリッチが現われ長詩「オスマン(Osman)」を書き、詩聖と仰がれた。ホチムの戦いでトルコ軍を破ったポーランド軍の武勲をたたえ、キリスト教を救う汎スラヴ主義を謳ったものだ。彼はまた自由を擬人化した田園詩劇「ドゥブラヴカ(Dubravka)」の作者でもある。

美術史でドゥブローヴニク派に分類される一連の画家も一四、五世紀に活躍した。マンテーニャの弟子ミホチュ・ハムズィッチ、ヴェネツィアで修業したニコラ・ボジダレヴィッチなどで、とくに後者の金色を多用した甘美な聖母マリア像は、一度目にしたら忘れられない。

教育について一言すれば、読み書きは早い段階から比較的広く普及していた。多くの個人教師がイタリアから来ている。コミューンとしても正式な教師を招聘し、住宅費に加え年間三〇—一〇〇ドゥカトを支給した。初等教育は一四世紀、中等教育は一五世紀に組織され、一七世紀にはイエズス会がコレギウム(高等教育機関)を開設している。さらに貴族の子弟で優秀な者はパードヴァ、ボローニャ、ローマ、パリなどの大学へ奨学生として派遣された。

ドゥブローヴニクは一三四八年ペストに見舞われ、連日二〇人から三〇人が斃れた。年代記作者レスティッチ(一六七一—一七三五)は合わせて六〇〇〇人の平民と二七三人の貴族が死んだと述べている。少し誇張し過ぎだと思われるが、人口が激減したことは間違いない。ペストはその後も幾度かこの市を襲っている。またレプラ(ハンセン病)も恐るべき伝染病だった。

それゆえ、一四世紀初めには薬局が開設されて今なお営業している。一三四七年には施療院、三〇年後には隔離所が建てられて、住民の健康管理にも注意が向けられた。薬剤師や医師の六割はイタリア人だった。一二八〇年すでに「マギステル・ヨセフス」なる医師名が記録されている。次いでユダヤ人、スペイン人、ギリシア人が多い。一四世紀で外科医は二〇〇ドゥカト、内科医は四〇〇ドゥカトもの平均年間給与を市当局から貰っていた。

こうして西ヨーロッパの諸都市に較べても遜色のない文化生活は、ドゥブローヴニクがバルカンの主要地に点在させていた居住区《コロニー》や接触した王侯の宮廷を介して、南スラヴ人にも伝わっていった。つまりこの市は、単なる商品の仲介者として活動しただけでなく、西欧文化の伝達者でもあったことを忘れてはならない。一例として、一四三九年にセルビアで殺害された某医師は一三冊の書物を遺しているが、中にはセネカの著作も交じっていた。

四　衰退と滅亡

ハンガリー、オスマン帝国の保護下に入ったドゥブローヴニクは、それぞれに年貢は払ったものの、あらゆる面で独立国として振る舞った。因みに、ハンガリーへの年貢は五〇〇ドゥカト。オスマン帝国への年貢はすでに一四五八年から支払われていて、初めは一五〇〇ドゥカト、一四八一年には一万二五〇〇ドゥカトに定められた。当時の貨幣単位はミンチャ、ディナル、シュクダ、タリル、リベルティ、ペルペラ、ドゥカトなどで銅貨と銀貨で発行されたが、ペルペラとドゥカトが代表的なものであった。(8)

ところで総督（元首）の任務はわずか一ヵ月、その間は官邸にこもり、帰宅はできない。しかも連続再選は禁じられ、独裁者の出現が予防された。小評議会は一種の執行機関で高等法院でもあった。内外の重要案件はすべて元老院が決定した。週に四回の会合をもち任期は一年、ただし再選は許される。大評議会は九月に開かれ、役員の補充や法律の裁可を行なう。会場の入口上部には「Obliti privatrum, publica curate 私事を忘れ、公事に徹せよ」というモットーが彫られていた。彼らはすべて無給でこうした任務をつとめた。クレキッチはドゥブローヴニク国家の政治制度を貴族的民主主義と呼んでいる。貴人の義務がもっとも発揮されるのは外交面であった。先述したとおり、共和国の自由と独立は市壁と外交のたまものと言われた。そして外交が成功するためには、潤沢な資金と辣腕の外交官が不可欠である。ドゥブローヴニクはその点で申し分なかった。

一三八九年、コソヴォの戦いで南スラヴ連合軍を大敗させたオスマン帝国軍は、一五世紀にはビザンツ帝国、セルビアを滅してバルカンを平定し、ここにパックス・オットマニカが現出する。それまであったバルカン諸国の関税障壁がオスマン帝国のもとで一本化して、ドゥブローヴニク商人の活動は何倍も容易になった。両者のあいだに言語上の障害がほとんどなかったことも幸いした。なるほどドゥブローヴニクの公用語はラテン語だったが、商人は地中海の公用語であるイタリア語はもちろん、スラヴ語も自在に使っていた。貴族ですら次第にスラヴ語を諸評議会でも使うようになった。他方、オスマン帝国の高官にはスラヴ人が多く登用されていた上、バルカン諸地方では圧倒的にスラヴ語が話されていたからである。こうしてドゥブローヴニクから例年大幅な輸出超過がつづき、年貢の値上りを補って余りあった。

ローマ教皇もこの小共和国をつうじて東方世界の情報を得る便宜があったため、特別の許可状をあたえ中立を保障した。それゆえ、神聖同盟とオスマン帝国が交戦中ドゥブローヴニクは双方の仲介貿易を独占して、平和時の六、七倍もの利鞘を稼いだとタディッチは述べている。

だがオスマン帝国の威勢もスレイマン大帝を頂点として、彼の死（一五六六年）を契機にようやく停滞、衰退へと向かうのである。一五七一年レパントの海戦で大敗を喫し、名宰相ソコルル・メフメト・パシャが暗殺（一五七九年）されたことで、国内には政情不安が発生し、経済も振るわなくなっていく。バルカンの治安も乱れがちとなると、隊商の安全も保障しがたい。また新大陸発見によって地中海の重要性はしだいに大西洋にとって代わられつつあった。さらに重要なことは、巨大な西ヨーロッパの商船隊が地中海に登場して、彼らと競争するのは困難をきわめた。ドゥブローヴニクの繁栄も一六世紀末からしだいに下降線をたどることになる。一七世紀、近代国家の時代となって、小さな共和国の活躍する余地はさらに狭まった。

一六六七年四月六日の大地震と火災により、市は壊滅的な打撃をうけた。死者は国内総数で四〇〇〇人に達したと推定される。貴族の中には市を捨ててコルフ島へ移住しようとする意見もでた。ヴェネツィアとトルコは援助を口実に、このミニ共和国を併呑しようと迫った。とくに後者は死に絶えた家門の遺産を没収すると通達してきたのである。ドゥブローヴニクの生存をかけた長く苦しい闘いが始まった。サライェヴォとイスタンブルへ派遣された四人の外交官は、死を覚悟で市門を後にし、事実その中の一人ニコリツァ・ブニッチは遠くブルガリアの地で獄死したのだった。(9)

しかしドゥブローヴニクは生き延びた。住民の努力はもちろんのこと、多くの船舶が国外にあって船荷ともども助かったことと、異郷の愛国者たちが必死の募金活動をしたからだ。トルコもキリスト教世界の情報を収集する貴重な窓口であり、自国産品の重要な輸出港でもあるドゥブローヴニクを存続させることにした。さらに一六九九年のカルロヴィッツ条約では、ダルマチア沿岸を占領していたヴェネツィア領と接触しないように、自国の周囲に狭隘なトルコ領の緩衝地帯を設けて欲しいと主張したドゥブローヴニクの意見を支持し、実現させたのである。この時も彼らの外交が成功した。

一八世紀、ドゥブローヴニクの経済は旧に復したかに見えた。領事館は八〇を数え、船舶数も二〇〇を超えた。だがもはや自国の貿易が主役ではない。貴族や大商人は一七世紀バルカン諸国から撤退を始め、資金の多くを主にイタリアの銀行へ投資していたからだ。そういった次第で彼らは保守化していっ

ドゥブローヴニク（海辺のベンチ）

た。フランスからもたらされた啓蒙思想にも共感することなく、内部改革を求める市民層や青年貴族層とさらに乖離して、アメリカ独立を認めず世界の潮流に遅れていった。

　フランス革命につづいてナポレオン戦争がヨーロッパ大陸を席捲し、一七九七年、アドリア海の女王ヴェネツィア共和国は、栄光の歴史を閉じた。一八〇八年、アドリア海の真珠と謳われるドゥブローヴニク共和国も同じ運命をたどるに到った。南方のコトル湾を扼《やく》したロシア軍を攻撃すべく、ダルマティア軍を南下させこの市に居座ったフランス軍のマルモン将軍が「ドゥブローヴニク共和国の独立は存在を停止せり、全ての行政機能はフランス指揮官に委譲さるべし」と宣した[10]。

かくして独立国から一地方都市となったドゥブローヴニクはまずフランス領、ウィーン会議によりオーストリア領に編入されて二〇世紀を迎えた。第一次大戦後は新生ユーゴスラヴィアの重要な港町として、第二次大戦後は社会主義ユーゴスラヴィア最大の観光都市として外貨を稼いだ。一九八五年には世界の遺産にも指定された。一九九一年からは新生クロアティア国に属している。

小国ながら東西文明のはざまにあって独自の文化を発展させ、バルカン半島のスラヴ人社会に重大な役割を演じたドゥブローヴニク共和国。その歴史は、一二七八年この方大切に保存されてきた七〇〇〇巻を超える手稿本と、一〇万点におよぶ法令文によって追跡することができる。そこにはまた、ドゥブローヴニクが係わった数多くの国々に関する思いがけない情報が公開を待っているかも知れない。まことにこれは「地中海に関するわれわれの知識にとって、とりわけ最も貴重なものである」(ブローデル)[11]。

自然と人間がつくりあげた芸術としてのドゥブローヴニク共和国は、したがって、わが国においてもさらに注目されるべきであろう。

【注】

（1）Constantinus Porphyrogenitus, *De Administrando Imperio*（ed.and trans. Gy. Moravcsik and R. J. H. Jenkins, Harvard Uni., Washington, 1967）.

（2）K. Jireček, *Pregled dubrovačke historije*（SKANU, Sremski Karlovci, 1924）.

（3）Bariša Krekić, *Dubrovnik in the 14th and 15 th Centuries*（Oklahoma Uni., 1972）. B・クレキッチ『中世都市ドゥブロヴニク』（田中一生訳、彩流社、一九九〇）。なお特別な断り書きがない限り、本論はほぼクレキッチに依拠している。

（4）*Statut Grada Dubrovnika 1272*（trans. M. Križman and J. Kolanović, Dubrovnik, 1990）.

（5）モンテスキュー『法の精神（上）』（野田良之他訳、岩波文庫、一九八九）、六二—六三頁。

（6）フェルナン・ブローデル『地中海世界Ⅰ』（神沢栄三訳、みすず書房、一九九〇）、六三頁。

（7）Jorjo Tadić, *Dubrovnik od postanka do kraja XV stoljeća*, Historija Naroda Jugoslavije I, "Školska Knjiga"（Zagreb, 1953）.

（8）Francis W. Carter, *Dubrovnik*（*Ragusa*）*A Classic City-state*（Seminar Press, London and New York, 1972）.

（9）Vinko Foretić, *Povijest Dubrovnika do 1808*, Nakladni Zavod. MH, Zagreb, 1980.

（10）ibid.

（11）Fernand Braudel, *The Mediterranean and the Mediterranean world in the Age of PhilipⅡ*, vol. Ⅲ（Harper Colophon Books, New York, 1973）.

（『講座世界史1　世界史とは何か——多元的世界の接触の転機』所収、一九九五年、東京大学出版会）

海上貿易の富で築いた中世都市ドブロヴニク

アドリア海の名称は、イタリア北部のヴェネト州にある町アドリア（語源はエトルリア語か？）にちなんでつけられた。古代ギリシャ人はアドリア海を「アドリアティケ・タラッサ」、ローマ人は「アドリアティクム」ないし「ハドリアティクム・マーレ」と呼んだ。一六世紀からは、ヴェネチア湾、あるいはたんにゴルフォ（湾）ともいわれた。

アドリア海はバルカン半島とイタリア半島に挟まれ、地中海の内海として、最も深くヨーロッパ大陸に入り込んでいる。最南のオトラント海峡から最北のヴェネチア湾まで、長さおよそ八〇〇キロ。幅は平均で約一六〇～一七〇キロと細長い形をしている。水深は北部で一〇〇～二〇〇メートルと比較的浅いが、南部の最も深い海盆では一三〇〇メートルに達する。潮の干満はあまりない。暖流が東側（バルカン半島側）を北上し、ヴェネチア湾で冷え切って西側（イタリア側）を南下する。東側はカルスト（石灰岩台地）が海に落ち込んで多くの岩場を作っていて、一〇〇〇を超える島々が散らばり（人が住んでいるのは約三〇〇）、良港に富む。反対に、西側は砂場が多く遠浅のため、漁業にはあまり適さない。海生動物、植物とも種類は多く、豊かな自然に恵まれている。冬はハンガリー方面から寒い季節風「ボーラ」、夏は北アフリカから蒸し暑い「シロッコ」が吹く。

ダルマチア州の成立と発展

古来、アドリア海上を多くの人びとが往来したが、先住者としては東側のダルマチア地方にイリュリア人がいた。紀元前四世紀頃、ギリシャ人はダルマチア地方のドブロヴニク近くのツァヴタット、フヴァル島、コルチュラ島などに植民市を建設。紀元前二世紀頃には、ローマがアドリア海東側沿岸域一帯を占領して、イリュリクムまたはダルマチア州とし、都市を造った。円形劇場で有名なイストラ半島のピエタス・ユリア（プーラ）、ダルマチアの中心都市ヤデラ（ザダル）、二九三年にローマ四分統治を始めたディオクレティアヌス帝（在位二八四〜三〇五年）の宮殿が残るスパラトゥム（スプリト）、ローマと東地中海を結ぶエグナティア街道の重要な出発点だったアルバニアの良港デュラキウム（ドゥラス）など、今日見られる都市の礎を築いた。

しかし、三七五年のゲルマン民族大移動によって大方の都市は破壊され、三九五年にローマ帝国が東西に分裂。その後、ビザンチン（東ローマ）帝国の支配、スラヴ人の移住、クロアチア王国の成立、ヴェネチア共和国によるアドリア海一円の制覇、トルコ人の侵出と、目まぐるしい歴史を経て近代に至る。

ヴェネチアの恩恵と共和国成立

ダルマチア地方の中世都市ドブロヴニクは、もともと小さな岩石の島だった。七世紀初頭、遊牧民族のアヴァール人とスラヴ人の襲撃を逃れて、南方二五キロのエピダウロス（ツァヴタット）から先住民のローマ人が移住してきた。こうして誕生した漁村、ドブロヴニクはイタリア語で「ラグーザ」と名付けられ、ビザンチン帝国のもとで成長していく。一一世紀には大司教座が置かれ、一二世紀にはアンコナやピサなどのイタリア諸都市と貿易協約を結ぶ。

発展を続けるラグーザを、ヴェネチアはライバルと考えたのかもしれない。第四回十字軍の余勢をかって、一二〇五年、ヴェネチアはラグーザを占領した。それから一五〇年間、ラグーザは植民地としての時代を過ごす。

ヴェネチアは大司教と総督を送り込んで、聖俗界を完全に支配した。当時、ヨーロッパ最大級の都市国家だったヴェネチアからラグーザ人が受けた恩恵は、いろいろあった。たとえば、ヴェネチアの社会情勢や諸法を参考にして、一二七二年、ラグーザ人は自分たちで独自の都市法を制定した。その後、バルカン半島に住みついていたスラヴ人地区をラグーザに取り込み、両者を分ける水路を埋め立てて市壁で囲んで町を拡張した。

また一三三二年、閉鎖令をもって貴族層を固定し、貴族制民主主義ともいうべきこの国の性格を規定した。市壁内の人口は一五世紀末で五〇〇〇～六〇〇〇、国全体で二万五〇〇〇～三万と推定されている（『中世都市ドゥブロヴニク』B・クレキッチ著、田中一生訳、彩流社）。

ラグーザ人の経済活動の初期は、近辺の海上貿易と海運業だった。やがて、ヴェネチアの旗に守られて東地中海沿岸（レヴァント）まで活動範囲を広げた。

その一方で、バルカン半島の後背地へ進出。一一八六年にはセルビア、三年後にはボスニアと和平協定を結んだ。注目すべきは、この協定文でラグーザがスラヴ語名の「ドブロヴニク」と初めて言及されたことである。これは、市内のスラヴ人口が増大した証拠であろう。ただし、貴族はイタリア系（ローマ人の末裔）、平民はスラヴ系といった位置づけは残った。

一四世紀の中頃、ハンガリーがヴェネチアとの戦いに勝利し、一三五八年にドブロヴニクを保護国とした。ドブロヴニク史学では、この時をもって実質的な独立とみなしている。なぜなら年貢を払い、ハンガリー国王のために教会で祈りを捧げる義務以外は、すべて自由になったからだ。自分たち貴族の中から総督を選び、通貨を発行し、外交を行い、軍隊を持ち、国旗には赤に金文字で「リベルタス（自由）」と記した。

自信を得た彼らは一五世紀初頭から、それまでのコムニタス（都市国家）に代えてレププリカ（共和国）を自称する。一五二六年、トルコの保護下に入ってからもこの状態は変わらない。

巨富を注いで町づくり

二〇世紀を代表する歴史家の一人フェルナン・ブローデルも高く評価しているドブロヴニクの膨大な古文書（七〇〇〇巻の手稿本と一〇万点の法令文）から、往時の国際色豊かで活気ある日常生活が浮かび上がってくる。イタリアなどの西側諸国やバルカン半島から来た人びとで、路上や広場はいつもにぎわっていた。言葉に関していえば、「リングア・フランカ（地中海周辺の異民族間の共通語）」であったイタリア語は市民すべてが話せたし、後背地のボスニア人やセルビア人とは自分たちのスラヴ語で会話をしていた。

ここで、ドブロヴニクを通して行われた東西交流を「物」と「人」に分けて考えてみよう。

ドブロヴニクの商人がバルカン諸国に輸出した主な品目は塩、イタリアやフランドルの織物、装飾品、武器、ガラス、絵画など。輸入品は銀、鉛、鉄などの鉱物のほか、皮革、羊毛、蜜蝋、毛皮、食料などがあり、時には奴隷も見られた。こうした交易で得られた莫大な富を、彼らは町の住み心地をよくするために惜しげもなく使った。今でいう「インフラ（都市基盤）」の整備に努めたのだ。

人の交流としては、ヴァザーリが『芸術家列伝』（一五五〇年）で紹介しているイタリア、フィレンツェの建築家ミケロッツォが一四六一年に市に招聘され、市壁の王冠ともいうべき円形のミンチェタ要塞建設に従事した。一四三八年には、南イタリアから来た建築家・彫刻家オノフリオ・デ・ラ・カーヴァが上水道を建設し、それを活用して、市内を二分するプラッツァ通りの両端に大小の見事な噴水も設置した。その頃には全市が舗装され、下水道プランも作成されて、地中海で最も快適な町の一つになった。

一方、ドブロヴニクの代表的な画家ニコラ・ボジダレヴィッチ（一四六〇頃～一五一七年）は、ヴェネチアで修業を積んで帰国し、後期ゴシックの金色を多用した優美な『聖母子像』『受胎告知』などでいくつかの教会を飾った。マリン・ドゥルジッチ（一五〇五～六七年）はイタリアのシエナ大学に留学して劇作家となり、『マロエ伯父さん』（一五五一年初演）など、今なお、サマーフェスティバルで上演される戯曲の数々を書き上げている。

市の繁栄を支えた鉱山開発

市民レベルでの人の交流では、イタリアから多くの教師や医師たちを招いた。また一時、ドブロヴニクはアドリア海周辺各地や、遠くはトリポリ（レバノン）、チュニス（チュニジア）までの広い地域に、情報収集を主目的とする領事館を八〇以上も持っていた。それらの約半数にはドブロヴニクの青年貴族が絶えず派遣され、残りの半数には地元の名士を名誉領事に任命して職務に就かせていた。

ドブロヴニクに最大の富をもたらしたのは、その頃、セルビアとボスニアで開発された鉱山である。開発したのは、トランシルヴァニア（ルーマニア）から来たドイツ人技術者たちだったが、ドブロヴニクの人びとは鉱山の貸借権を掌握して所有者にまでなり、点在する鉱山町に二〇〜三〇人、時として数百人が滞在する居住区を設けた。もちろん、住人のすべてが商人ではなく、司祭もいれば、技師などもいた。一四一八年の記録によれば、アントニオという名の医師の遺品には、古代ギリシャの医学者ヒポクラテスやガレノス、アリストテレス（『倫理学』『政治学』）など、三〇冊の書物が含まれていたという（『中世都市ドゥブロヴニク』）。

中世ドブロヴニクを訪れた最も著名な人物は、セルビアのドゥシャン皇帝夫妻である。一三五〇年、市から大歓迎された二人は豪華な贈り物を受け、八日にわたる滞在期間中、たえず宴会やダンスでもてなされた。返礼として皇帝は、市の守護聖人を祀る聖ヴラホ教会などに多大な寄進を行った。

ドブロヴニクは東と西、とくにバルカン諸国とイタリアの間で、人びと、商品、諸思想が交流するうえで、きわめて重要な役割を演じた。今は日本でも観光地として名高いこの町だが、訪れる機会があれば、まずは市壁に上ってみよう。澄み切ったアドリア海を眺めながら、さらなる歴史との出会いに思いをはせるのも、また旅の醍醐味だろう。

（『週刊朝日百科　シルクロード紀行』31号所収、二〇〇六年、朝日新聞社）

世界遺産の中世都市——ドゥブロヴニクとコトル

クロアチアきっての観光地ドゥブロヴニクはもうすっかり日本でも知られるようになった。ヴェネツィアと同じくこの町も中世初期（七世紀）、蛮族を逃れたローマ人が住みついた離れ島から発展した。ビザンツ、ヴェネツィアの支配を受けながら東西貿易で次第に繁栄し、ハンガリー、トルコを宗主国にあおいでからは実質的に独立して、ラグーザ（イタリア名）共和国と名のっていた。そしてヴェネツィアと同じく、ナポレオンによって共和国は終末を迎えたのである（一八〇八年）。ただヴェネツィアは主にレヴァント（地中海東岸地方）を舞台に活躍していたのに対し、ドゥブロヴニクは主に商業網をバルカン各地に張りめぐらし、銀、銅、鉛、鉄などの鉱物や、家畜、臘、羊毛、皮革、毛皮などを買い付け、塩や織物や工芸品などを売りさばいていた。

クレキッチはドゥブロヴニクを貴族共和国と規定しているが、ローマ人の末裔を自負する貴族もクロアチア人が大半を占める市民もほとんどが船乗りか商人であったから、ヴェネツィアが羨むほど市には金貨が流れ込んだ。そうして儲けた金を彼らは上下水道、市壁、道路や家屋の石造化といったインフラストラクチャー（基幹施設）にそそいだ。ドゥブロヴニクの自由と独立は市壁と外交のたまものといわれる。全長二キロメートル、厚さ五メートル、高さ二〇メートルの堅牢な市壁を造るためにどれだけの金銭と人力が費やされたことか。また紛糾や戦争を避けるため、外交の裏では潤沢な資金が惜しみなく使われた（B・クレキッチ著／田中一生訳『中世都市ドゥブロヴニク』彩流社、一九九〇年）。

ドゥブロヴニク共和国は二万ないし二万五〇〇〇、市壁内ではわずか七〇〇〇の人口だった。ヴェネツィアの一〇分の一にも満たない。それでも政治機構はこれに準じていて、貴族の成年男子からなる大評議会、彼らの中から選ばれた四〇人の元老院、総督（元首）を含めた一一人からなる小評議会がこの国を経営していた。興味深いのはすべてが無給だったことで、総督に至っては月ごとに交代し、任期中は家族と離れ総督邸に寝泊まりして、公務に専念しなければならなかった。大評議会場への入り口にラテン語で彫られた「私事を忘れ、公事に徹せよ」Obliti privatorum, publica curate というモットーが今も残っている。モンテスキューも注目したノブレス・オブリージュの精神がここでは実践されていたのだ。モットーといえば、サマー・フェスティバルで「ハムレット」の舞台となるロブリイェナツ要塞の入り口にも「あらゆる黄金に換えても自由を売るは宜しからず」Non bene pro toto libertas venditur auro がある。Libertas（自由）は深紅の布地に金文字で描かれて国旗にもなっていた。

観光客はまず市壁に登って散歩するだろう。そこから中世さながらの市民生活やアドリア海を眺めた後で、市の守護聖人をまつった聖ヴラホ（ブレシュウス）教会、カトリックの大聖堂、博物館になった総督邸、プラッツァ大通りの土産物店、修道院の画廊などをかけめぐる。レストランで疲れた体を休め、魚介類をマルヴァジヤ・ワインで賞味すれば満足する。だがさらに深く歴史をたどりたい人は、飢饉対策に市が造った巨人な倉庫（ルーペ）まで足をのばすか、ブローデルが大著『地中海』のインスピレーションを得たといわれる古文書館（七〇〇〇巻の手稿本と一〇万点の法令文）を見学するため、スポンザ宮の二階へ昇らなければならない。訪れるたびに興味がわく町である。

ダルマツィア海岸の南端にあるコトルもまた市壁で囲まれた美しい中世都市であるが、規模においてドゥブロヴニクより数段劣る。中世セルビアの外港として大いににぎわったが、セルビアがトルコに征服されてからは振るわず、およそ四世紀（一四二〇〜一七九七年）もヴェネツィアに支配された。それでもコトルを中心にいくつかの良港が連なるコトル湾（ボカ）は、古来ボッケリ（コトル湾衆）と称される優秀な船乗りを数多く送り出してきた。彼らを率いて外洋で活躍したカペタン（船長）たちが余生を過

ドブロヴニク全景

コトル湾　聖ジョージ島

ごした瀟洒《しょうしゃ》な館は、ヨーロッパ屈指のフィヨルドが演出する幻想的なコトル湾に臨み、現代の喧噪に疲れた人びとをやさしく慰めてくれる。一八八〇年、フランス海軍中尉ピエール・ロティは湾内の小さな漁村に二ヵ月ほど滞在した。そのときモンテネグロの美少女パスカラと出会い恋したことを彼は短編に書いた（落合孝幸『ピエール・ロティ』駿河台出版社、一九九二年）。現在、バオシチ村のロティが滞在した館跡には大理石板の記念碑が掲げられている。

コトル湾は日本と浅からぬ縁がある。ピョートル大帝がバルチック艦隊を編成したとき、コトル近くのペラストにある海員学校で多くのロシア水兵が育っていったからだ。またペラスト出身のズマイェビッチは大帝から提督に指名されたほどであった。

コトルの旧市街で見るべきものとしては、まず市の守護聖人をまつるカトリック系の聖トリプン教会があり、ルネサンス様式のみごとな鐘楼や宝物室を持つ。セルビア正教系の聖ルカ教会はロマネスク様式の建物で、内部を多くのイコン（聖画）が飾っている。ほかに海洋博物館や中央広場の大時計（一六〇二年）などがあげられよう。さらに時間と体力のある人は、町を真下に見おろしているロブチェン山（一七〇〇メートル）まで遠征することをお勧めする。頂上には一九世紀モンテネグロが生んだ最高の詩人ニェゴシュ（田中一生／山崎洋共訳『山の花環』、彩流社、二〇〇三年）の霊廟があり、そこからのパノラマは月世界のように神秘的である。

今までドゥブロヴニクとコトルは二度、重大なかかわりを持った。最初はナポレオン時代で、コトルに布陣したロシア軍を撃つため南下してきたフランス軍により、ドゥブロヴニク共和国は命脈を断たれたのである。次は一九九一年、旧ユーゴスラヴィアから分離・独立を図ったクロアチアを攻撃した連邦軍が、コトルなどから出撃してドゥブロヴニクに甚大な損害を与えたときだ。旧ユーゴスラヴィア時代、世界文化遺産に指定された二つの古都（ともに一九七九年）が三度目にかかわるのは、平和と友好を世界にアピールするときでありますようにと、我々は心から願わずにいられない。

（『バルカンを知るための65章』所収、二〇〇五年、明石書店）

史実と伝説——クラリェヴィチ・マルコの場合

序

世界の口承文芸、なかんずく英雄叙事詩のジャンルに於て、中世セルビアの英雄譚は一九世紀の二〇年代カラジッチによって採録発表されて以来、ヨーロッパで大いに賞揚されたのであった。ロマンティシズムの時代が過ぎると、一種のブームも去ったかに見えた。しかし今世紀に入ると、今度はアメリカ大陸の学者が再び注目し、より学問的な方法で採録するのである。(1)

セルビアの英雄譚は、確かにジャン・ド・ヴリエも指摘するように、「ローランの歌」や「ニーベルンゲンの歌」の持つ雄大なスケールにまでは発展しなかった。しかし大いに注目されてきた理由として、先ずヨーロッパに紹介された時期が人びとの好尚に適っていたこと、第二に古拙な口承文芸の形態が近代まで残ったため、語り部《グスラル》の研究を通じてホメロスの英雄叙事詩成立の過程が解明されると考えられたこと、第三に量が多いこと、などが考えられるのである。(2)

最近セルビア英雄叙事詩の大部が邦訳され、我々も容易にこれを鑑賞できるようになった。(3) 本稿では、主に邦訳された作品に依って、史実と伝説の問題を考えてみたい。なぜなら、一般に史実と伝説には大いなるずれがあるからであり、このずれを考察することで、史料を眺めただけでは窺い知ることのできない民衆の感情生活、その凝縮した形である情念の一端を解明できるのではないか、と思われるからである。

コソボ・チクルスとマルコ・チクルス

山崎洋・淑子共訳編の『セルビア英雄譚』は〈伝説のなかのセルビア帝国〉〈コソヴォの戦い〉〈クラリェヴィチ・マルコ〉〈最後の騎士たち〉〈義賊の群像〉〈セルビアの解放〉の六章に分れ、全四〇編から成っている。この中で質量ともに傑出しているのは第Ⅱ、第Ⅲ章である。今少し詳しく眺めてみよう。

コソヴォの戦いとは、言う迄もなく一三八九年六月二八日、聖ヴィトスの日に南スラヴ人の連合軍がトルコ軍とコソヴォ平原で会戦し、大敗した戦闘であった。ここで、セルビア王（叙事詩では皇帝）ラザルとトルコのサルタン・ムラトが戦死している事実をもって、勝敗は引き分けと考えられないこともない。だがこの結果、事実上、中世セルビア王国は滅びてしまった。従って決定的な敗北を喫したと言ってよいだろう。

「12.セルビア帝国の滅亡」に依れば、こうなる。その日灰色の隼に変した聖イリヤが聖母の手紙を聖都エルサレムから運んできた。《皇帝ラザルよ、汝は天上の王国を選ぶか、地上の王国を選ぶか。後者ならトルコの軍勢は滅びるであろう。しかし、それは儚い。前者ならコソヴォの原に教会を建て、汝の兵に聖体を受けさせよ。なぜなら、汝をも含め、ことごとく滅びるからだ。だが神の国を選べば、それは永遠に続くだろう》。ラザルの心は千々に乱れた。結局、彼は天上の王国を選び、七万七千のセルビア兵と共に戦場の露と消えたが、《それは至善にして讃えられるべきであった。なぜなら全能の神の御心に適ったことだったからである》。

叙事詩がコソヴォの敗因として数えている第一が、この神の定めである。他にトルコ軍の数的優勢とヴーク・ブランコヴィチの裏切りが挙げられる(4)。

またサルタン・ムラトを刺殺したのは、ミロシュ・オビリッチということになっている。彼は聖ヴィトスの日の前夜、皇帝ラザルが催した最後の晩餐で明日の裏切りを予告された。この冤罪をはらすべく、翌日、彼はサルタン・ムラトのテントに伺候し、臣下になった儀式にキスをすると装って、隠し持っていた短剣でムラトの腹を下から上へ切り裂いた。捕えられ、やがて死の床にあったムラトの前で、これも捕虜となった皇帝ラザルと対面するのであるが、その時皇帝は彼に前夜の非礼を詫び、彼を祝福したのだった。

　コソヴォ・チクルスはコソヴォの戦いを中心に、皇帝、皇妃、義臣、逆臣、英雄の母、村娘、サルタン等多数の登場人物を配して、物語の形を成している。これに対して、マルコ・チクルスは、クラリェヴィチ・マルコのエピソード群だと言えよう。その特徴は、叙事詩にしては殆ど歴史的事件と係わりのないエピソードが語られていることと、一人物を中心にした叙事詩として抜群の数を誇ることである。『セルビア英雄譚』でも一二編が訳載されている。[5] このことは、とりも直さず、クラリェヴィチ・マルコが如何に民衆から愛好されてきたかの証左であろう。以下に各編を概略する。

「クラリェヴィチ・マルコと妖精」マルコがミロシュ将軍に、歌を所望する。将軍は妖精《ヴィラ》の祟りを恐れて断るが、たっての望みに応ずると、はたして妖精は将軍の美声に嫉妬し、これを射てしまった。マルコは怒り、槌矛《つちほこ》で妖精を打ちすえ、将軍を元どおりにさせた。

「クラリェヴィチ・マルコ、父の剣と邂逅す」マリッツァの戦いに敗れた戦士の一人は、傷を癒してくれるようトルコの兄妹に頼んだが、彼の高価な剣に目がくらんだ兄は彼を殺し、その剣を奪ってしまった。それから数年後、偶々トルコ軍に召集された男の剣をマルコが見ると、父王ヴカシンや彼自身の頭文字が彫ってある。剣の入手経路を聞いたマルコは怒り、彼を殺した。サルタンに呼出しを受け、咎められるとマルコは反駁する。《父の剣に巡り合ったので当然のことをしたまでです。例え陛下のお手許にあったとしても、怒りの余り同じ所業に及んだでしょう》。サルタンは金貨百枚を与えて、マルコを宥めた。

「クラリェヴィチ・マルコ、ラマダン中にワインを飲む」ラマダン中も女とコロを踊り、腰に剣を吊し、緑色の外衣を着、ワインを飲んでいたマルコは、サルタンに呼出されて咎められた。マルコは、《ワインを飲むのは私がキリスト教徒だから、緑色の外衣を着るのは私が若いから、剣を吊すのは自分の金で求めたものだから、コロを踊ったのは独り者だからです。文句がありますか》と答えて詰め寄った。恐れをなしたサルタンは、金貨百枚を与えて彼を宥めた。

「クラリェヴィチ・マルコの耕作」マルコの年老いた母エヴロシマは、息子の血に染んだ衣服を洗うことに疲れ果てたから、もう戦事は止して、丘や谷を耕しなさいと言った。そのとおり、しかし街道を耕していると、トルコの近衛兵《イェニチェリ》が文句をつけた。《何で街道を耕すのだ》。マルコは、《トルコ人め、何で俺の耕したところを歩くのだ》。そんな問答を繰り返した後、マルコは怒って彼らを殺し、彼らから奪った三荷の財宝を持ち帰って母に言うのだった。《お母さん、これが今日の収穫です》。

「クラリェヴィチ・マルコの婚礼」母に促されて結婚をすることにしたマルコは、ブルガリアの王女を連れて、愛馬シャラツにまたがり、盛都プリレップへ帰るところだった。花婿の親代り《クーム》をつとめていたヴェニス公は王女の美貌に目がくらみ、花嫁の付き《デヴェル》添いに賄賂を与え、これを誘惑しようとした。王女の気転で事なきをえたものの、マルコは怒り、二人を斬り捨てた。

「クラリェヴィチ・マルコとアリル＝アガ」仮病をつかっているとも知らず、マルコに弓の試合をしつこく申し入れたトルコ人アリル＝アガは、ようよう試合に漕ぎつけたが、最後に負けてしまった。最初の大口はどこへやら、命乞いをする彼を見てマルコは言う。《神よ、この者に生きながら死を与え給え！　すべては許してやるが、外衣をちぎった繕い代に三荷の財宝をよこせ》。

「クラリェヴィチ・マルコとベグ＝コスタディン」盟友のベグ＝コスタディンがマルコに、自分の守護聖人、聖ディミトリエの日に御来駕願いたいと申し出た時、彼はこれを断った。なぜなら、ベグ＝コスタディンの許で、かつて自分は人の道に外れた三つの行ないを見せつけられたからだ、と言う。《第一は、物乞いに来た孤児を無情にも追い返したこと。第二は、家柄の良し悪しを無視して新興成金を上座に就けたこと。第二は、両親を食卓に呼ばず、自分がワインの一杯目を飲んだことである》。

「クラリェヴィチ・マルコとコストゥルのミナ」二ヵ所から呼出しを受けたマルコは、母の忠告どおりサルタンの軍に従うことと決めた。アラビア軍を相手に多大な手柄をあげている最中、彼の留守を狙っていたコストゥルのミナがプリレップの館を焼き払い、老母を蹄にかけて殺し、貞節な妻を略奪してしまった。戦場でこれを知ったマルコを慰めようと、サルタンは幾つかの申し出を行なったが、彼はすべてを断った。それから修道士に身を固め、単身でミナの許におもむき、陽気な踊りを披露しながら不意にミナを襲った。マルコはミナを殺して、無事に妻を連れ戻した。

「クラリェヴィチ・マルコとアラビア人」海岸に高殿を建てた色の黒い強力なアラビア人から、サルタンに、王女を妻に賜りたいと申し入れてきた。断れば一戦を交えると言う。早速マルコに呼出しがかかったが、彼は応じない。しかし王女が自らの血で綴った歎願書に動かされ、上京すると、折しも王女を連れ出そうとするアラビア人の一行に出くわした。激闘の末マルコは勝利し、王女からは約束の褒美である七荷の財宝を貰った。中には、宰相《ヴェジル》であってもサルタンの許可なしではマルコを亡き者に出来ぬ、と保証した印璽つきの美麗な剣もあったのである。

「クラリェヴィチ・マルコ、婚礼税を廃す」サルタンからコソヴォの原を借り上げたアラビア人が、当地に様々な無理難題を押しつけた。その一つは高額な婚礼税の取り立てであり、今一つは花嫁や娘を夜伽に出せという命令だった。これを聞いてマルコは怒り、単身アラビア人の住むテントへ赴いた。婚礼税を払うと見せかけ、彼を斬り捨てると、次に多勢の家来をも薙ぎ倒した。住民は喜び感謝して、《神よ、この国を悲しい運命から救い、悪者を仆してくれたマルコに長寿を与え給え！》と祈るのであった。

「クラリェヴィチ・マルコとムサ・ケセジヤ」アルバニア人ムサ・ケセジヤは、自分が九年も仕えたサルタンから未だに何の労《ねぎら》いもないので腹を立て、サルタンへ貢がれる財宝を略奪し、臣民を縛り首にして報復した。三年も地下牢に放り込まれていたマルコが呼び出された。衰弱し、視力も減退したマルコは、ワインと火酒《ラキヤ》と羊肉と白パンで三月を過ごし、精気が戻るのを待った。しかし乾き切ったみずき・・・を握りしめても、折れる許りで水滴は現われない。さらに一月、英気を養った。今度は水が二滴したたり落ちたので、戦うことにした。刀工ノヴァクに剣を打たせたが、彼のより切れ味良い剣をムサに作ったことがあると知り、ノヴァクの右腕を切り落した。シャラツの背にまたがり、アルバニアにムサを尋ねたマルコは、彼を見つけ、決闘におよんだ。丁々発止とやり合ったが、ムサは強力無双、あわやマルコが討ち取られようとした時、妖精に助けを求めた。妖精の答えに一瞬気をとられたムサを、マルコは懐剣で腹から喉まで切り裂いた。その後で彼は、《悲しいかな、神よ、憐れみ給え！　自分より強い男を殺してしまうとは》と嘆じるのだった。

「クラリェヴィチ・マルコの死」マルコが海近くのウルヴィナ山へ登った時、シャラツがつまずいた。不吉な予感を覚えたマルコに、山頂から妖精が告げた。《お前もシャラツも、死期が迫っている。用意をするがよい》。マルコは頂上近くの樅の木にシャラツを繋ぎ、その首を斬り落とした。それから剣を四つに折り、槍を七つに折って捨て、六枚羽根の槌矛は海へ放り投げて言う。《わが槌矛が海に浮かぶ時、われと同じ勇士が再び生れ出るように！》マルコは遺書を認め、草の上に身を横たえると、三百年の生涯を静かに終えるのだった。一週間の後、アトス山の僧が通りかかって遺書を発見した。それから遺体を馬と船でアトス山へ運び、セルビア人の僧院ヒランダルに安置して葬儀を行ない、亡き勇者の魂に安息あれと祈禱を唱えた。彼らがそこに亡骸は埋めたが、墓碑を建てなかったのは、敵の復讐を防ぐためであったと言われる。

セルビア口承文芸の形成

現存するセルビア叙事詩に関する最古の記録は、一四世紀まで溯ることができる。[6]すなわち一三二六年、ステファン・ウロシュ四世デチャンスキー王の時代に、ビザンツ皇帝アンドロニコス三世の使節ニケフォラス・グラゴラスがセルビアの宮廷を訪れた折、臣下達が《彼らの英雄の偉業を称える悲しい歌を唄っていた》というのである。一種の宮廷楽人が居たと考えられるが、一般民衆の間にもしろうとのエンタテイナーは居たであろう。あるいは民衆の上手な歌い手が宮廷へ呼ばれていたのかも知れない。しかし歌そのものが記録されたのは、ようやく一六世紀に入ってからで、ダルマチアの詩人ヘクトロヴィチが発表した『漁労と漁師の小言』（一五〇九）の中に採録された「クラリェヴィチ・マルコと弟アンドリアシュ」ともう一編の英雄譚、二編の民衆抒情詩がそれである。

下って一六一四年、再びダルマチアの作家バラコヴィチが、別に一編の叙事詩を出版している。一七五六年、フランチェスコ修道会の道士アンドリヤ・カチッチ・ミオシッチがヴェニスで出版した『愉快なスラヴ人の会話』には、幾編かの民衆詩が採録されていた。ただ彼は、同胞に自民族への誉りを持たせようとする余り、原詩を史実に合わせて訂正するなど、かなり手を加えている。しかし、ダルマチア地方と島嶼で大成功を収めたのであった。

その後間もなく、ヨーロッパではマクファーソンが『オシャン』を出版して（一七六八年）大センセーションを捲き起こした。それに刺激されたイタリア人の修道院長アルベルト・フォルティスが、一七七一年、まずダルマチア地方記を物し、「ミロシュ・コビリッチ（オビリッチ）とヴーク・ブランコヴィチの歌」を併載した。三年後に再び『ダルマチア紀行』を書いて、付録という形で発表したのが「ハサナギニッツァ——ハッサン・アガの妻の哀歌」である。

この作品もまた非常な人気を博したことは、例えば訳者の中にゲーテ、ウォルター・スコット、メリメ、プーシキン、ミツキェヴィチと、当代超一流の文豪が綺羅星のごとく名を連ねているのを見ても分るだろう。(7) 勿論、ゲーテその他の人びとは直接南スラヴ語から訳したわけではないが、それぞれ専門の言語学者の協力を得て、能う限り原文の持つ雰囲気を掴もうとは努力している。

ヨーロッパに於ける南スラヴ人の口承文芸に対する爆発的人気は、「ハサナギニッツァ」に終るものではなかった。その関心の度合いが最も高く、かつ長期にわたったのはドイツに於てであるが、火付け役を演じたのはドイツ・ロマンチシズムの旗手ヘルダーである。彼が一七七八年に第一分冊を発刊した『民衆歌謡』にはセルビアの詩が二編載っているが、その一編がゲーテの名訳「ハッサン・アガの妻の哀歌」だったのである。その後ドイツ語圏では、ヤコブ・グリム、タルヴィといった名訳者を得て、南スラヴ人の口承文芸が精力的に紹介されていった。

ヨーロッパでロマンチシズムが盛行している間に、第一次セルビア蜂起に失敗してウィーンへ逃れ来ったのが、若きヴーク・ステファノヴィチ＝カラジッチだった。二六歳の多感で資質豊かな青年は、当地で南スラヴ人とギリシア人の出版物を検閲していたスロヴェニア人の先輩イェルネイ・コピタル(三三歳)に見出され、セルビア民謡の採録をするよう勧められた。カラジッチは先ず、『素朴なるスラヴ系セルビア人の小民謡集』を一八一四年ウィーンで上梓し、翌年ライプツィヒで第二分冊を、同じくライプツィヒで一八二三年第三分冊を、第四分冊はウィーンで一八三三年に刊行した。全四巻から成る南スラヴ人の口承文芸は、間をおかずドイツ語に訳されて人々の熱狂的な歓迎を受け、ある文芸批評家をして、「ヨーロッパはセルビア民謡を味読するため、セルビア語を学ぶであろう」とまで言わしめた程である。(8)

『セルビア英雄譚』の諸編も、すべて如上のカラジッチ版に依拠していることを思えば、ウィーンに於けるカラジッチとコピタルの出合いこそは、独りセルビアだけでなく、南スラヴ人全体にかかわる運命的な文化的事件だったと断言しても過言ではない。

カラジッチ以降も口承文芸の採録はあり、それは現在も続けられているが、一般的に言って、カラジッチの大事業に較べ二義的な意味合いしか持っていないので、ここでは述べない。

英雄譚の伝播

コソヴォ・チクルスにせよマルコ・チクルスにせよ、当初から現在の形で、現在のように人々の間で知られていた訳でないことは、勿論である。『バルカン文化研究』を書いたスタヴロ・スケンディに依れば、マルコ・チクルスの発生地は、彼の居城があった現マケドニアのプリレップ市であり、その伝播に与って大いに力があったのは、マルコの在世当時から有名であった当地の市《いち》であろう、と推定している。[9] すなわち中世以降、トルコ治下最も重要であったバルカン半島での合流点として、プリレップはセレスと比肩し、九月前半を費して催された市には多数の人々が集まり、ドブロヴニクの商人も大いに活躍した。当然、一絃琴《グースレ》を弾じて城主マルコのエピソードを語り、生活の資を稼いでいた者も何人かいたであろう。この習慣はマルコの死後も続き、エピソードは偉業にとって代わられ、彼らが移動し数を増すにつれてマルコ像に様々な要素が加わり、肥大化していったと考えられるのである。その他にもスケンディは、修道院の煽動、なかんずくアトス山に在るセルビア人の修道院ヒランダルの宣伝力が物を言った、というニコライ・クラヴツォフの説を紹介している。

尤も伝播経路を上記のように一中心地から周辺へ拡まったとする一方向性だけで考えるならば、単純化しすぎるとの誹りを免れないだろう。例えばマルコ・チクルスを英訳したD・H・ローはその解説の中で詩型の分類を行ない、結論として、セルビア英雄譚に見られる十脚韻は、早くても一七世紀にダルマチア海岸地方のウスコック（一種の海賊）の間で成ったものである、としている。[10] そこからボスニア、ヘルツェゴヴィナ、モンテネグロ地方へ伝播し、内陸部のセルビアには最後にもたらされたのであって、時あたかも対トルコ蜂起で沸きたっており、そうした民衆の英雄礼賛と熱気の中で英雄譚は最終的な形態を得て完成し、やがてカラジッチが文字化したという訳である。

しかし伝播経路がどうであれ、マルコがセルビア人の間で絶大な人気を博し、南スラヴ人共通の英雄になってゆくには、マルコそのものに人気の秘密がなくてはならない。マルコとは如何なる人間だったのか。

史実と伝説の狭間――民衆の情念――

マルコに関する史料は極めて少ない。それから分ることは、彼がプリレップの王ヴカシンの息子であり、それ故に王子（クラリェヴィチ）または小王（マリ・クラリ）との称号を受けたこと。父が一三七一年マリツァの戦いで斃れた後、プリレップの王位を継いだが、トルコ帝国の圧力に抗しかねて、これに臣従したこと（一三八五）。クラペン将軍の息女イェレナを娶ったらしいこと。サルタン・バヤジット軍に従ってルーマニア人と戦い、ロヴィネ（ロヴィナリ）村で一三九四年に戦死したらしい、ということ位である。あとはすべて伝説、すなわち民衆が考え出したマルコ像、つまりマルコの虚像であろう。虚像を作成する場合、核（実像）は必要であるとしても、それはむしろ小さく茫漠としている方が、想像力のつけ入る作業は容易であったと考えられる。ここから我々は、史実と伝説の奇妙な逆説関係を導き出せるのではないだろうか。そうして、史実と伝説のずれは、民衆の想像の産物であることに思い到る時、このずれの考察こそ、いわゆる史料には残らないながら歴史研究には欠くことのできない、民衆の情念（これに依って想像力が生気を得る）を窺い知る大きな手掛りとなることが分るのである。

そうした前提を立てた上で、改めて初めに紹介した『セルビア英雄譚』を解釈すると、どうなるであろうか。

例えば、コソヴォ・チクルスの場合、サルタン・ムラトはミロシュ・オビリッチに殺されたことになっている。単身敵将のテントを訪れ、これを暗殺したオビリッチが、民衆の間では長らく「高潔な人格、死を恐れぬ勇気、烈々たる愛国心の代名詞」となっていたことは、想像に難くない。(11) しかしながら、史料に刺客の名はなく、ただ「異教徒」とだけしか記されていない。とすれば、これは、英雄を待望する民衆が一人の勇敢な同胞（キリスト教徒）に名前を付けたのだ、と結論づけてもよさそうである。民衆はいつも具体的なものを介して、自分の願いを表現してきたのではなかっただろうか。

またヴーク・ブランコヴィチはコソヴォの戦いで敵に寝返ったことになっているが、事実は、確かに討死は免れたものの、以後も三年にわたって抵抗をつづけたことが分っているのである。(12) これを要するに、民衆は自分達の敗北を具体的なものに単純化しようとして、一種のスケープ・ゴートを考案したとは言えまいか。

コソヴォ・チクルスで最も美事なメタモルフォーゼは、皇帝ラザルが地上の王国を捨て、天上の王国を選んだくだりであろう。つまり決戦の敗北という客観的事実を、皇帝ラザルが自ら選んだ敗北であるとする主観的事実にすり替えることで、民衆は「かくして、これは栄光の敗北なり」と規定したのであった。その後につづく四世紀にわたる屈辱の日々を支えたのは、こうした倒錯の論理であったことを忘れてはならない。

マルコ・チクルスが、先述した僅かな史料から分る史実との間に大きなずれがあることは、既に述べたとおりである。勿論、だからと言って、叙事詩で描かれるマルコ像がすべて民衆の産物だ、と断言するのは早計である。史料は史実のすべてを伝えるものではない。まして、マルコ・チクルスの起源がマルコの在世期まで遡れるかもしれないとすれば、初期のエピソードはそれほど荒唐無稽でなかったであろう、と考えられるからである。だが『セルビア英雄譚』の注解から容易に分るように、マルコ・チクルスは数世紀にわたって形成されたのであった。そのことは、エピソードの様々なアナクロニズムからも判明する。例えば都市に於ける禁酒法やトルコ人以外に緑色の外衣を禁ずる法令は、一七世紀のものなのである（「クラリェヴィチ・マルコ、ラマダン中にワインを飲む」）。ラドヴァン・サマルジッチは「クラリェヴィチ・マルコの耕作」を研究して、これが成ったのは一種の山賊行為（ハイドゥシトゥヴォ）が正当化された後の時代で、ハイドゥク（山賊＝義賊）の影響が歴然と認められると言う。(13)

またマルコ像の形成には、外的な影響も認められる。例えばアルバニア人の登場（「クラリェヴィチ・マルコとムサ・ケセジヤ」）やブルガリア王女との婚礼（「クラリェヴィチ・マルコの婚礼」）、ヴェニス公（同上）やアラビア人（「クラリェヴィチ・マルコとアラビア人」）相手の闘いなどから、当然、マルコの行動様式に異質な要素が付加されていった。ニコラオス・ポリティスは、「ビザンツ叙事詩のスラヴ訳だけでなく、ギリシアの俗謡も（マルコ・チクルスの）散漫に影響した」と見ている。アンドレ・ヴァイアンは、マルコとコソヴォの諸編にフランス武勲詩の影響を主張し、ニコラ・バナシェヴィチはマルコ・チクルスの中に、フランスやイタリアの義侠文学の残響を聞き取っている。(14)

歴史上の人物クラリェヴィチ・マルコより遥か以前に起源をもつ伝説や信仰が、マルコ・チクルスに混入していると指摘する人すらいる。例えば、「クラリェヴィチ・マルコとアラビア人」は、聖ゲオルギウス伝説が下敷きになっていると考えられると言う。(15) ディミトリエ・ジューロヴィチに依れば、昔南スラヴ人は、騎士の代名詞としてクラリェヴィチを用いる習わしがあったらしい。彼らがキリスト教を受け容れる前の、太陽を王と見立てる詩的解釈から由来する見方で、「後の歴史時代に入ってから、詩人達はクラリェヴィチにマルコなる名を与え、これをヴカシン王の息子として謡った」と主張している。(16) この根拠は奈辺にあるか詳らかでないが、レベッカ・ウェストも、古代プリレップで行なわれていたトラキア人の騎士信仰がキリスト教化された後世まで生き延びて、マルコ礼賛の一因となったのだ、

と解している。(17)

いずれにしても、整合性を欠いた、時には相矛盾する性格の持主でもあるクラリェヴィチ・マルコを何とか正当化すべく、多くの説が唱えられてきた。それは今尚つづいていると言えるかも知れない。

しかし、彼がセルビアの民衆に「最も愛され、民衆の魂に最も近く最も親しい(18)」と断言する点では、すべての論者が一致している。興味深いのは、ニェゴシュやゲーテなどがマルコをさして好いていなかったことである。(19) 前者はミロシュ・オビリッチを賞揚し、トルコ人と妥協するマルコを、セルビア人としてもキリスト教徒としても許せなかった。後者は、ドイツ語訳者のタルヴィ同様、余りにも粗野で残忍なマルコが気に入らなかった。『セルビア英雄譚』には訳出されていないが、「レカ・カペタンの妹」「クラリェヴィチ・マルコとアラビア王の娘」「クラリェヴィチ・マルコとマジャール人フィリップ」などでは、マルコが若い娘の手を斬ったり、目玉を刳り貫いたり、歯を抜いたり、騙した後で殺害したりしているからである。

ジャン・ド・ヴリエは、「間違いなく裏切り者であったマルコがセルビア人の選ばれた英雄になり、確かに裏切り者ではなかったヴーク〔・ブランコヴィチ〕が、あらゆる裏切り者の原型となったのだ！」と言って、史実と伝説の逆説に戸惑いを見せている。(20)『セルビア英雄譚』の訳者も後書きで、「サルタンを歯牙にもかけず壁際に追いつめるかと思うと、金貨百枚であっさり引きさがる。正義を行なうかと思うと、いわれなき暴力を振るう。武勲よりも金銀、金銀よりも自分の首がいとしいと言う。超人的な力と人間的な弱さが同居しているのである。日本の理想的英雄像と比較してみるとなかなか面白い」と述べている。(21)

読者にこうした複雑な反応を起こさせるクラリェヴィチ・マルコを何とか正当化すべく、多くの論が現われたが、ここでは代表的なもの二編を紹介してみたい。

ドゥルニコヴィチの「クラリェヴィチ・マルコ」論[22]

クラリェヴィチ・マルコは極めて曖昧で不可解な人物である。彼は何か不思議な矛盾で充満している。しかしながら、我国の叙事詩がもっと良い更に理想的な英雄を幾人も持っているにも拘らず、マルコが最も愛され、民衆の魂に最も近く最も親しかったのは何故だろうか。それは、彼がトルコ人に追従しながらも、同時に百姓の反抗、希望、信頼の象徴だったからで、それ故にマルコは民衆にとり、最も親密な、正しく甘やかされた英雄となったのである。

ところで、マルコの様々な行動様式を眺めた時、我々は、これが唯一人のマルコに可能だったのだろうか、と疑わざるを得ない。それ程マルコ以前のあるいはマルコとは無関係のモチーフに満たされているからである。実在したマルコは、さして重要な役割を演じたとも思えないが、様々な添加物によって民衆の英雄に成長したであろうことが、これに依って明らかに分るのである。叙事詩というものが歴史的アクセントを移動させて、二義的な人物から英雄を創り、逆に偉大な歴史的人物が彼らの陰で消滅してゆく例は、西欧のローランやエル・シッドに見られる如く一般であってみれば、右の現象も何ら驚くには当たらない。

だが、厄介な問題は他にもある。それは、マルコはセルビア人、あるいはユーゴスラヴィア人の代表的なタイプと言えるだろうか——つまり、彼は我国の民衆そのものであると言えるだろうか、という問題である。これに対し私は、然り、彼は「その美点も欠点も含めて」我国の民衆の代表である、と答えたい。なる程、古い倫理的で「調和的」な性格学からすれば、彼はさして高い評価を得ることができず、肯定的人物とは言えないかも知れない。しかし人間の性格をダイナミックに理解する現代の性格学に立てば、マルコの人間像に見られる最大の矛盾に対してすら、大いなる理解が示されるのである。所詮、性格の調和なるものは、血の通った人間なら決して到達し得ない理想にしか過ぎないのだから。

ところで、マルコは支配者であるトルコ人に対してだけでなく、自分自身に対しても常に怒りを抱いていたことを忘れてはならない。また彼の残虐性も、二股こうやく的な所業も、一民衆全体が残酷な運命に見舞われ、数世紀にわたり呻吟してきたことを思えば（その代表がマルコである）、これに対する当然の反応だった。それらは等しく、隷属した民族の精神から生じたものであったのである。民衆が自らに出口を与えるには、こうしなければならなかったのであり、これ以外に方法はなかったのだ。それ故マルコは、征服されたセルビア人にとっての英雄であり、トルコ人の下に於ける、未だ自由を得ないセルビア人の抵抗と英雄待望の象徴と見なすことができよう。彼は民衆と同様、自由の身にはなれない故に、性格に調和を欠く。

民衆は先ず何よりも人間として踏みにじられていた。そこでは冷酷な人生の法則に依って、闘士と復讐が正当化された。民衆にはマルコが必要だったのであり、ハイドゥクもウスコックも、マルコ像を彫刻する上でのモデルであった。コソヴォの背景なしではマルコ像が十分な立体感を得られなかったかも知れない。しかし、既にして隷属の苦しい生活を強いられていた民衆を力づけたのは、ハイドゥク的なイデオロギーだったのであり、野性的で怒りっぽいマルコ像が時代と共に形成されてゆく原因は、ここに求められるのである。繰り返せば、民衆は自分達の野蛮な運命に対して、荒々しいマルコをもって応えたのだ。灰色の狼の毛皮帽をかぶり、六枚羽根の槌矛《つちほこ》とワインを入れた皮袋を愛馬シャラッに括り付け、百姓の間を颯爽と乗り行き、他ならぬトルコ人を脅す様こそ、民衆の願望と観念の客観化であったと言えよう。それ故、マルコはセルビア人であり、ユーゴスラヴィア人である。しかし、闘士と復讐者に見られる、怒りっぽい服従したユーゴスラヴィア人なのである。

ローのマルコ観(23)

既に何度か引用してきたイギリスの研究家ローのマルコ観は、もう少し暖い。例えば前に記したマルコの残酷さ、あるいは信義に悖《もと》る行為にしても、昔は敵に残忍な仕打ちをしても当然と考えられていたのであり、そもそも宿敵（の娘）に嘘をついたとしても、自分の生命が危殆《きたい》に瀕している時には、問題にならぬではないか、と言う。それにも拘らず、こうした行為の後でマルコは苦しみ、贖罪していることを思えば、いっそうマルコの美点が際立つ、と付言しているのである。マルコの美徳として並べられた幾つかのエピソードの中、両親への敬愛、ロビンフッドにも通う貧者や被抑圧者への援助などがすぐ目につく。悪政を正したり（「クラリェヴィチ・マルコ婚礼税を廃す」）、自分が手にかけた勇者の為に涙したり（「クラリェヴィチ・マルコとムサ・ケセジヤ」）、斗酒なお辞せぬ豪傑ぶり、これに負けぬ愛馬シャラツの酒豪（?）ぶりなど、庶民に愛好される多くの気質を彼はさずかっていた。就中《なかんずく》ヘラクレスを偲ばせる強力ぶりは最も目立つ特徴であって、これを例証するエピソードがマルコ・チクルスであると言えないこともない。これに反してマルコの知性を窺わせる話は殆どないのである。とすれば、この辺りで伝説は最も史実に接近しているのではないか。

スルタンに臣従したマルコが他ならぬ民族の英雄になれたのは何故だろうか？　それはマルコがセルビア人、キリスト教徒として、常に征服者、異教徒のトルコ人を懲らしめたからである。スルタンすらも何度か壁際へ追いつめるエピソード（特に「クラリェヴィチ・マルコ、父の剣と邂逅す」のスルタンに対する脅しを見よ）からも分るとおり、支配者より被支配者の方が本当は強者であることを体現しているからであった。こういった彼の二重人格的な側面が、実は彼が英雄になり得た条件＝秘密なのだ。セルビア民族は敗北と悲惨の長い年月を、この誇り高き象徴と共に、夜は如何に長くとも暗闇は必ず翌日の夜明けに席をゆずることを堅く信じて、生き抜いたのである。

結語

史実と伝説には大きなずれがある。そのずれの由来を訊ねることで、民衆の情念が探り出せないだろうか、というのが本稿の問題提起であった。

セルビア人の間で最も人気のある伝説上の人物、クラリェヴィチ・マルコに関する叙事詩が日本語で読めるようになった。そこでマルコ・チクルスを手がかりに、右の問題に対して答えを求めたのが本論である。

マルコ・チクルスは長い歳月と広大な地域を舞台にして、徐々に形成されていったことが分った。その為に、クラリェヴィチ・マルコの性格に大きなひずみが生じたり、様々なアナクロニズムが混入したことは無理もなかった。

彼が何故に民衆の英雄となったのか、という問題は、それ程単純ではない。セルビア人以外では、彼を野蛮すぎるとか、結局は裏切り者ではないか、それなのに何故？　と首を傾ける人も少なくないからである。

こうした尤もな疑問は、セルビア人自身にもあるのであって、我々はドヴォルニコヴィチの説を聞いて、彼らがマルコを愛好する理由を知ろうとした。

セルビア人以外にも英人ローの解説を紹介し、マルコが民族英雄になった秘密を考えてみた。

両者の意見を総合すると、こうである。クラリェヴィチ・マルコには、民衆が英雄に仕立てるに相応しい美徳が沢山ある。しかし乍ら欠点も数えられる。この欠点は、トルコ支配の下で、自由ならぬ身のマルコに生じたバイヤスであって、それは又マルコ・チクルスを作り上げたセルビア民族が遭遇した、苛酷な歴史の反映に他ならない。支配者よりも従者が実は強大で正しいという民衆の願望が、クラリェヴィチ・マルコ像として具現化したのであろう。彼らはマルコと共に長い夜を耐え忍び、解放の朝を迎えたのである。

一般に史実が不分明であれば、むしろ伝説化されやすい。クラリェヴィチ・マルコも例外ではない。しかし、彼の場合、セルビア民族の破局となったコソヴォの戦いと同時代人であったことも、伝説化に役立ったと思われる。民衆に愛される美点と共に、民衆が強いられた屈辱の生活を彼も生きなければならなかった。そこから生じる様々なひずみが、他目にはマルコをさして好ましくない人物と思わせる原因になっている。だが、実は、このひずみこそ、マルコを他ならぬセルビア最大の（伝説上の）英雄に仕立てた秘密であった。何故なら、セルビアの民衆も又、四〇〇年の長きにわたって、同じひずみに苦しんだからである。

クラリェヴィチ・マルコは民衆の創作した伝説上の英雄である。これを研究したことで、我々はセルビア史の理解に不可欠な民衆の情念に、一歩も二歩も近づくことができたと信ずる。

【注】

（１）代表的なものとして、Milman Parry, Albert Bates Lord : *Srpskohrvatske Junačke Pjesme (Serbocroatian Heroic Songs),* Srpska akademija nauka i Harvard University Press,1953 が挙げられよう。翌'54年に二冊目が刊行された。さらに三冊目として、Parry, Lord, and Bynum : *Serbo-Croatian Heroic Songs,* Harvard Univ. Press, 1974 がある。

（２）Jan de Vries : *Heroic Song and Heroic Legend,* Oxford Univ. Press, 1963 の第六章（p.116 ～ p.137）が The Slavonic Folk-Epic に当てられている。原著はフランス語で書かれ、オランダで１９５９年に上梓された。

（３）『ユーゴスラビアの民話　Ⅱ―セルビア英雄譚』山崎洋・淑子共訳編　恒文社　１９８０年。但し本稿では『セルビア英雄譚』として扱う。

（４）同書、３１３ページ。尚、20ページ以上に及ぶ訳者の注解は、実に正確・詳細を極めたもので、本稿作成の上でも大いに利用した。

（５）カラジッチが採録したのは、表題にクラリェヴィチ・マルコの名を冠したものだけで20編ほどであるが、後述するローに依れば、２００編以上は存在すると言う。ただ、全てが採録されたことは無い。又、どこ迄をマルコ・チクルスの一編と見なすか、意見の分れるようなものもある。

（６）以下の概説は主にローの著書に依拠した。D.H. Low : *The Ballads of Marko Kraljević*, Cambridge Univ. Press, 1922。特に30ページに及ぶ緒言では、セルビア口承文芸の採録史、ヨーロッパ諸語への翻訳・伝播史、歴史の中のクラリェヴィチ・マルコ、伝説の中のクラリェヴィチ・マルコが詳しく述べられている。

（７）１９７５年、フォルティスの「ハサナギニッツァ」発表２００年を記念して、Alija Isaković : *Hasanaginica* がサラエヴォの Svjetlost 社から刊行された。７１３ページの大冊で、それまで成った各国語訳がほぼ網羅されている。

（８）『ユーゴスラビアの民話　Ⅰ』栗原成郎、田中一生共訳編　恒文社　１９８０年の「ヴーク・カラジッチについて」を参照。

（９）Stavro Skendi : *Balkan Cultural Studies*, Columbia Univ. Press, 1980 の第九章 Serbo-Croatian Heroic Songs and Their Respective Miljeus（p.130-p.148）に詳しく論じられている。

（10）ローの前掲書 XXXVI-XXXⅧ ページ。

（11）『セルビア英雄譚』の注解３１０ページ。

（12）同書３１３ページ。

（13）Radovan Samardžić : *Oranje Marka Kraljevića* は、Narodna Književnost, Nolit, 1972 に収録されている。但し原文はキリル文字。

（14）スケンディの前掲書１３７－１３８ページ。

（15）『セルビア英雄譚』３２０ページ。

（16）Vladimir Dvorniković : *Karakterologija Jugoslovena*, Kosmos, 1939, p.1021。但し原文はキリル文字。

（17）Rebecca West : *Black Lamb and Grey Falcon*, Macmillan, 1942, p.793.

（18）カラジッチの言。

（19）Dvorniković の前掲書５４５ページ、ローの前掲書 XXIX ページなど。

（20）Jan de Vries の前提書１３２ページ。

(21)『セルビア英雄譚』334ページ。
(22)Dvorniković の前掲書542-543ページでクラリェヴィチ・マルコを詳しく論じている。
(23)Low の前掲書 XXⅧ-XXXVページ。

(『東欧史研究』5号所収［討論会　歴史と文学──東欧における英雄伝説］より「問題提起」、一九八二年、東欧史研究会)

歴史と口承文芸――今に生きるコソヴォ史観

バルカンの歴史と口承文芸の興味深い関係は、ホメロスの『イリアス』と『オデュッセイア』をめぐる諸問題である。しかしこれを論じた良書はどこでも容易に入手できるので、本項ではもっぱらバルカンの中世以降を論ずることにしよう。

中世のバルカン諸民族も、あらゆる他の諸民族と同じように異教時代の神話や抒情詩、民間説話や叙事詩などさまざまなジャンルの口承文芸に富んでいた。しかし、一四世紀後半から一五世紀前半にかけてオスマン・トルコがバルカンを征服すると、口承文芸の内容ががらりと変わった、そうアルバート・ロードは述べている。簡単にいえば、トルコ支配下のバルカンではもっぱら叙事詩、それも支配者に抵抗する義賊（ギリシアではクレフテス、ブルガリアとマケドニアではハイドゥティ、ルーマニアとセルビアではハイドゥク）をたたえる英雄譚が盛行し、それまでの抒情詩は征服者トルコ人やイスラム教に改宗したバルカンのムスリムが引き継いだ、というのである。もちろんこれはロードも断っているように単純化されすぎているが、トルコ人を敵に戦ったバルカン人を謳った歌は数も多く、優れているのも事実であって、それは特にセルビアの英雄譚に見てとることができよう（山崎洋／淑子共訳編『ユーゴスラビアの民話Ⅱ　セルビア英雄譚』恒文社、一九八〇年）。中でもセルビアのみならずバルカンの死命をも制したコソヴォの戦いを謳うコソヴォ・チクルス（叙事詩群）は、多くの名篇からなる。それらが描く歴史はおおよそ次のようなものだ。

中世セルビアの黄金時代はドゥシャン大帝の死（一三五五年）によって終わりを告げた。四分五裂した帝国の東半分はまもなくオスマン・トルコ軍に征服された。残る西半分の盟主はラザル帝である。ある日ラザル帝の下へ、イルダリン（稲妻）として恐れられたトルコのスルタン・ムラトから手紙が届く。おとなしく臣従の誓いをせよ、さもなくば一戦に及べと、居丈高に述べていた。ラザル帝はさっそく全域にお触れを出した。もしコソヴォの戦場に馳せ参じない者は、将来「家には子なく名を成すもなし」という有名な呪いの言葉を添えて。その夜ラザル帝は、聖イリヤが鷹に身を変え聖母マリアの手紙を運んできた夢を見た。「ラザル帝よ栄えある家門／汝が愛するは孰《いず》れの国ぞ？」。地上の帝国を望むなら、軍装を調え直ちに突撃せよ、トルコ軍が滅ぶは必定。だが天上の帝国を望むなら、正絹にて御堂を建て兵士を聖別すべし、汝ら全員は野に斃れる定めだからだ。これを読み彼は深く悩むが、結局「天が下なる帝国ならば／余りに狭き帝国ならん／天上国ぞ無窮なるべし」といって天上の帝国、つまり全員の死を選ぶ。

運命の一三八九年六月二八日（旧暦一五日）、朝早くミロシュ・オビリッチ将軍は裏切り者をよそおってトルコ陣営に奔《はし》る。彼は重大な話があるのだとスルタンに近づき、恭順の意を表すると見せかけてひざまずくや、毒ぬりの短刀でスルタンを突き刺した。

日の出とともにトルコ軍とセルビア軍は戦闘を開始したが、ヴーク・ブランコヴィチ将軍の裏切りにより、戦況は一気にトルコ軍へ傾く。やがてセルビア軍の総大将ラザル帝も落馬して捕らわれの身となった。ラザル帝が他の武将たちとともに瀕死の床に横たわるスルタンの前に引き据えられたとき、そこにオビリッチを見いだし、事の真相を知る。真の勇者は誰か、裏切り者は誰かは明らかだった。死にゆくスルタンへの餞《はなむけ》に、まずオビリッチが首を撥ねられた。ついでラザル帝も「おお神よ、我が魂を受けたまえ」と述べたところで断首された。

以上がセルビア人にとってのコソヴォの戦いである。彼らはこうして自分たちは長く苦しい屈辱の時代に入ったのだ、と教えられてきた。だが事実はどうであったか。

まずコソヴォの戦いでセルビア軍は本当に大敗したのだろうかという問題がある。双方の総大将が仆《たお》れ、やがて双方の軍隊が退去したのだから結果は引き分けだと主張する人びともいる。ファインによれば、この日戦死した実数はセルビア軍で一二〇〇〇人から二万人、トルコ軍は二万七〇〇〇人から三万人と推定される。ただセルビア軍はこれでほぼ全員だったのに対し、トルコ軍は東方にまだ数倍の軍団を残しており、それゆえセルビア人は戦闘に負けなかったが戦争には敗れたのだ、とファインは断じた(Fine, John V.A., *The late medieval Balkans*, University Press of Michigan, 1987)。

また侯でしかないラザルが皇帝になったり、セルビア軍勢が三二万を数えるなど誇張やアナクロニズムが至るところに見られる。

コソヴォ・チクルスを口伝した人びとはラザル帝をキリストに見立てて、最後の晩餐を考案したり、ユダに見合う人物を登場させたりもした。その結果、確かに文学作品としては完成度が増したかもしれないが、ますます史実からは遠ざかったといえよう。しかし一般の人びとを行動に駆り立てるのは、ランケを始祖とする近代の科学的な歴史ではなく、情念に味付けされた物語の歴史、ここではコソヴォ史観なのである。例えば一九一二年のバルカン戦争で、五〇〇年ぶりにコソヴォをトルコから奪回したセルビア兵の中には、はるか前方に自分たちを導く中世の聖者や勇者を実際に見たといいはるものがいたことを忘れてはならない。

周知のとおり一九一四年六月二八日（ヴィードヴダン、聖ヴィトスの日）、第一次世界大戦の引き金となったサラエヴォ事件が起こった。一九四八年六月二八日、社会主義ユーゴスラヴィアはコミンフォルムから追放された。一九八九年のこの日、コソヴォが原に一〇〇万人（主催者側発表）を動員してコソヴォの戦い六〇〇年記念祭を催したミロシェヴィチは、やがてユーゴスラヴィアを解体して内戦に引きずり込み、コソヴォ紛争でセルビアを世界の悪者に仕立ててしまった。そういえば彼がハーグの戦犯法廷に引き立てられた日も二〇〇一年の六月二八日だった。

昔からバルカンは夢と現実が分かちがたく結び付いてきた土地柄だが、彼らの思いがけぬ行動からしばしば世界に激震が走った。それを思えば、ラザル帝の呪いならぬヴィードヴダンの呪いに、我々は今後とも気をつける必要がありそうである。

（『バルカンを知るための65章』所収、二〇〇五年、明石書店）

中世セルビアの宗教（一四世紀）

『ザコニク』（『ドゥシャン法典』、一三四九年）

第一条　キリスト教について。――〔われわれは〕まず第一にキリスト教〔ここでは正教のみを意味する〕のために。それは斯かる方法によって浄化される。

第六条　ラテン異端派[1]〔カトリック〕について――キリスト教徒を、酵母なしパン[2]を用いるカトリック教会派に改宗させたなら、彼らを再びキリスト教に戻さねばならない。これを聞き、なおかつキリスト教に戻らぬ者は、教会法[3]によって罰せられる。

第八条　ラテン人司祭〔カトリック司祭〕について――ラテン人司祭は、もしキリスト教徒をラテン人の信仰に改宗させたことが発覚すれば、教会法によって罰せられる。

第九条　半信徒〔カトリック教徒〕について――もし半信徒がキリスト教徒を妻に娶り、欲するならば、キリスト教に帰依すること。もし帰依しないならば、彼から妻や子を奪い、家作の一部をそれらに与えて、追放される。

第一〇条　異端者〔正教を信じないキリスト教徒〕について――異端者がキリスト教徒のあいだで生活していたことが分かれば、頬に焼き印を押されて追放される。もし異端者を匿う者があれば、その者も焼き印を押される。

第八五条　バブン[4]のことばについて――もしバブンのことばを口にする者は、領主〔貴族〕であれば一〇〇ペルペル〔中世セルビアの貨幣単位〕を支払わねばならない。百姓であれば一二ペルペルを支払った上に棒で打たれる。

第九五条　雑言について――主教、あるいは修道士、あるいは司祭に雑言を吐く者は一〇〇ペルペルを支払わねばならない。主教、あるいは修道士、あるいは司祭を殺害し発覚した者は、虐殺されて吊り下げられる。

第一〇九条　魔法使い(5)や有害な人物は、悪事を働いていることが発覚すれば、教会法によって罰せられる。

【注】

(1) 正教会ではカトリック教会を異端とみなす。

(2) 正教会では聖餐に酵母入りのパンを用いる。

(3) 字義通りに訳せば「総主教たちの（定めた）法」。この法は、ビザンツの宗教生活に係わる諸規定である。

(4) 一〇世紀ビザンツ世界に盛行した異端の一派で、マケドニア地方の唱道者ボグミルの名に因み一般にボグミル派と呼ばれるが、セルビアではむしろバブンという異名で知られた。極端な二元論を唱え、淵源はゾロアスター教にまで遡り、影響はイタリアのワルド派やフランスのカタリ派にまで及んだ。「バブンのことば」とは、ボゴミールの異端を広めるための言動をさす。

(5) 七世紀バルカン半島に定住したセルビア人は一〇世紀にキリスト教徒となったが、その後も長らく民間では、正教徒からは「呪術」とみなされる、改宗前の異教徒的な風習が根強く残った。

【出典】

Zakonik Cara Stefana Dušana, 1349 i 1354, izdao i preveo, N. Radojčić Srpska（Beograd, 1960）, pp. 43-45, 59, 61,64.

【解説】憲法的な性格の強いドゥシャン法典の冒頭にキリスト教を浄化する諸施策を掲げたのは、皇帝は総主教の聖事を重視すると同時に制御するという意志の表れとも考えられよう。ただし、一条から三七条まではビザンツ皇帝レオン六世（在位八八六―九一二年）の皇帝法から借用したものであると、一八八八年ロシア人学者ジゲリが指摘している。

ドゥシャン法典に見られる中世セルビアの最も大きな宗教的特徴は、異端と異教の問題だろう。セルビア正教会ももちろんカトリック教会を最大の異端と見なしていた。だが帝国は沿岸部にいくつかのカトリック司教区をもち、コソボ地方の鉱山都市にもザクセン人やドゥブロヴニク人など多くのカトリック教徒を抱えていて、ふだんは彼らの宗教生活に介入することはないが、正教徒を改宗させようとする者がいれば、厳しく罰した。しかしカトリック側とすれば以前の勢力圏イリリグムを正教世界に奪われたという意識は強く、折あらばこれを取り戻そうと絶えず働きかけていたのである。もう一つの異端バブンは、ステファン・ネマーニャの時代にほぼボスニアへ追放していたので、この時代はそれほど問題にはならなかった。一方、セルビア人がキリスト教化される以前の異教的な風俗習慣は、民間信仰という形で山間僻地に近世まで残存した。

（『世界史史料5　ヨーロッパ世界の成立と膨張』所収、二〇〇七年、岩波書店）

シメオンとサヴァ——高い理想と行動力を兼ね備えた二人の聖人

従来、キリスト教の修道には、「修道生活の父」と呼ばれるエジプトのアントニウス（二五一頃〜三五六年）が創立した隠遁修道（隠遁生活の中でキリストとのかかわりを追求する方法）と、同じくエジプトの修道士パコミウス（二九二頃〜三四六年）が考案した修道院修道（修道院での共同生活を通してキリストとのかかわりを追求する方法）があった。

八〜九世紀、ビザンチン世界を二分したイコノクラスム（聖像破壊運動）で、イコン擁護派として活躍したストゥディオス修道院（現在はトルコのイスタンブール郊外に廃墟として残る）院長テオドロス（七五九〜八二六年）は、両者を生かして「ラヴラ」という修道方式にまとめた。これが九六三年にギリシャのアトス山に建てられたメギスティ（大）・ラヴラ修道院（「大」とは、初めての官立の修道院で正式な権威を持つことを意味する。それまでは私的な庵しかなかった）で実践されると、周囲に次々とほかの修道院が建てられ、ギリシャ正教最大の聖地となった。今日、アトス山には二〇の大修道院、二〇〇の修道の家、四〇〇の隠遁所がある。

「神の光」と交わったシメオン

アトス山では、一四世紀に独特な静寂主義が盛行するが、それにはギリシャ正教三大神学者の一人である神学者シメオン（九四九〜一〇二二年）の神秘思想が少なからぬ影響を与えた。

シメオンは、小アジアのパフラゴニア（黒海沿岸地方）にあった豊かな家庭に生まれた。コンスタンチノープル（イスタンブール）で教育を受けて公職に就いたが、修道士に転身。はじめはストゥディオス修道院などで修行し、やがて院長になった。

静寂主義とは、静寂の中で熱心に「主イエス・キリスト、神の子、われを憐れみ給え」という「イエスの祈り」を唱えて神を瞑想する修道のテクニックで、こうして静寂の境地に達し自己の裡なる聖霊、すなわち神とひとつになるというのである。もともと「人が神に成る」こと（仏教でいう成仏）を目指すのは、東洋世界と浅からぬ関係にあったギリシャ正教の伝統だった。

シメオンは、「神の光に照らされると聖なる人は完全に聖霊とともに燃焼し、その中で自己の神格化の神秘を予期しうる」と説いた。これが神秘思想である。しかし、観想の生活によって「神の光」と交わったと主張する彼を、教会当局は認めなかった。悪くすると、自己満足ないし精神錯乱に陥る恐れがあるからだ（参考：森安達也『キリスト教史Ⅲ』山川出版社。尚樹啓太郎『ビザンツ帝国史』東海大学出版）。シメオンは、教会当局や他の修道士と対立し、やがて追放された。だが有力者の助けで追放を解かれ、コンスタンチノープルの近くに土地を与えられて聖マリナ修道院を建て、一〇二二年、隠遁のなかで余生を終えた。

シメオンは死後、一世紀もたたずに正教会の聖人となった。

セルビア人の心の支え

サヴァ（一一七四頃〜一二三五年）は、バルカン半島中部にあった王国セルビアの黄金時代を築いたネマニッチ王朝（一一六八〜一三七一年）の開祖、大族長ステファン・ネマーニャの第三子として生まれ、ラストコと名付けられた。誕生前に父が行った神への誓願に従い、彼は若くしてギリシャ正教随一の聖地アトス山に入り（一一九一年頃）、ブルガリア系のゾグラフ修道院で修道士サヴァとなって修行を積んだ。

ギリシャ正教の聖山アトス山（ギリシャ）

だが一一九六年、カトリックとギリシャ正教の境界線だったバルカン半島で起こった両宗派の勢力争いもからみ、兄たちの相続争いが生じた。そこで、サヴァは急ぎ帰国し、長兄に父の意思どおりに次兄ステファン・ネマニッチへの譲位を認めさせた。この時彼は、国内の安定のためには独立した正教会がセルビアに絶対必要であると痛感したに違いない。

一一九七年、サヴァは、退位して修道士シメオンとなった父（前出の神学者シメオンとは別人。シメオンという名の歴史上の人物は、一〇世紀のブルガリア皇帝シメオンなど複数存在）をアトス山に迎え、セルビア人聖職者の養成と文化活動の一大中心地となるヒランダル修道院を父とともに創建した。一二〇八年、父の遺骸を持って帰国した彼は、父が建てたストゥデニツァ修道院（セルビア・モンテネグロの首都ベオグラード南方約一三〇キロ、一九八六年世界文化遺産）に遺骸を納めると、そのまま修道院長を務めた。アトス山で修道したサヴァは、当時の〝公用語〟であるギリシャ語に堪能だった。これを駆使して外交官的な役割も務め、父のあとを継いだ次兄のよき相談相手ともなった。

一二一七年、大族長となっていた次兄ステファンは、法王使節によって王冠を授けられ、「初代戴冠王」を名乗る。これを見届けてから、サヴァは小アジアのニカエア（現トルコのイズニク）へ赴き、ビザンチン皇帝や総主教に会って、セルビア正教会へ自治権を与えてくれるよう訴えた。要求は認められ、一二一九年、初代のセルビア大主教に任ぜられた。

また、彼は、新しい教会や国家組織を設立する指針となる教会法典を携えて帰国すると、ジッチャ修道院（ストゥデニツァ修道院の北方、クラリェヴォ近郊に現存）に大主教座を設け、セルビア正教会の安定と強化に精力を注いだ。

一二三五年、彼は二度目の聖地エルサレム巡礼の帰途、第二次ブルガリア帝国の首都タルノヴォ（現ヴェリコ・タルノヴォ）で客死した。遺骸はセルビアへ運ばれ、ミレシェボ修道院に安置された。

サヴァの活動は、宗教界のみにとどまらなかった。セルビア最初の聖人となった父の生涯を綴った『聖シメオン伝』を著し、人びとの教育にも尽力して学問の神様と崇められた。セルビアの小学校では今でも聖サヴァの日（一月二五日）を休日とし、彼を讃える唄を歌って祝う。

後年、オスマン帝国の圧政に苦しんでいたセルビア人はハプスブルク軍に合流し、聖サヴァの肖像旗を掲げて反乱を起こした（一五九三〜一六〇六年）。これを鎮圧したトルコ人は、見せしめに、彼の遺骸をミレシェボ修道院から掘り出し、ベオグラードまで運んで焼却した。

現在、ベオグラードのその跡には、バルカン最大の聖サヴァ教会が建っている。

（『週刊朝日百科　シルクロード紀行』31号所収、二〇〇六年、朝日新聞社）

巡礼地——オフリドとメジュゴーリェ

いずれも旧ユーゴスラヴィアの聖地だが、その歴史や背景は著しい対照を示している。

オフリドはマケドニアとアルバニアの国境をなすオフリド湖東岸にある人口三万五〇〇〇人の古都だ。古くからアドリア海とエーゲ海を結ぶエグナティア街道の重要なイリリア人の町リフニドゥスとして大いに栄えた。七世紀スラヴ人が移住、九世紀にはオフリドというスラヴ名が文献に表れる。ブルガリアのボリス帝は「スラヴ人への使徒」キュリロスとメトディオスの高弟クリメント及びナウムをこの地へ送り込み、オフリドをバルカン屈指の宗教、文化、教育センターにした。彼らは師の考案になるグラゴル文字を改良したキリル文字を用い、多くの宗教文献をスラヴ語に翻訳して、正教スラヴ世界を文明化したのである。クリメントが創設した学校では、三五〇〇人が学んだといわれる。なおクリメントはスラヴ人初の主教となり、主教座はやがて大主教座に昇格された。

一〇世紀末スラヴ系マケドニア人（ブルガリア史ではブルガリア人）のサムイロ帝はここを首都に定め、アドリア海まで領土を拡大したが、彼の死とともに帝国は瓦解した。セルビア時代を経て一三九五年トルコに占領され、一九一二年のバルカン戦争でセルビアに復帰するまでその支配下にあった。ただその間もオフリド大主教座は生きのび、八〇〇年もバルカン半島のスラヴ人社会に君臨した（九七六〜一七六七年）。一時はベオグラードまで勢力範囲に収めたほどである。それだけに絶大な影響力を持っていたが、大主教はコンスタンティノープルの総主教が任命するギリシア人であり、彼らは為政者に取り入りギリシア人の主教たちを用いてスラヴ人のギリシア化に努めたので、弊害も大きかった。

一九九二年に社会主義ユーゴスラヴィアから分離・独立したマケドニアの人びとは海を持たないため、オフリド湖に格別な思い入れがある。そして湖畔の古都オフリドがスラヴ文明発祥の地であることもあって、夏休みには大挙しておしかける。町並みは湖畔に半円劇場のように展開し、頂上では巨人なサムイロ帝の城塞があたりを睥睨《へいげい》している。大主教座のあったソフィア大聖堂（一一世紀の見事な壁画がある）、一三世紀のペリブレプトス聖母教会（通称、聖クリメント教会。日本でも公開されたイコン画廊がある）、岸壁に建つ絵はがきのような聖ヨバン・カネヨ教会（一三世紀。最近のマケドニア映画『ビフォア・ザ・レイン』の舞台にもなった）、アルバニアとの国境近くにあるため船で訪れる聖ナウム修道院（孔雀が放し飼いされている）など見るべきものに事欠かない。古くから巡礼地として、あるいは観光地としてオフリドは絶えず人びとを誘ってきた。

一方、これも一九九二年に社会主義ユーゴスラヴィアから独立したボスニア・ヘルツェゴヴィナのメジュゴーリェ村が世間の耳目を集めたのは、わずか三〇年前のこと。すなわち一九八一年六月二四日、ヘルツェゴヴィナの中心都市モスタル近くにあるメジュゴーリェ村（三〇〇〇人）の六人の少年少女の前に、嬰児を抱いた聖母マリアが突然現れたというのだ。その日、おしゃべりをしている二人の少女（一五、六歳）のはるか前方に女性が光を浴びて地上に浮いていた。「ゴスパ（聖母マリア）よ！」と一人が言うと、もう一人をさそって仲間の方へ走った。今度は六人そろって彼女を見た。翌日も同じ場所で聖母マリアを目にした六人は、彼女に走りよりひざまずくと祈りを捧げた。

この噂が広まると人びとは事の真偽をめぐり賛否両論で大騒ぎとなった。現地の野心家、若きヨーゾ牧師の演出だと考えた人もいる。ついには神父、警官、心理学者、ジャーナリスト、巡礼者までが加わり、寒村はたちまち一大観光地に早変わりした。それから一〇年、『ライフ』は「いまも変わらず六人は誰にも見えない聖母マリアを目にし、毎夕どこに居てもひざまずき天にむかって祈りを捧げている」と報じた（*LIFE*, July 1991）。しかし少年少女は依然ゴスパがクロアチア語で自分たちに平和の尊さを説き続けていると主張したため、同じ奇跡にあずかろうと願うカトリック信者が、一〇年間に全世界から一七〇〇万人もメジュゴーリェ(「山間」の意)の「(ゴスパ)顕現の丘」を訪れた。山間の村には大教会が建ち、豪華なホテルやバンガロー、土産物店や飲食店も出現した。巡礼ツアー会社がいくつか生まれ、当然のことながら利権争いも見られるようになった。そんな最中にクロアチア戦争が勃発したのである。観光客は激減した。

まもなく観光業で荒稼ぎしてきたセルビア人のオストイッチ一族とクロアチア人の数家族が激しい客とり合戦を始め、やがて武力に訴えるまでエスカレートした。死者が出ると復讐を呼び、寒村を舞台に「小戦争」が勃発した。双方をチェトニクとウスタシャという戦前からの極右団体が加勢して、わずか一年間でおよそ一四〇人が殺害され、六〇人が行方不明、六〇〇人が村を捨てたといわれる。平和を説く聖母マリア顕現の地で、実はおぞましい残虐事件が発生していたのだ。

その後ボスニア戦争が続き(一九九二―九五年)、巡礼どころではなくなった。近年ようやく平和が回復し、かつての聖地にも客足が戻ってきたようである。地元の人びとはフランスのルルド、ポルトガルのファティマにならってメジュゴーリェも聖地に認定してくれるよう、早くからバチカンに申請していた。だが俗臭紛々たるメジュゴーリェがバチカンの同意を得るにはまだ程遠いようだ。

ユーゴスラヴィアの宗教事情を考えたとき、マザー・テレサ(一九一〇~九七年)を忘れるわけにはいかない。彼女はマケドニアのスコピエに生まれたアルバニア人で、若くしてカトリック系の修道会に入り、やがてインドに派遣され「神の愛の宣教者会」を作って貧者に愛の奉仕を捧げ、真の宗教活動とは何かを世界に示した。一九七九年にノーベル平和賞を受賞した現代の聖者である。彼女の信念、「沈黙の果実は祈り、祈りの果実は信仰、信仰の果実は愛、愛の果実は奉仕、奉仕の果実は平和」の真意を、我々は今一度、改めて考えるべきであろう。

(『バルカンを知るための65章』所収、二〇〇五年、明石書店)

バルカン史の意外な側面

日本ではほとんど知られていないヒランダル修道院は、セルビアの黄金時代を築いたネマニッチ王朝（一一六八—一三七一）の始祖ステファン・ネマーニャと聖サヴァが一二世紀末、ビザンチン帝国領アトスの一画に建立したものである。

ギリシア第二の都市テッサロニキの東方からエーゲ海へ南下する半島の一つはアトスとも呼ばれ、東方正教会の一大聖地として、古来多くの巡礼者を引き付けてきた。現存する大修道院は二〇、そのうち一七はギリシアが所有し、後はロシア、セルビア、ブルガリアに属する。ヒランダル修道院は確かにセルビア色が強い。しかし多民族帝国ビザンチンに起源をもつ独特の国際主義は、昨年一〇月に再訪した時も、確かに息づいていた。

小訳『ヒランダル修道院』（恒文社）には付録としてネマニッチ王朝系図を掲げておいた。その狙いは、ネマニッチ家と結ばれた女性の背景をとおして、バルカンの中世が意外と開かれた社会だったことを示したかったからである。たとえば初代戴冠王ステファンは三度めの妻に、ヴェネツィア総督エンリコ・ダンドロの孫娘を迎えている。周知のようにダンドロは、第四回十字軍をしてエルサレムの代わりにコンスタンチノープルを攻略させた大政略家である。そのほかブルガリアの皇女が四人、ハンガリーの王女二人、両シチリア王の親戚でフランスのアンジュー家から一人が迎えられていた。中でも異色は、ヒランダルの主聖堂を改築したミルティン王（一二八二—一三二一）の五人めの妻シモニダ、ビザンチン皇帝アンドロニコス二世パレオロゴスの皇女だろう。

もっとも彼女との縁組について問題がなかったわけではない。話がもちあがった時まだ五歳だったこともあるが、初老のセルビア王はすでに四人の妻を娶っていたからだ。正教会では四度めの婚姻をきびしく禁じている。そこで便法が考えられた。ミルティンが二度めと三度めの結婚をした時は、離縁した最初の妻がまだ生存していた、したがってそれ等は無効である——と。王宮のあったコソヴォ地方のプリズレンと帝都のあいだに五回も使節が往来し、おおくの侍僕や侍女を伴ってシモニダが嫁いできた時、彼女は七歳になっていた。

セルビアはドゥシャン帝の下で文字どおりバルカンの覇者となった。国力を支えたのはコソヴォ地方で採鉱されていた多量の銀である。これを売りさばいたのはバルカン全域に商業網を張りめぐらせ、東西貿易でおおいに繁栄したドゥブロヴニクの商人だった。アドリア海沿岸の商業都市ドゥブロヴニクは中世名をラグーザと称し、一時はヴェネツィアを嫉妬させたほど、多数の商船団と隊商を操っていた。最盛期には八〇もの領事館を地中海各地や内陸部に置いたという（詳しくは、小沢のB・クレキッチ『中世都市ドゥブロヴニク』〈彩流社〉を参照されたい）。

セルビアに次いでボスニアでも銀山が開発された。ドゥブロヴニクは主要地にコロニーをつくり、隊商宿や倉庫を建てて、活動の拠点とした。一九八四年サラエヴォの冬季オリンピックですっかり有名になったレストラン「モリッチャ・ハン」は、そうした隊商宿の一つを改装したものだったのである。

わたしがバルカンの文化を研究していると聞いて不思議そうな顔をする人がいる。それも一人や二人ではない。たぶんここ一〇〇年ほどの騒乱の歴史だけを見て、あるいは「ヨーロッパの火薬庫」というレッテルに幻惑されてのことだろう。確かにバルカン史には文化的話題が少なく、権謀術数と戦争の記述が多い。だが多民族の混住をもって直ちに不安定要因と考えるのは、想像力の貧困である。事実そこには多彩な文化も生まれたのであって、先述したドゥブロヴニクの商人などは当時の先進国イタリアから後背地へ最新情報をもたらし、ラテン文学や医学知識を少なからず広めていたのである。中世に限ってみても、バルカンはもっとも開かれており、おおくの可能性に富んでいた。ヒランダルやドゥブロヴニクはその一例に過ぎない。

現在のボスニア内戦に関しても、セルビア人（正教徒）、クロアチア人（カトリック教徒）、ムスリム（イスラム教徒）はお互いを不倶戴天の敵とみなしてきたから戦闘は避けられなかった、といった論調が目につく。そのために過去を探り、紛争の事例を並べたてて不幸なボスニア史を綴るのである。しかし、これは順序が逆ではないのか。歴史のベクトルが逆さまでは、不毛な議論しか生まれないだろう。

そんな漠然とした不満をつねづね抱いていた矢先に朗報が入ってきた。バルカン史の専門家ファインとドーニャの『ボスニア・ヘルツェゴヴィナ史』が近く恒文社から出るという。そこでは反目より寛容が、兄弟殺しより共生の歴史がながく一般的であったことが史実に基づいて詳述されていた。わたしは前に原書で読み、二人の歴史観にたいへん共感した覚えがあるだけに、今は翻訳での再読を心待ちにしている。

（『歴史書通信』一九九五年一一月号所収、歴史書懇話会）

第2部

アンドリッチとその時代

アンドリッチの文学

ユーゴスラビア文学

ユーゴスラビアという国はわが国と異なりたいへん若い。一九一八年に誕生し、第二次大戦中にほぼ解体したが、チトーを中心にナチス・ドイツ軍などと激烈な解放戦争をたたかい、戦後あらたに社会主義国として再生したのである。前者から数えて六七年、後者からではわずか四二年（ユーゴスラビアでは一九四三年一一月二九日、ヤイツェの第二回人民解放反ファシスト会議宣言の日を建国記念日として祝っている。国際的な承認を受けたのは一九四五年である）。そうした若い国の文学を概観するには、当然ながら前史をひもとかなければならないだろう。

ユーゴスラビアという名称はユーグ（南）スラブ人の国を意味し、一九世紀の中頃から文献に散見する。しかし南スラブ人が現在の地に定住したのは遙かに早く六世紀にさかのぼる。九世紀に入って「スラブの使徒」キリロスとメトディオス兄弟の子弟をつうじてキリスト教を受けいれ、同時に文字をえた。その際、当時すでに顕著となっていた東方教会と西方教会の勢力あらそいは、ここバルカンの地で農耕をいとなんでいた温厚な南スラブ人にも影響しないわけにはいかなかった。そこで北部に住むスロベニア人、クロアチア人はラテン語の典礼をつうじてカトリック教徒となり、南部に住むマケドニア人、セルビア人は教会スラブ語をつうじて正教徒となった。

カトリック教と正教の分水嶺がユーゴスラビア国土の中央を走ったことは、この国の歴史をきわめて複雑なものとし、その後遺症は今日なお消え去っていない。遠くローマ時代、現在のスプリット郊外に生れたディオクレチアヌス帝が三世紀末、広大なローマ帝国領を東西に分けて統治した時（正しくは二正帝と二副帝による四分割統治という）の境界線が、四世紀末のテオドシウス帝によって決定的なローマ帝国の分割線とされた。これがそのまま東西教会の境界線に活用され、現代ユーゴスラビアの政治・経済・社会、文化生活、なかんずく民族感情にぬきさしならない競合・対立を生む要因となっている。なぜなら、中世においてカトリック教を受けいれることは、とりも直さず西ヨーロッパ文明圏に組みこまれることを意味し、正教を選んだことは、そのままビザンチン文明圏の一員となることを意味したからである。こうした傾向は、スロベニアとクロアチア地方をハプスブルク帝国が直接・間接に支配したことと、マケドニアとセルビア地方がトルコ帝国の軛《くびき》の下《もと》に入った（一四世紀末）ことで、いっそう強められた。

しかし南北の差異をあまり強調しすぎないように注意しよう。両者の歴史的背景がさまざまな点で対照的だとしても、下世話にもいうとおり血は水よりも濃いのであり、いずれも他民族の覇権に苦しみぬいた共通項をもつからである。近世に入ってナショナリズムの覚醒をみてからは、民族国家の成立をねがう抵抗を執拗につづけ、その伝統は今大戦中のパルチザン闘争においても遺憾なく発揮されたことを忘れてはならない。ただ文学となると、中世セルビアではビザンチンの聖者伝に倣《なら》って幾つかの伝記が残されたが、主流は口承文芸であった。文字を知っていたのは僧侶しかいなかったからで、大部分の農民はグスレという一絃琴の伴奏で語られるかつての黄金時代やトルコ人を襲う義賊たち（ハイドゥク）の物語に、過酷な現実のなぐさめを見出していた。中世クロアチアでは、ダルマチア地方に住みつきベネツィアの圧倒的な影響下に入った人たちがあって、一衣帯水（アドリア海対岸）のイタリアで栄えたルネサンス文学に刺激を受け、城砦都市ドブロヴニクを中心に華やかな文化生活を楽しんだ。マリン・ドゥルジッチ（一五〇五～一五六七）の『マロエ叔父さん』は、今なお演じられている当代一流の喜劇である。イワン・グンドリッチ（一五八九〜一六三八）は未完の長編叙事詩『オスマン』を物して、パン・スラビズムを宣揚した。

一九世紀も中葉になるとスロベニアにプレーシェルン（一八〇〇〜一八四九）が現われ、抒情と民族主義を理想の高みへ揚棄させて多くの詩《うた》を歌った。中でも『ソネットの花冠』は絶唱である。この頃、バルカン地方で唯一独立を保持しつづけた山岳地モンテネグロ国の首長となったペータル二世・ペトロビッチ・ニェゴシュ（一八一三〜一八五一）は、激務をさいて長編叙事詩『栄光の山並み』を書いたが、これをセルビア語最高の傑作と評する人もいる。クロアチアでは民族再生を希うイリュリア運動を推進していたイワン・マジュラニッチ（一八一四〜一八九〇）が『スマイル・アガ・チェンギッチの死』を発表し（一八四六）、セルビアでは、グリム兄弟やゲーテに激励されたブーク・カラジッチ（一七八七〜一八六四）が、博覧強記のかぎりをつくして、なかば亡命生活を送っていたウィーンからつぎつぎに口承文芸を編纂刊行していた。マケドニアでもコンスタンチン・ミラディノフ（一八三〇〜一八六二）が出て、兄のディミタルと共に口承文芸を採録刊行し、民族の覚醒と解放に生涯をささげた（二人ともイスタンブールの牢獄で毒殺されたと考えられる）。

一九世紀の後半は特にセルビアのリアリズム文学に見るべきものがあるが、全体的にいって地方色の著しい小品が多い。

ユーゴスラビア文学という名称がこの国に住む南スラブ諸民族（スロベニア、クロアチア、セルビア、モンテネグロ、マケドニア）に依って南スラブ諸語（スロベニア、セルビア＝クロアチアないしクロアチア＝セルビア、マケドニア）で書かれた文学を意味するだけでなく、ユーゴスラビア人に共通のエートスとパトスを表現するものであるとすれば、その誕生は二〇世紀を待たなければならなかった。

オーストリア人の支配下にあったとはいえ、早くから市民階級が誕生していたスロベニアでモダニズム文学が流行したのも偶然ではない。一八九九年、ウィーンで貧しい学生生活を送りながら既成のブルジョア社会を鋭く糾弾した詩集『エロティカ』を発表したイワン・ツァンカル（一八七六〜一九一八）、ウィーン大学で歴史と地理を修め、いちはやくヨーロッパ世紀末の不安を詩語に定着させたオトン・ジュパンチッチ（一八七八〜一九四九）が現われて、現代スロベニア文学の先駆けとなり、ひいては現代ユーゴスラビア文学を誕生させた。なぜなら、これ以降、クロアチア人であれセルビア人であれ、ユーゴスラビアの作家はスロベニア・モダニズムの洗礼を受けるのが習いとなったからである。

このことは、わがアンドリッチに於ても例外ではなかった。

アンドリッチの生涯

イボ・アンドリッチはその実り豊かな八二歳の生涯をつうじて、直接法で自己を語ることは極度に少なかった。

「われわれの死後、われわれが何者であったか、何を書き残したかを考察することは自由であるが、伝記的な興味でこれを調べるのは止してもらいたい」と書いた彼は、晩年にいたるまで誕生日の訂正にすら無関心であったから、われわれも此処では必要最小限のことがらを記すにとどめよう。

一八九二年一〇月九日、当時オーストリアの統治下にあったボスニアの旧都トラブニック近郊に生まれた。「深く狭い峡谷」、「まるで本を半開きにしたようで」、「その両方のページを庭や街路や家々や茶園、あるいはぶどう畑や回教寺院が彩っている」この町を、彼は後年「トラブニック年代記」（邦訳『ボスニア物語』）として世界に紹介した。父親は貧しい職人だったと彼は書いているが、サラエボで寺男か学校の小使いをしていたらしく、正確なところは分らない。とに角、彼が二歳の時に亡くなった。若くして寡婦となった母親は彼をビーシェグラードに住む亡夫の妹夫妻の許にあずけ、自分はそのままサラ

アンドリッチ像（ベオグラード）

エボに留って仕事についた。汽車のなかった当時、サラエボから国境の町ビーシェグラード迄は馬車で二日もかかった。

アンドリッチの家系は、父方にせよ母方にせよ、きわめて病弱だった。おもに結核のため次々と死んでいたので、子供のいない叔母はイボを実子のように可愛がり、彼の部屋をいつも花で飾ってやった。こうして彼は、ドリーナ河畔に今も残るこの小さな部屋の窓から、昔々ボスニア出身のトルコの大宰相が築いた一一のアーチをもつ美しい石橋を、朝夕眺め暮らすことになった。彼の幼年時代がいかにこの石橋と深いかかわりをもったかは、本書『ドリーナの橋』（別名『ビーシェグラード年代記』）が雄弁に物語ってくれる。この頃から本好きだったが、それはサラエボへ出てギムナジウムに通うようになってから更に高じた。貸本屋からドイツ語の本を借りて、しだいに世界文学への目を開かれてゆく。仲間と同人雑誌を発行し、スロベニアの詩人やホイットマン、ストリンドベルイのものを訳出するかたわら、自作の抒情詩も発表し注目された。
薄くらがりに乙女達が歌う
やわらかな声に
花と愛を匂わせて
……………
だがこの胸は暗き湖
波立つものなく
姿映す人もなし

〈薄暮〉

一九一二年、奨学金を得てザグレブ大学に入学。翌年ウィーン大学に転じたが、季候があわず一九一四年にはクラクフ大学へ移った。いずれも哲学部に籍をおいて、文学や歴史を学んだ。第一次大戦の勃発とともに帰国、海岸都市スプリットの友人宅に潜伏しているところを捕えられた。オーストリア＝ハンガリー帝位継承者を暗殺した青年ボスニア党に間接的ながら関係していた廉《かど》による。スプリット、シーベニック、マリボルの牢獄をたらい回しされた。ウィーン時代に入手したキルケゴールの二巻本『あれか――これか』を唯一の友として、自分の魂と深くて長い対話をこころみる日々がつづく。それらを纏めて一九一八年、散文詩『黒海より』を出版し、人びとに深い感銘を与えた。一九二〇年にも続編『不安』が発表され、同じく好評を博した。

これより先、一九一六年に仮出獄し、トラブニック近くのオブチャレボ村で保護観察を受けながら二年ぶりに母親と生活をともにする。フランシスコ修道会の教区司祭館に住み、修道士との座談や書庫の古文書をつうじてボスニアの過去を発見していた。ボスニアはトルコ支配時代に多くの改宗者を生み、ユーゴスラビアで回教徒が最も多い共和国である。この地方はまたセルビア人とクロアチア人が混在し、複雑な民族問題をはらんだ特殊な地域であるが（ボスニア地方に住む人をボスニア人と呼ぶが、ボスニア民族なるものは存在しない。アンドリッチがどの民族に属するかは問題のあるところだが、多分セルビア系ボスニア人であろう）、正教や回教に比してカトリック教なかんずくフランシスコ会が住民の知的生活にはたした役割の大きさに、この時アンドリッチは気づかされたのである。両大戦間、公務の暇をぬすんでしばしばボスニアへ帰った彼は、その都度あちこちの修道院を訪ね、短編や長編の素材を蒐めていた。

一九一七年、カレル四世の即位で特赦を適用され釈放された。ザグレブへ出て大学に復学。翌年、仲間と雑誌『南方文芸』を発刊、翻訳、評論（文学、美術）に健筆をふるう。注目すべきは、この年初めて中編『アリヤ・ジェルゼレズの旅』の一部を発表したことで、これによって既に散文詩を物していた彼は散文へ転じた。しかし抒情詩を完全に捨てさったわけではなく、わずかずつ書き留めてはいた。ただ生前に発表はしなかった。

一九一八年一二月一日、ブルガリア人を除く南スラブ諸民族が大同団結した「セルビア人・クロアチア人・スロベニア人王国」（一九二九年「ユーゴスラビア王国」と改称）が誕生。アンドリッチも若き日の希望が実現したとしてサラエボ時代の恩師に頼んで宗務省に入り（一九一九年）、一九二〇年外務省に転ずると、一九四一年ベルリンで特命全権大使を勤めあげるまでルーマニア、オーストリア、フランス、スペイン、ベルギー、スイスなどに外交官として駐在した。その間グラーツ大学で『トルコ治世下のボスニアにおける精神生活の発展について』（独文）によって博士号を取得した（一九二四年）が、そこにフランシスコ会諸修道院の莫大な古文書が活用されていたことは言うまでもない。

一九二四年、三一年、三六年と短編集を出版して、彼の名声は確立した。ただ何分にも作品数が少なく、それも短編が主だった。執筆の時間がないのである。しかし将来のために材料だけは蒐めて倦むことがなかった。例えば、ウィーンやパリで筆写した一九世紀初期の外交文書は『トラブニック年代記』（別名『領事の時代』）に活かされるだろう。

一九二五年、母親が死んだ。彼がどれほど母親を愛していたかは前記散文詩集、とりわけ『不安』で、獄中の独り息子を悲しむ母親の姿に投影されている。彼は文字どおり「孤児」となった。

一九三九年第二次大戦が始まる。アンドリッチはセルビア・アカデミー会員に選ばれた。四月、特命全権大使としてベルリンに赴任する。

一九四一年三月二五日、ユーゴスラビア王国は極秘裡に三国同盟へ加盟。三月二七日、これを知った国民が大規模な反対デモ。軍部もクーデターを起こし、これを破棄。四月六日、ドイツ軍ベオグラードに報復の無警告爆撃。丁度彼がベルリンを退去させられベオグラードに到着した日だった。日ならずしてユーゴスラビア王国軍は降伏、国王はロンドンへ亡命、全土はドイツ、イタリア、ブルガリア軍の占領下に入った。クロアチアだけはファシストの傀儡《かいらい》政権が「独立クロアチア国」を建国、ただちに日本帝国や満州王国の承認をうけている。セルビア西部、ボスニア、ヘルツェゴビナ、モンテネグロではやがて熾烈なパルチザン闘争が展開されてゆく。アンドリッチはナチス・ドイツ軍に占領された首都ベオグラードに蟄居して、発表のあてもない長編執筆に全身全霊をそそいだ。一九四四年一〇月二〇日、ベオグラードが解放された時には、いわゆるボスニア三部作『トラブニック年代記』、『ドリーナの橋』、『お嬢さん』（拙訳『サラエボの女』）は完成されていて、翌年ベオグラードとサラエボで刊行された。

一九四六年、ユーゴスラビア作家同盟議長となる（――一九五二年）。

一九五四年、『呪われた中庭』を上梓。

一九六一年、「自国の歴史の主題と運命を叙述し得た叙事詩的筆力に対して」スウェーデン・アカデミーからノーベル文学賞を授与された。

一九六三年、一〇巻本の作品集がベオグラード、ザグレブ、リュブリァナ、後にスコピエで出版される。

一九七五年五月一三日、ベオグラードの陸軍病院にて永眠、享年八二歳。奥津城はベオグラードのノーボ・グローブリェにある。


〈栗原成郎訳『呪われた中庭』（恒文社、一九八三年）中の年表を参照した〉。

アンドリッチと橋の哲学

全二四章からなる『ドリーナの橋』は、橋を中心にしたエピソードの集積で形成される。そうした一区切りごとに繰り返される、「橋は、かりそめの気紛れや思いつきが残していった痕跡を塵のように振い落とし、いっこうに変わりもせず、変わりそうにもなかった」、「町の景観の中で橋の明るい線は、空を背景とした周囲の山々の輪郭と同様に変わらなかった」、「どんな事件も橋の上を通り過ぎていく。その完成した形の滑らかなアーチの下を、水流が滔々と流れ過ぎるように」などという部分を改めて読み返すと、この小説は橋にまつわる物語であるばかりか、橋そのものの物語であって、実は橋こそ主人公なのだと考えさせられるのである。

ではアンドリッチの文学に、一体いつごろから橋が登場するのだろうか。彼が橋そのものを主題としたのは一九二五年に発表された『ジェパの橋』が最初だろう。これはドリーナの一支流、ビーシェグラード近くのジェパ川に架かる石橋を主題として、夏の一夕、川風に涼をとりながら山歩きの疲れをいやす作家の回想である。作者がたどるジェパの橋縁起は『ドリーナの橋』と酷似している。ボスニアの近村から出たトルコの高官が左遷されたときに故郷を思い出し、再び権力に復帰したおり橋を寄進するという筋立てである。工事の苦労譚だけで終るこの短編は、したがって後の長編への準備体操だったともいえる。それから八年後に『ポリティカ』紙上へ「橋」を発表した。人間が創造したあらゆるもののなかで、橋ほど貴いものはない。なぜなら、それは万人に等しく役立つゆえ、「家より重要で宮殿より聖《きよ》いのである」という書き出しではじまるこのエッセイで、アンドリッチはヨーロッパの各地で出会った幾多の橋を回想しながら、いわば橋の哲学を展開している。ここに至って、彼の橋の思想はほぼ確立されたとみるべきだろう。

　第二の牢獄生活ともいうべき第二次大戦中の占領下ベオグラードにあって、『ドリーナの橋』を書いた彼は、作中この橋の番兵をもって自ら任じている狂言回しのようなアリホジャにこう語らせている。

「子供のころに亡父から聞いた話だが――。ずっとずっと大昔、全能の神アラーがこの世をお造りになり、これを人類に贈られたのを見て、悪魔は機嫌を悪くされたそうじゃ。それで大地がまだ固まらぬうちに大地を引っ掻いてしもうた。さあ人間どもは困った。地上を自由に旅することもできない。それを見て神は、天使をお遣わしになったのだよ。天使たちは翼を拡げて、人間どもを橋渡ししてやったという。こうして人間は、神《アラー》の天使から橋の造り方を教わったわけだ」。

　アンドリッチはユーゴスラビアの人びとに最も読まれている作家であるが、なかには彼がトルコ語を多用するといって批判的な人もいる。彼の作品にはすべてトルコ語の単語集が付されていて、例えばザグレブのムラードスト社刊（一九六二年）『ドリーナの橋』を調べてみたところ、巻末に二二〇語もの解説がなされていた。しかしながら、ボスニア地方の特殊事情を考えれば、これは致し方のないことがお分かりいただけるだろう。トルコ語の挿入によって、ボスニア人には至上の親密さを、他のユーゴスラビアの人には一種のエキゾチシズムを感じさせる効果もあるからである。

アンドリッチは『ジェパの橋』Most na Žepi では橋にモストというセルビア語を用いたが、『ドリーナの橋』Na Drini ćuprija では橋にチュプリヤという転訛したトルコ語を用いている。作者は、「ドリーナ」というセルビア語と「橋」というトルコ語を「の」で結ぶことにより、まず五〇〇年におよぶトルコ人の過酷な占領を喚起させ、両者の隔絶を暗示すると同時に、困難ではあってもスラブ人とトルコ人の世界が、更にはその背後にひろがる西洋と東洋が架橋することを願ったのだった、と解説する批評家もいる。

アンドリッチはまた、初期にはラテン文字を用いてクロアチア語で書いていた。両大戦間、外交官生活を送っていたからでもあろうか、これがキリル文字を用いてセルビア語で書くようになった。したがって、『ドリーナの橋』もセルビア語で書かれたのである。

一九七二年、彼の生誕八〇周年祭がサラエボで催されたとき、アンドリッチは、「わたしは東洋の賢者が述べた『人は故郷に恩義がある』という言葉がいかに真実であるか、しばしば思い知らされています」と述懐している。その彼は幼年時代から橋を見て暮し、長じてからも寸暇を盗んでは橋の町へ帰ってきた。そうして、ついには橋を主題に世界的な小説を完成させたのである。いわばアンドリッチは、この小説によって自らの筆で橋を創造したのだ。アンドリッチの橋を見るため、わざわざ日本の一文芸批評家がボスニアの片田舎を訪れたほどである。『ドリーナの橋』は一九四七年にハンガリー語訳が出たのを手始めに、一九五六年の日本語訳を含め二〇数ヵ国語に訳されて、いまや国境を越え世界の人びとに親しまれる橋のひとつとなった。ボスニアもアンドリッチに負うところ、決して少なくはない。

ポーランドのザメンホフは多言語の中に生まれ育ったことから、異民族の融合には共通語が不可欠だとして、エスペラント（希望）語を考案した。アンドリッチも、東洋と西洋、多くの宗教と民族が混在し反目し合うボスニアに生まれ、苦しんだため、人びとを結びつける「橋」に異常なまでの関心を寄せ、これを象徴と思想にまで高めた。「この世のすべては橋です」と、晩年彼は、若手の作家ディミトリイェビッチに語ったといわれる。

「……微笑みも、溜息も、まなざしも。なぜなら、この世のすべては架橋されること、向う岸に至ることを願っているのですから。つまり、他の人びとと理解し合うことを熱望しているからです……」。

〈「アンドリッチと橋の哲学」は『月刊百科』一九八〇年五月号(平凡社)に発表したものの一部に若干手を加えて再録した。〉

(イボ・アンドリッチ作/田中一生訳注『ドリーナの橋』所収「解説」より、1・2・4を収録、一九八五年、大学書林)

アンドリッチのサラエボ

「眼下の彼方、遥かなる地平線、この町と平野が出合うところにだけ、昼の残照が居座っている。彼方、姿を隠した太陽の反映の中で、林立した煙突から昇る煙が赤く白く輝き、新しい住宅区がまだ見分けられる。彼方では新しい人びと、古い町の新しい世代が建造し作成しており――すべてが新しい。ゆっくりと根気づよく――偉大なる事業はすべてこの様にゆっくりと根気づよく成されなければならない――彼方の平野では、過去はやがて克服され、歴史は精算されるだろう。眼下の一見したところ処女地ながら、過ぎ去った人間の居住跡、ローマ時代のモザイクや里程標の石、中世ボスニアの貨幣や武具が厚い土層の下に埋蔵されている上で、工場やアパート群が建設され、新しい生活の形態が現れつつあるのだ。

そして、一日のいかな刻でも、またいかなる高台からでもサラエボを一目見ると、人はいつも無意識ながら、同じ思いに駆られる。何という町だ！　それは荒廃した瀕死の状態にありながら、同時に、いわば再生し変形しつつある町である。今日、これは私たちの限りなく甘い願望と努力の町であり、私たちの大胆きわまりない意志と希望の町なのである」(1)。

サラエボをこよなく愛した旧ユーゴスラビアのノーベル賞作家イボ・アンドリッチは、多くの作品でこの町について語り、飽きることがなかった。それ故われわれは、アンドリッチと一緒にサラエボを愛し、理解したいと思う。

アンドリッチがサラエボに来たのは一九〇三年の秋。ボスニアとセルビアを分かつドリナ河畔の田舎町ビシェグラードの小学校を終え、主都のギムナジウムに入学した時だった。二歳で父を亡い、叔母夫妻の許で幼年時代を過ごした彼は、はじめて母子水入らずの生活を、大都会の片隅で送ることになったのである。母は絨毯工場で働いていた。二人が住んだバサマツィ通りは労働者の多いビストリク区に属し、高原の町に特有な急坂の一角にあった。

ギムナジウムは、中欧式の堂々たる建物である。アンドリッチは奨学生としてここで八年、いや数学で落第したため九年も学んだ。しかし数学を除けば成績は良かった。詩を書き始めていたが、その一方で、セルビア人とクロアチア人の若者に民族解放の思想を拡める秘密組織をまとめていた。当時、三年下のガブリロ・プリンツィプは、いつか自分の詩を見て下さいと申し出る内気な少年だった。プリンツィプが数年後、この町でオーストリア＝ハンガリー帝国の帝位継承者フェルディナントを暗殺するなど、勿論だれも予想しなかった。

オーストリアによるボスニア＝ヘルツェゴビナ委任統治（一八七八年）は、それ程人びとの反発を買い、特に内外のセルビア人を憤激させたということだろう。そうした反応を考慮して、ウィーンはさまざまな人気取り政策を行っている。たとえば、この町の近代化で、先のギムナジウムや、ミリャツカ川上流にアラビア風の市庁舎を建て、大通りを改造してフランツ・ヨゼフ街とした。町の中心を飾るカトリックの擬ロマネスク＝ゴシック式聖堂もこの時期に成った。

それ以前のサラエボはまったくオリエントの町だった。四百年ないし五百年もオスマン・トルコに占領されたバルカンは、そちこちに回教寺院と尖塔が立ち、人びとの服装にも中近東風なものが多い。トルコ人がボスニアを落したのは一四六三年、ヘルツェゴビナは一四八一年。爾来サラエボは両州を治める長官の居城だったため、とりわけトルコ風な町として発達した。寒村ブルフボスナはサライ（宮殿）のオバシ（広大な地所）、つまりサラエボに変身したのである。

中世サラエボの町造りで最も重要な役割を演じたのはガジ・フスレフ・ベイだった。一五二一―四一年、彼が治世中に建てた主な建造物は、二六メートルの高いドームを戴く回教寺院（前庭に彼の墓がある）、神学校、公共食堂、公共浴場、屋内市場など。その後も歴代長官や奇特な旦那衆がさまざまな公共建造物を加え、アンドリッチが高校生だった頃、回教寺院の尖塔はいたるところで見られた。恐らく百は下らなかっただろう。さらに一六世紀ここに住み着いたスペイン系のユダヤ人（セファルディ）が建てた会堂や、イスラムに改宗せず東方正教を奉じつづけているセルビア人の聖堂も立ち混じって、この町は独得の魅力をかもし出していた。

「サラエボの深夜。まずカトリック聖堂の時計が重々しく二時を打つ。一分ほど遅れて、東方正教寺院が弱々しい二時を告げる。それから少時すると、回教寺院の時計がメッカ時刻で、しわがれた十一時を鳴らす。シナゴーグに鐘楼を持たぬユダヤ人は、独自の時間で生きている。こうして夜、みなが眠りに就いている時ですら、彼らを四つに分かつ差異は厳存するのだ……」[2]

往時の雰囲気を、こうアンドリッチは見事に再現している。

一九〇八年、オーストリアによるボスニア＝ヘルツェゴビナ併合。この時いわゆる併合危機が発生し、軍隊が動員された。一九一二年、バルカン戦争発生。二年後には世界大戦が始まる筈である。しかしアンドリッチは奨学資金を得て、この年ザグレブのフランツ・ヨゼフ一世王立大学で学ぶべく、サラエボを去った。

勿論、アンドリッチとサラエボの結び付きが、これで終わったわけではない。それからも彼は何度となく、「猛暑でも高原の朝の冷気が漂う」ミリャツカ河畔の古都を訪れている。ただ一九二五年に母を失い、文字どおり天涯孤独の身となってからは、ホテルを利用する客人として接したと言えよう。

彼が定宿にしたのは旧市街のホテル《エウロパ》である。古壁に囲まれた広いテラスからは、今なおメッカ時を刻む時計塔やガジ・フスレフ・ベイ回教寺院、神学校の小円蓋が波打つシルエットが眺められる。歩いて四、五分もすると、青年ボスニア党博物館、暗殺者プリンツィプの足跡をコンクリートに型押しした記念碑、彼の名を冠した橋、すこし上流には国立図書館に改造された旧市庁舎、それからサラエボの顔ともいうべき古市場バシュ・チャルシアがある。広場の中央には冷たい清水を人びとに供する噴水が流れ、周りに小体《こてい》な飲食店や屋台が所せましと立ち並ぶ。奥まった横丁に入ると、金銀や銅細工屋が露地の両側にひしめき合い、槌の音、呼び込む声、観光客のさまざまな言葉が反響して、いつも異様な活気を呈している。空を見上げれば、それらすべてを優しく見守るバシュ・チャルシア回教寺院の尖塔が立つ。

アンドリッチは後年、第二次大戦中ナチス・ドイツ占領下の首都ベオグラードで蟄居生活を送りながら、こうしたサラエボを徹底的に考察した。第一次大戦発生の地となったこの町を文学的、哲学的な文字に定着させることは、とりも直さず自分の失われた時をふたたび見出すことでもあったからだ。一九四五年、『サラエボの女』が完成する。

「サラエボの市民社会は、これまでもトルコの無秩序とスラブの過度な欲求に喘いできたが、ここでまたオーストリアから名声や威厳、無意味な消費、空虚でこっけいな豪奢を受け入れたのだった」(3)

「オリエントの町すべてに言えることだが、サラエボも固有の暴民を抱えている。彼らは生れつき残虐非道で、狂暴かつ卑劣な本能をそなえている。三大宗教の信者たちは生まれてから死ぬまで、お互い理由もなく心底から憎み合い、自分たちには栄光と勝利、他信仰の者には、敗北と屈辱と見なす死後の世界までその憎悪をもち込む」(4)

それ故、「一寸見には馴化《じゅんか》している彼らの下劣きわまりない熱情や不健康な欲望の焔がこうした機会(プリンツィプの一発の銃声)にげろを吐き、神秘的な火山のようにぱっと燃えあがるのである」(5)

一九六一年、スウェーデン・アカデミーはアンドリッチにノーベル文学賞を授与した。ボスニア三部作といわれる『サラエボの女』『ドリナの橋』『ボスニア物語』などで彼が示した叙事詩的力量が高く評価されてのことだった。

一九七五年三月一三日ベオグラードで死去、享年八二。

ホテル《エウロパ》から程近いところにボスニア＝ヘルツェゴビナ文学博物館がある。アンドリッチは生前しばしばここを訪れ、多くの草稿や、数々の名作を生み出した万年筆を寄贈した。

サラエボを歩けば、われわれは至る処でアンドリッチに出くわす。アンドリッチに導かれて、われわれは更にサラエボを識り、愛するようになるだろう。そうして彼と共に、「何という町だ！」という感嘆の言葉を幾度となく発するに違いない。ただ一九九四年七月現在、この言葉がまったく別の文脈で発せられるのを聞くのは、何とも腹立たしく悲しいことである。


（『月刊百科』一九九四年一〇月号所収、平凡社）

【注】
（1）一九六七年、ボスニア＝ヘルツェゴビナ・ジャーナリスト協会発行の小冊子『サラエボ』に引用されている。
（2）「一九二〇年の手紙」。
（3）（4）（5）拙訳『サラエボの女』、一九八二年、恒文社。

アンドリッチの「アリヤ・ジェルゼレズ」

一九一八年二月、イヴォ・アンドリッチは同人雑誌『南方文芸』[1]に「隊商宿のジェルゼレズ」を発表し、翌年三月にも同誌に「旅路のジェルゼレズ」を発表すると、一九二〇年二月、さらに書き下ろし「サラエボのジェルゼレズ」を加え、単行本『アリヤ・ジェルゼレズの旅』としてベオグラードのツヴィヤノヴィチ書店から出版した[2]。

『アリヤ・ジェルゼレズの旅』は一種の驚きをもって迎えられ、批評家からは高い評価をえた。すでに散文詩集『エクス・ポント（黒海より）』（一九一八）や『南方文芸』に発表していた『不安』[3]の断片（単行本は一九二〇）によって若い世代の圧倒的な支持をえていたアンドリッチは、この一作で見事に散文作家へ転じたのである。中にはプロハスカのように「アナトール・フランス風の歴史的ユーモレスク」といった皮肉な評もあったが、その彼にして、アンドリッチの作品を、転訛したトルコ語でオリエンタル風なモチーフを織り上げた魅惑的なサラエボの絨毯に譬えていた[4]。ボグダノヴィチは「完璧と言える方法で構成され……小さな傑作と称して差しつかえない」と激賞し[5]、少し遅れて、セクリッチ女史は「イヴォ・アンドリッチの短編小説と東洋」の中で、「暖かさ、直截性、生き生きした描写はアンドリッチの短編すべてに見られるところだが、『アリヤ・ジェルゼレズの旅』はその古典的な例であろう」と評した[6]。

一　『アリヤ・ジェルゼレズの旅』(7)梗概

「隊商宿のジェルゼレズ」

洪水で足止めされたさまざまな人で賑わうビシェグラードの隊商宿へ、白馬に乗った伝説的な英雄ジェルゼレズが颯爽と現れる。やがて彼は、宿泊客の中にヴェネツィア女を見て心を奪われた。数々の武勇伝に輝く彼も世事には疎いことを見て取ったフォチャ衆やモスタルの男にそそのかされ、ジェルゼレズはヴェネツィア女を賭けて、フォチャ衆と徒競走をする羽目になった。だが、もともとまともに走る気のないフォチャ衆は、最初すこし走っただけで、止めてしまう。そうとは知らぬジェルゼレズは、遠くの鞦韆《ぶらんこ》にわざと高くつるされた林檎を先に取ろうと、無我夢中で走っていった。ようやく林檎を取ったとき、遠くになった多くの観客が笑い転げているのを見て、ジェルゼレズが自分が虚仮《こけ》にされたことを知る。怒りの表情も激しく戻ってくる彼を恐れて、観客はみなそれぞれの部屋へ帰っていった。ジェルゼレズは隊商宿で大いに暴れ、大混乱を巻き起こしてから馬にうち跨がり、宿を後にした。ふと振り返ると、ヴェネツィア女がいる部屋の窓が見える。彼は「牝犬め。牝犬め」と罵声をあびせた。隊商宿はいぜん恐怖のあまり沈黙していた。

「旅路のジェルゼレズ」

馬を怪我させたので、ジェルゼレズはプリボイで回復を待つことにした。無聊をカフェーでかこつ彼に、サラエボの名門モーリッチ家のやくざな息子たちが相手をしていた。ちょうど聖ゲオルギーの祭日（四月二三日）で、ジプシー女たちは水車のわきで嬌声を発しながら水浴びしている。やがて始まるジプシーの祭りにジェルゼレズを連れ出そうと、遊び人で凶状持ちのモーリッチ兄弟が説得した。小高い丘の上では薪が燃え、太鼓が響き、ジプシーがコロ（輪舞）を踊っていた。人びとは飲み、食い、走り、笑い、転げ、のべつ歌っていた。近くの梨の木につるされた鞦韆ではゼムカが高く揺れている。すらりとした身体で緑の瞳、他のあらゆるジプシー女よりも白い。ゼムカを押さえきれる者はいないと言われ、実際、三度も出戻りを繰り返していた。青白い顔をして軽く眼をつむったゼムカが力いっぱい中空に舞い上がると、ズボンは乱れ、無数の襞をつくり、波うち、青空を打った。ジェルゼレズは座ったままそれを眺め、有頂天になって両腕を広げた。「分別よ、さらばだ」。こうして彼は、またも女のことで道化を演じた。なぜなら酔っ払ったジェルゼレズから逃れることなど、敏捷なゼムカにとっては朝飯前だったからだ。一方モーリッチ兄弟は、ジプシーがもう暗くなったから帰らせて下さいと訴えると、「じゃあジプシー様のために明るくしてやろうじゃないか」と言って、近くの干し草の山に火をつけ、みなを震えあがらせた。ジプシーは奉行に山火事の罪を問われ、縛り首になるのを恐れていたのだ。ジェルゼレズはと見ると、ゼムカに振り切られた途端、川に落ちてずぶ濡れになった。それでも「売女め、ゼムカめ」と呟きながら、ふらついていた。

「サラエボのジェルゼレズ」

ラマダン（イスラムの断食月）が始まる前日に、ジェルゼレズはサラエボに着いた。それより三日前、モーリッチ兄弟は捕えられ、市内を引き回しにされたあと処刑された。母親は二階のベランダから息子たちが刑場へ連れ去られるのを見て、泣き声もたてず最期の息を引き取った。ラマダンは夜になると、音楽や寄り合いや恋の戯れで騒然となる。ジェルゼレズは次々と夕食に招かれた。だがある時、葡萄の房のようにはちきれそうな娘を眼にして、ただちに心を奪われてしまった。カティンカはセルビア娘だったが、すでに彼女の美貌を称えた唄が二つも、ボスニア中で歌われていた。それが不幸の源だった。みなから付け狙われるので、家族はびくびくして暮らさなければならない。カティンカを物にしようと、彼女の家の前にある菓子屋には、すでに猟色家として名高いプリズレンの若旦那（アルバニア人）が居座っていた。そうして、あとから加わったジェルゼレズと共に、ただ日中の渇きと煙草を忘れるため、のべつ女の話をしていた。しかしある日、カティンカがすでにどこかへ姿を隠してしまったと、遣り手婆が告げた。ジェルゼレズは怒り狂った。もうあのセルビア娘には金輪際、手が届かないのだ。ぐったりして店を出ると、足は自然にサラエボの怪しい一廓へ向かった。金のある客に身を任すロシア女エカテリーナがそこにいたからだ。しばらくすると、彼は女の膝を枕に横たわっていた。そうして、毛皮とビロードに身を包んだ気品のあるヴェネツィア女や、生意気でずる賢いが可愛いジプシー女ゼムカや、葉陰に熟れた果物のようなカティンカなどを思い出していた。すべては手の届かない女性である。自分が自由に来られるのは、エカテリーナの處だけだった。ジェルゼレズは、なぜ俺はこの栄光と力をもってしてもあの女性たちへの道を踏破できぬのか、俺より劣る者がみな容易にたどれる道を——と、不思議でならなかった。

二　『アリヤ・ジェルゼレズの旅』をめぐる批評

ボグダノヴィチの評

アンドリッチ自身、「わたしの小説では処女作です」と断言し、[8] ボスニアのトルコ時代に材をとる小説を語るときはいつも「『アリヤ・ジェルゼレズの旅』以来わたしはまったく変わっていません」[9] と言いつづけてきた重要なこの作品について、いままで実に多くの評論が書かれてきた。ここでは代表的なもののひとつとして、その後の基準にもなった前述のボグダノヴィチ評をもう少し詳しく紹介しよう。[10]

アンドリッチは『エクス・ポント（黒海より）』によってわが国の文学にまったく新しい力を注

入した。しかしこれらは断片の集積であり、それらを総合して、より広い視野にたった作品をものする能力が彼にあるかどうかが疑問視された。そんな矢先に『アリヤ・ジェルゼレズの旅』が出現したのである。これに依り「彼の才能は、まったく新しい光の下に示された」。今やわれわれは、彼はこの作品でいったい何を言わんとしたのか、また、将来いかなる作家が彼から期待できるのか、という議論にうつるべき時であろう。

「ボスニア人イヴォ・アンドリッチは、人気の高いボスニアのムスリム、アリヤ・ジェルゼレズの形をかりて、ボスニアの総合的な人物像を創ろうとしたのである。と同時に、彼はまたひとつのシンボルをも提供しようと欲したのだ」。したがって、これはわが国の多くの作家に見られるような一地方色を興味深く描いたものではなく、「もっと広い意味を持つ。なぜなら、彼が小説の中で描いたこのシンボルは、どこか人間一般の性格を持ったものとして示されているからだ」。つまりアンドリッチは、著名な人物を主人公に採用したとはいえ、ロマン主義者のようにわれわれと無縁な主人公の特異性を描くのではなく、むしろわれわれと共通するようなものを描いている。そういった訳で、アリヤ・ジェルゼレズはまずもってシンボルである。より高いもの、美しいもの、輝くものを希求する人間と、これを無残にも邪魔する何千という些細な、馬鹿らしい、だが避けられない障害、つまり現実とのあいだで何度となく闘いつづける「ドン・キホーテ」を、この作品は具現化している。

ただしボスニアのドン・キホーテはもっぱら女性の美のとりこになったのであって、そこに彼の悲劇は起因する。自己の力と勢力を信じ、自分にはあらゆる権利が備わっていると感じていても、女性の前ではなんの役にもたたない。こうしてアリヤ・ジェルゼレズは、一部だけに知られた興味深い地方人から、「希望」と「現実」のあいだで苦闘する典型としての意味を帯びるにいたった。

イヴォ・アンドリッチは、わが国では稀にみる見事な画家でもある。たとえばジプシー女ゼムカを描写した一節を引いてみよう。

「梨の木につるされた鞦韆は、ゼムカと一緒に揺れている。ジプシーの女の子が力をあわせて背中を押しやると、両手で左右の綱をにぎりしめてゼムカは、しだいに高く舞いあがる。青白い顔をして眼をつむり、丘の稜線を越えて水平に浮かぶと、彼女のズボンは乱れ、無数の皺をつくり、波うち、青空を打った」[11]。

かかる才能は、わが国の最良の作家にもあまり見られない。それゆえ「この作品は小さな傑作と称して差しつかえない」。「わたしの評を褒め過ぎであると思われる人に、わたしはこう言いたい。わたしは将来、自分が彼の作品に下した判断に裏切られることはない、と確信している」。

リズヴィチの攻撃

ボグダノヴィチ以後、多くの文芸批評家によって『アリヤ・ジェルゼレズの旅』は論じられてきた。例えばジャジッチの精神分析的方法を用いての評論[12]、バンディチの実存主義的な評論[13]も現れて、これからもアンドリッチ文学が語られるときは、この作品がかならず取り上げられるに違いない。ただモデルとなった伝説上の、あるいは歴史上のアリヤ・ジェルゼレズと、アンドリッチが描いた「アリヤ・ジェルゼレズ」とのあいだに見られるあまりの違いに、戸惑う人もいない訳ではなかった[14]。またアンドリッチのイスラムに関する知識に疑問を投げかける人も出ている[15]。だが管見するかぎり、アンドリッチ文学を全面的に批判し、否定する評論は今まで現れなかった。

しかし、一九九一年に（旧）ユーゴスラヴィアが解体し、（新）ユーゴスラヴィアを含む五つの国が独立する過程で、事情はかなり変化した。とくにボスニアに於けるアンドリッチの評価は激変したように思われる。たとえば一九九二年、戦争の最中とはいえ、アンドリッチの生誕百年祭はボスニアで中止された。[16] またアンドリッチの作品が教科書から除去されたという。[17] ビシェグラードを流れるドリナ川の橋畔にあったアンドリッチの胸像レリーフが、イスラム原理主義者の青年によって破壊され、川底に捨てられるという事件も報じられた。[18] だが、こうした断片的なニュースを追うだけでは、実際にどれほどのアンドリッチ批判がなされ、アンドリッチのどこが攻撃されているのか、具体的な状況がいまひとつ把握できないでいたとき、ムフシン・リズヴィチの『アンドリッチの世界に見るボスニアのムスリム』が現れたのである。[19] 著者はサラエボ大学教授でユーゴスラヴィア文学を講じていた。それ故われわれは、彼のアンドリッチ批判が現在ボスニアでかなりの影響力をもつと考えても、たいして間違いではないだろう。好都合なことに、本書の巻頭でリズヴィチは『アリヤ・ジェルゼレズの旅』を論じている。

アンドリッチはザグレブで、一九一八年の前半からV・チョロヴィチと『南方文芸』の編集部ではたらき、創作活動をはじめた。このことは彼にとって政治的、文化的、文学的な転機となった。とくに「それまでのセルビア・クロアチア語のユーゴスラヴィア主義(アンドリッチの言葉をかりれば、「セルビアとクロアチアの青年層に、解放とセルビアとの統一というイデアを広め、確立すること」を目的としていた)から、もっぱらセルビアの政治、民族主義、文化を目指す方向へと転換したのであり、そのさい彼はついに〈エ方言〉を採用することで、自分の母語すら変更してしまったのだ」。[20] また彼は、実存の不安や戦争の恐怖を描いた散文詩から、ボスニアの過去に材を取ったネオ・ロマン主義的な短編小説へと転じた。だがそこに描かれるボスニアのムスリム世界は、西洋人好みのエキゾチックで否定的なもので、彼らボスニアのムスリムがボスニアの精神、文化、歴史に果たした役割については、これまた否定的である。[21]

この本はボスニアのムスリム世界にたいするアンドリッチ固有の精神的、美的、倫理的な関係が、「奇妙な」čudan オリエントを背負った、心理的にねじれた世界だったことを示している。セルビアの叙事詩に描かれた倫理と、ボスニア人に関するセルビア読書界のロマン主義的な受け、に彼はすり寄っている。また同時に、この本は、彼がベオグラードの文学および政治の世界へ参入するための鍵でもあった。

しばしば評論家が論じてきたように、アリヤ・ジェルゼレズは、女性という形で表現された絶対美（理想）を探求する者のシンボル化である、という。また、アンドリッチの世代に特有の理想主義者をアレゴリー化したものである、とする人もいる。理想実現のために戦って敗れた戦後世代の彼らも、アリヤ・ジェルゼレズのように到るところで閉ざされた扉を前にして絶望し、泥の中に倒れるしかなかった、という解釈である。

しかしながらこの小説は、明らかに分かるとおり、最も高名かつ高貴なボスニア人で叙事詩と伝説の英雄に関する神話を破壊する道を開いたものだ。またそれに依り、民謡とロマン主義的歴史が示してきた剛勇と栄光と決闘の伝説すべてをも破壊する道を開いたのだった。

こう批判したリズヴィチは、改めてボスニアのムスリムが愛するアリヤ・ジェルゼレズ伝説を、コスタ・ヘルマンなどの書物を援用して詳しく紹介する。それから本格的に、『アリヤ・ジェルゼレズの旅』でいかにアンドリッチがボスニアのムスリム世界を歪めているか、アリヤ・ジェルゼレズを冒涜しているかという自説を、多くの箇所を引用して補強してゆく。

小説はビシェグラードの隊商宿の描写から始まるが、宿は「畜舎や羊肉の臭いがこもっていた」。ここに足止めされた人の中には「ビハチ出身のイスラム僧を自称しているが、その実、不純な恐ろしい本能の導くままに世界を放浪する変わり者」もいた。無聊をかこつ彼らは、カフェーで時間をつぶしていたが、その他「カフェーには日がな一日、土地の若者、金持ちで暇なトルコ人がたむろしていた。そこでは絶えず冗談、笑い、拍手、タンバリンとサズかクラリネットの音《ね》、ペシュ＝ベシュ盤の乾いた板の上にころがる骰子《さいころ》の音《おと》、卑猥な無頼漢の唸り声や叫喚がもれ聞えていた」。

こうしたボスニア人への偏見のあとに、ボスニアの英雄アリヤ・ジェルゼレズの神話から後光を奪おうとする最初の皮肉なパラドックスがくる。

「隊商宿へ現れた最後の方の一人がアリヤ・ジェルゼレズである。彼は歌いながらやって来た。血走った眼の白馬にうち跨《またが》り、滑るように乗りつけて来た。赤い花飾りが白馬の眼を打ち、肩にかかる純金の刺繍をした上着の袖はきらめき、風にひるがえった。彼は、賛嘆と敬意のこもった沈黙で迎えられた。その名は多くの輝しい決闘と、恐怖をもよおさせる剛力に結びついていたのだ。ただ、ジェルゼレズの名は知らぬ者とてなかったが、実際に見た者は稀だった。なぜなら、若い頃、トラブニクとイスタンブールの間を駆け巡っていたからである。

門のまわりに余所者も土地の者も集まってきた。召使たちが馬の轡《くつわ》をとる。彼が馬から下りて門の方へ歩きはじめたとき、異様に背丈が低く、ずんぐりしていて、まるで歩き慣れない人がよちよち歩きをしているように見えた。腕はとてつもなく長い。ぶっきらぼうに、聞きとれない発音で「こんちわ《メルハバ》」と言うと、カフェーへ入っていった。彼が馬から下りると、台座を下りた銅像のように恐怖も畏敬も消えはじめ、他の者と変らない人物になったらしく、だれかれとなく寄ってきては話しかけていた。彼も話し好きだった、が、少しくアルバニア訛りがあったのは、長年スコピエやペーチあたりを縄張りに活躍していたからだろう。話し方は稚拙、行動の人によくある伝でのべつ言葉につまり、その度に猿臂《えんぴ》をのばし漆黒の眼をまるくする様は、瞳がはっきり見分けられない兎に似ていた。

数日後にはジェルゼレズを取り巻いていた魔法の輪がきれいに消え失せていた。そして、一人また一人と隊商宿の連中が近寄ってきたのは、無意識ながら、彼と肩を並べるか自分の言いなりにしてやろうという気持があったからに違いない」[22]。

ここに見られるように、アンドリッチの創作意欲の底には、出身地ボスニアの叙事詩に謳《うた》われているジェルゼレズを、文学作品によって自分と自分の世界に従属させようとする「無意識な欲求」もあったように思われる。だがそれと同時に、彼には、やがて自分が生きるべき官界と文壇にこうして矮小化したジェルゼレズを提示しようとする、はっきりした欲求があったのである。それが証拠に、優美なヴェネツィア女を眼にして、「ジェルゼレズは心を奪われ、当然ながら滑稽に見えた」と、英雄から俗人になり下がった次第を面白おかしく描いているではないか。フォチャ衆は彼を「小馬鹿にしたりするので、宿中が爆笑で揺れたほどだ」とも書く。このフォチャ衆の提案で行なわれた、ヴェネツィア女を賭けた偽の徒競走で、「観客は身をよじって笑いこけた」。やがて騙されたことを知ってジェルゼレズが怒り、暴れだすと、「隊商宿は収拾のつかぬ大混乱となった」。それから宿を後にしたとき、彼は手の届かぬ女の窓を眺め、「牝犬め。牝犬め」と呪いの言葉をなげつけた、と言うのである。もちろん民謡や伝説には、こうした病的な熱情に駆られたジェルゼレズは登場しない。すべてはこの主人公を栄光の座から引きずり降ろし、自己流に浪漫的な改造をほどこしたアンドリッチの創作である。

これを手初めとして、リズヴィチはさらに次々と本文を引用し、それがいかに間違っているか、悪意で歪められているかを彼流に論証する。たとえばモーリッチ兄弟はジェルゼレズと同時代人ではない[23]。また彼らは人々に愛されて死んで行ったにもかかわらず、アンドリッチは偽造した歴史のエピソードを用いて、まったく逆の恥ずべき兄弟の最期を描く[24]。さまざまな放蕩者を登場させてラマダンの雰囲気を汚し、面目を失わせたあげく[25]、駄目押しとしてジェルゼレズをラマダン中に、それも白昼、娼婦の家へ行かせている。これこそボスニアのムスリムが歳月をかけて形象化した彼らの理想、神話の主人公を決定的に冒涜したものに外ならない[26]、と断罪したのである。

三　アンドリッチへの視点

歴史其侭と歴史離れ

リズヴィチがそれまでの文芸批評家とまったく異なった『アリヤ・ジェルゼレズの旅』批判を展開していることは、右の要約からも容易にうかがえよう。これは一見すると、かつてわが国で論争された、歴史小説をめぐる文学と史実という問題に似ているように思われる。

ところで歴史小説とは何か――

「ある特定の時代と社会を背景にして、実在の人物や架空の人物を登場させ、人間と歴史的過程の関わりを叙述し、そして物語る歴史小説は、ヨーロッパでは十九世紀初めのロマン主義時代に確立した文学形式である」と、小倉孝誠は『歴史と表象――近代フランスの歴史小説を読む』の中で規定する[27]。そして小倉は、日本人は本質的に歴史好きであり、歴史小説によって歴史知識の欠落を埋めようとする傾向がある以上、「歴史小説における事実と虚構の配分という問題」はつねに論議されてきたという[28]。一例として、『蒼き狼』（一九五九年）をめぐって一九六〇年代に展開された大岡昇平と著者井上靖との論争を紹介している。

『蒼き狼』において中国元朝の創始者成吉思汗の生涯を物語った井上靖が興味をもったのは、成吉思汗の底知れぬ征服欲である。それはどこから生まれたのか。元朝に関する基本文献はその動機についいては何も教えてくれない。井上はその未知で不可解な部分に潜入しようとしたのであって、成吉思汗の英雄譚や遠征記を綴ろうとしたのではない、と言う。そして彼の征服欲の原因を、彼の「出生の秘密」に見るという虚構を案出したのである。

これに対して大岡は、井上が元朝についての史料を曲解あるいは歪曲していると、具体例をあげながら指摘し、元朝勃興の背景を主人公の心理的ドラマに還元してしまった、と批判する。それに反論して井上は、純粋な史実だけを取り扱った歴史小説を構想する大岡の文学観はむしろ偏狭だとし、作家が歴史的事実のすきまに介入し、教科書が教えてくれない空白の部分について自分の解釈を織り込むことは歴史小説の成立をさまたげない、と考えている。(29)

大正四年一月、森鷗外は随想「歴史其侭と歴史離れ」の中で、自分はどのようにして「山椒大夫」を書いたか、興味深い楽屋話を語っている。それによれば、彼は一連の歴史小説を書いているうちに、「歴史の『自然』を変更することを嫌って、知らず識らず歴史に縛られた。わたくしは此縛の下に喘ぎ苦しんだ。そしてこれを脱せようと思った」(30)。こうして幾つかの史実に多くの空想をくわえて「山椒大夫」がなったという。これより一年前の大正三年一月、鷗外は「大塩平八郎」を発表しているが、末尾の付録でこの歴史小説を書くにあたり、自分がどれだけの史料を用い、どれほどの想像力を駆使してこれを完成させたかを述べている。

時刻の知れているこれだけの事実の前後と中間とに、伝えられている一日間の一切の事実を盛り込んで、矛盾が生じなければ、それで一切の事実が正確だと言うことは證明せられぬまでも、記載の信用は可なり高まるわけである。私は敢てそれを試みた。そして其間に推測を逞くしたには相違ないが、余り暴力的な切盛や、人を馬鹿にした捏造はしなかった。(31)

まこと小倉の言うように、「歴史小説における事実と虚構の配分という問題」は、古くて新しい問題であることが改めて分かる。

創作意図の忖度

しかしながら、こうした言わば純然たる文学論争とリズヴィチのアンドリッチ攻撃とを比べてみるとき、そこにはかなりの違いがあることに気づかされる。たとえばリズヴィチは引用文のあちこちをゴシックで強調する。前記『アリヤ・ジェルゼレズの旅』でジェルゼレズが登場する条《くだり》に限ってみても、

《彼は歌いながらやって来た》《血走った眼》《多くの輝しい決闘と、恐怖をもよおさせる剛力》《異様に背丈が低く、ずんぐりしていて、……よちよち歩きをしている》《とてつもなく長い》《恐怖も畏敬も消え》《漆黒の眼……は、瞳がはっきり見分けられない兎に似ていた》《魔法の輪が……消え失せていた》《自分の言いなりに》

といった具合である。これらを見ると、あまりにも雑然としていて、リズヴィチの意図が奈辺にあるか疑いたくなる。たぶん彼は自説を立証するため、一種の言葉狩りをしているのだろう。したがって、リズヴィチの批判は、小倉の言うような文学の次元で論じられるレベルには達していない。そもそも歴史小説の何たるかを理解しようとしない者の、学術的労作であると考えざるをえないのである。(32) だが彼の説が一定の権威をもって、現在のボスニアで、人びとのアンドリッチ理解（や誤解）に大きな影響をおよぼしているらしいと考えるとき、事はそれほど単純ではない。(33)

それではリズヴィチの本当の狙いは何であろうか。それは、前述した彼の言葉からも容易に推察できるように、アンドリッチの創作意図を忖度し、これを攻撃することである。つまり、アンドリッチが母

語まで替えてユーゴスラヴィア主義を捨てセルビア民族主義者になったことと、そのセルビアの官界と文壇に迎合するため出身地ボスニアの英雄ジェルゼレズを文学作品で矮小化し冒涜したことを実証し、弾劾することだった、と思われる。[34] しかし、ここで見たように、彼の実証なるものがあまりにも雑然としていて説得力に欠けることは、彼がゴシックで強調した言葉を一瞥しただけでも明らかだろう。つまり事実の検証から結論を導くという帰納法をとらず、まず結論をたててこれを立証するために事実（らしきもの）を拾い集めた演繹法をとったために、こうした混乱が生じたものに違いない。もちろん、われわれは一概に演繹法が悪いと言っているわけではない。その場合、結論が正しければ問題はないのである。そこで、いかなる資料に基づいてリズヴィチはアンドリッチの意図を忖度し結論づけたか、が検討されなければならない。

実のところ、リズヴィチがいかにして結論を得たかについての筋道だった記述はまったくない。はじめの方でいきなり、概略〈この本はボスニアのムスリム世界にたいするアンドリッチ固有の精神的、美的、倫理的な関係が、《奇妙な》オリエントを背負った、心理的にねじれた世界だったことを示している。セルビアの叙事詩に描かれた倫理と、ボスニア人に関するセルビア読書界のロマン主義的な受け、にすり寄っている。また同時に、この本は、彼がベオグラードの文学および政治の世界へ参入するための鍵でもあった〉[35]と記述されている。その理由としてであろうか、つづいてアンドリッチがアラウポヴィチ宛に出した手紙を二通、引用している。

「ジェルゼレズがお気に召したそうで、喜んでいます」

とアンドリッチは、一九一九年七月八日、スプリットから彼の保護者トゥゴミル・アラウポヴィチに書いた。

「モーリッチ兄弟を歌った唄は、残念ながら、全部は覚えておりません。ただ何節か記憶にあるだけですが、彼らについてはもう少し述べるつもりです。わたしたちの古い、奇妙なボスニアが毎日死んでゆくというのに、かつての生活に見られたほの暗い美をだれも書き留めないのは、考えただけでも残念です」（傍点はリズヴィチによるゴシック）

そして早くも同年九月二七日にアンドリッチは、官界での就職斡旋を依頼していた、彼の保護者で大臣のアラウポヴィチにこう知らせている。

「この日頃『南方文芸』の仕事から手をひいて、何の職にも就いていません。こうした不安定な状態がどれほど辛いものか、ご推察願います。首を長くして貴方のご返事と拝命を待っております。ここでの生活には耐えられません。親類縁者はだれもいません。是が非でもベオグラードへ行かなければならないのです」（傍点はリズヴィチによるゴシック）

これだけだ。アラウポヴィチはアンドリッチに多大な影響をあたえたサラエボのギムナジウムの国語教師で、第一次世界大戦後に成立した「セルビア人クロアチア人スロベニア人王国」の宗務大臣となった人物である。二歳で父を失い、ビシェグラードの叔母夫妻の許で幼年時代をおくり、やがてサラエボの絨毯工場で働いていた母に育てられた独り子のアンドリッチにとって、アラウポヴィチは父とも頼れる存在だったことは、容易に理解される(36)。

たしかにアンドリッチは彼の引きで宗務省に入り、ヴァチカンの領事館に赴いた。その後外務省に転じ、グラーツ大学で博士号を取得したあとキャリア外交官として昇格し、第二次世界大戦前夜には事務次官、ベルリン大使まで勤め上げている。しかしながら、たったこれだけの状況証拠で、アンドリッチが彼の「ジェルゼレズ」を創作した意図を忖度し結論づけたリズヴィチは、はたして論理的に正しいであろうか。大いに疑わしいと言わざるをえない(37)。

文学作品として

(旧)ユーゴスラヴィアを破壊し離脱してゆく人びとにとって、南スラヴ民族の大同団結を標榜するユーゴスラヴィア主義は、まず初めに否定されなければならないイデオロギーであった。社会主義ユーゴスラヴィアで最初の作家同盟議長となり、連邦議会議員にも選ばれたアンドリッチは、いわばユーゴスラヴィア主義の代表的な体現者の一人とみなされ、尊敬されていた。[38] したがって、アンドリッチが現在のクロアチアや特にボスニアで従来とおなじ評価がなされないとしても仕方のないことである。ただ、そうは言っても、たとえ過渡的であれ、彼の作品が文学として論じられる最低のルールだけは守ってほしいというのが、われわれがリズヴィッチの評論を一読しての感想だった。

アンドリッチの「ジェルゼレズ」は、これからもさまざまな人がさまざまに論ずることだろう。将来、日本でも『アリヤ・ジェルゼレズの旅』を含む本格的なアンドリッチ論が現れるかも知れない。その時にそなえ、われわれはアンドリッチ作品を、文学として鑑賞に耐えうる翻訳でさらに紹介しなければならない。[39]

【注】

（1）田中一生「イヴォ・アンドリッチの軌跡—青春の理想と文学の間—」『ロシア革命と東欧』彩流社、一九九〇年。

（2）Фрањо Грчевић, Иво Андрић у „*Књижевном југу*,“ in *Иво Андрић*, Институт за књижевности Београд, 1962, 217p. *Делатност и документи*, Задужбина Иве Андрића, Београд, 1980, 78p.

（3）『エクス・ポント（黒海より）』Ex Ponto および『不安』Немири の全訳は、田中一生・山崎洋共訳『サラエボの鐘』恒文社、一九九七年に収められている。

（4）Драгутин Прохаска, Иво Андрић, Пут Алије Ђерзелеза, in *Југословенска обнова-Њива*, бр.　23, Загреб, 1920. 但し本稿では Мирослав Караулац, *Рани Андрић*, Просвета, Београд 131p.

（5）Милан Богдановић, Пут Алије Ђерзелеза, in *Српски Књижевни гласник*, 1920, књ. I бр.2. 但し本稿では *Критичари о Иви Андрићу*, Свјетлост, Сарајево, 1977, 48p.

（6）Исидора Секулић, Исток у приповеткама Ива Андрића, *Српски књижебни гласник*, 1923, књ.X, бр.7. 但し本稿では *Критичари о Иви Андрићу*, 53p.

（7）『アリヤ・ジェルゼレズの旅』の翻訳は前記『サラエボの鐘』に収められている。

（8）Љубо Јандрић *Са Ивом Андрићем 1968-1975*, Српска књижевна задруга, Београд, 1977, 220p.

（9）Коста Димитријевић, *Иво Андрић*, Дечје новине, Горњи Милановац, 1981, 37p.

（10）Богдановић, op.cit.

（11）『サラエボの鐘』一四七ページ。

（12）Петар Џаџић, *Иво Андрић*, Нолит, Београд, 1957.

（13）Милощ Бандић, *Иво Андрић-загонетка ведрине*, Матица српска, Нови Сад, 1963.

（14）Иван Димитријевић, Кроз савремену приповетку, *Мисао, Ⅲ*, но.3-4 (1920), 1201. 但し本稿では Želimir Juričić, Andrić's Artistic Deformation of the Legend : The two Faces of Alija Đerzelez, in *Дело Иве Андрића у контексту европске књижевности и културе*, Задужбина Иве Андрића, Београд, 1981, 361p.

（15）Александар Поповић, Иво Андрић и “Кућа Ислама” in *Дело Иве Андрића*, 505-516pp.

（16）但しベオグラードではさまざまな催しが行なわれた。*Свеске 8*, Задужбина Иве Андрића, Београд, 1992, 334-335pp.

（17）山崎佳代子訳・解説、イヴォ・アンドリッチ「三人の少年」『現代思想総特集　ユーゴスラヴィア解体』青土社、一九九七年、一四七ページ。

（18）佐藤あかね「橋は見ていた　共存と憎悪を」『AERA』朝日新聞社、一九九七年五月二六日。

（19）Muhsin Rizvić, *Bosanski muslimani u Andrićevu svijetu*, Ljiljan, Sarajevo, 1996. 六八八ページから成る本書の目次を参考までに示すと、

第一部

一章　『アリヤ・ジェルゼレズの旅』

二章　アンドリッチの博士論文「トルコ支配の影響下におけるボスニアの精神生活の発展」

三章　一九二四年の『短編集』

四章　一九三一年の『短編集』
五章　一九三六年の『短編集』
六章　随筆「コソヴォ史観の悲劇の主人公ニェゴシュ」
第二部『ドリナの橋』
第三部『トラヴニク年代記』（『ボスニア物語』）
第四部
一章『呪われた中庭』
二章『オメルパシャ・ラタス』
第五部
一章　アンドリッチとの話、その他
二章『標識』『道端の標識』、その他

(20) ユーゴスラビアで最も広く使われていたセルビア・クロアチア語（クロアチア・セルビア語）は〈何〉を表す語によって〈シュト方言〉と〈カイ方言〉と〈チャ方言〉に大別され、〈シュト方言〉はさらに下位の〈イ方言〉〈イエ（イイェとも）方言〉〈エ方言〉に区別される。一般にセルビア人は〈エ方言〉で話しキリル文字を用い、クロアチア人は〈イエ方言〉で話しラテン文字を用いる。ボスニアでは主に〈イエ方言〉が話されている。アンドリッチもラテン文字を用い〈イエ方言〉で話していた。彼はクロアチアの文化団体「ナプリェド（前進）」から奨学金をもらいサラエボのギムナジウム、ザグレブ、ウィーン、クラクフなどの大学で学ぶことができた。彼はザグレブ時代に『エクス・ポント（黒海より）』と『不安』を出版し、『南方文芸』に多くの評論や翻訳を寄稿するかたわら「隊商宿のジェルゼレズ」と「旅路のジェルゼレズ」を発表したが、いずれもラテン文字であった。しかし一九二〇年にベオグラードで再版された『エクス・ポント（黒海より）』や初めて単行本となった短編小説『アリヤ・ジェルゼレズの旅』は、〈エ方言〉でキリル文字をもちいて印刷された。

　リズヴィチは右の事実をもってアンドリッチの変節、裏切りの一論証としている。だが、それまでに独立を達成していた（一八七八年のベルリン条約）セルビア王国が主体となって成立した「セルビア人クロアチア人スロベニア人王国」の官界に入ったアンドリッチは、当然ベオグラードで〈エ方言〉の生活を余儀なくされた。これだけでアンドリッチの変節と断ずるには無理がある。ちなみに、当時は軍隊の命令系統もすべて〈エ方言〉で行なわれたことも忘れてはならない。

(21) Kosta Hörmann, *Narodne pjesme Muhamedovaca u Bosni i Hercegovini, I.*, Sarajevo,1888.

(22)「アリヤ・ジェルゼレズの旅」『サラエボの鐘』一三五―六ページ。

(23) Rizvić, op. cit.10p.

(24) Rizvić, op. cit.19p.

(25) Rizvić, op. cit. 22p.

(26) Rizvić, op. cit. 24p.

(27) 小倉孝誠『歴史と表象―近代フランスの歴史小説を読む―』新潮社、一九九七年、九ページ。

(28) Ibid.,19p.

(29) Ibid.,18-19pp.

（30）『森鴎外集』（現代日本文学全集7）筑摩書房、一九五三年、四一三ページ（但し原文は旧かな遣い）。

（31）Ibid., 239p.

（32）リズヴィチは六八八ページの全編を、本稿で見た『アリヤ・ジェルゼレズの旅』批判と同じ方法で貫いている。つまり長短の引用文とゴシックの多用によって、一種の言葉狩りに終始している。それゆえ文学としての面白さはまったく無視される。引用された文章がいかに見事なものであっても、その皮肉な逆説には気もつかず、ひたすら難詰するための言葉探しにしか利用しないのである。つまりアンドリッチの作品は、文学作品として対象化されることは遂にない。もともと断罪するために書かれた書物であるから当然であろう。しかし新生ボスニア国のアイデンティティを強調したいが為に、ボスニアを心から愛した作家をこうして追放するやりかたは、あまり賢明ではなかった。かつてアンドリッチは、「人は生まれ故郷に恩義がある」という東洋の一賢人の言葉を引いて、ボスニアへの思いを語った。ノーベル賞の賞金を割いてボスニアの小中学校に本を贈り、サラエボにあるボスニア＝ヘルツェゴビナ文学演劇博物館にもさまざまな援助をした事実を、ここでは想起したい。(例えば Miljanović Mira, *Pisma Ive Andrića u Muzeju Književnosti i pozorišne umjetnosti BiH u Sarajevu*. Topalović Vjenceslav, Memorijalni muzej Ive Andrića u Travniku, in *Travnik, i djelo Ive Andrića-zavičajno i univerzalno*, Veselin Masleša, Sarajevo, 1980.)

（33）ボスニア戦争が始まって、それまで深くアンドリッチを読んだとも思えない人々からさまざまな攻撃がなされた。例えば、

> ボスニアに見られる民族間の憎悪の深さを論ずる過程で、アンドリッチは見直されている。彼はボスニアを愛する一方、ボスニアを恐れ、ボスニア人の心に存在する残酷な存在能力をはっきりと描いたのだった。彼はクロアチア人を母親として（不名誉なことだがムスリムと思われる父親との間に――誤認と思われる。セルビア人という説が一般だからである――田中註）一八九二年に生まれた。セルビアでは民族的英雄と称えられ、ミロシェヴィチ政権下で紙幣の絵柄にも使われている。彼がセルビア人に人気を博しているわけは、自らをセルビア文学の伝統に連なる者と位置づけし、セルビア語の方言で書いたからである。
>
> 　アンドリッチは、ボスニアに存在する宗教共同体間の暴力抗争が発生しうることを力説している。彼の言説はセルビア人に、ボスニア戦争は不可避だったこと、それゆえ許されると主張することを容易にしたのだ。アンドリッチは、ボスニアに見られる諸宗教間の調和は表面的なものに過ぎず、その底には激しい憎悪が煮えたぎっていると見做していた、そうセルビア人は考えたのである。（Tom Gjelten, *Sarajevo daily*, HerperCollins Publishers, New York, 1995, 147p. 一部を抄訳）

なぜムスリムなら不名誉なのか何の説明もない。恐らく、この情報を流したムスリムがそう忖度したのだろう。またここでさもアンドリッチの言葉のように断定している「ボスニアに見られる憎悪」は、多分この情報をながした人が「サラエボの鐘―一九二〇年の手紙」をわざと読み違えたものに違いない。そうでなければ、作中の一人物が手紙で述べた感想を作者の思想として扱うという、文芸学の初歩的な間違いを説明することが出来ない。またセルビア人がアンドリッチの思想に刺激されて戦争をしたというのも、奇妙なこじつけに思える。ちなみに「サラエボの鐘―一九二〇年の手紙」の主題はマックスの手紙だけにあるのではなく、かかる手紙を書いたマックスが、あのスペイン戦争でいかに死んでいったか

を描くことでもあった、と読めるのである。

もうひとつ、歴史家のアンドリッチ弾劾を見てみよう。

オスマン時代のバルカンが文化的に不毛の地で、知的ないし精神生活未発達な無能の状態でしか生き延びられなかったというのが、ユーゴスラビアの歴史家によるおおよその説明であり、これをカリカチュアの域にまで推し進めたのがアンドリッチの博士論文である。それはイスラム化したボスニア文化を、とことん反ムスリム的に描いている。「トルコ支配の効果は、完全に否定的なものだった」と彼は主張する。「トルコ人は、イスラム教を受け入れた南スラヴ人に対してすら、文化的な満足感も高貴な使命感も齎さなかった」と論じているが、これらは盲目的な偏見である。

(Noel Malcom, *Bosnia ; A Short History*, Papermac, London, 1996,100p.)

リズヴィチもまた「サラエボの鐘――一九二〇年の手紙」と博士論文を激しく非難しているのと考え合わせると、これら二書が外国で発表されたタイミングから見ても、そこに何らかの関係があったと推察してもおかしくない。（リズヴィチは一九三〇年モスタルに生まれ、サラエボ大学を卒業、同大学教授となって数々の書物を著した――『ベハール（文学史論考）、オーストリア・ハンガリー下ボスニア・ヘルツェゴビナのムスリム文学』『民族再生期一八八七～一九一八年のボスニア系ムスリム文学』『両大戦間期ボスニア・ヘルツェゴビナの文学界』『ボスニア・ヘルツェゴビナ人民の文学概観』『ブークとガイの間』『「山の花環」を巡って』『ボスニア文学の流れと創造者』『ボシュニャク文学のパノラマ』など。だがリズヴィチは本書の発行以前、一九九四年六月九日に死去しているから、原稿のさわりの部分がこれらの人々に英訳されて渡される時間的余裕はあった）。小説は日本語訳を参照。博士論文は原文ドイツ語とセルビア語訳（*Свеске 1*, Задужбине Иве Андрића, Београд, 1982）あるいは英訳（Ivo Andric, *The Development of Spiritual Life in Bosnia under the Influence of Turkish Rule*, edited and translated by Želimir b. Juričić and John F.Loud, Duke University Press, Durham and London, 1990）を参照。

（34）Rizvić, cit. opt., 17p.

（35）Rizvić, cit. opt., 8p.

（36）アンドリッチの生涯については、日本語訳『ドリナの橋』に付された栗原成郎「アンドリッチの人と文学」、対訳『ドリーナの橋』に付された田中一生「アンドリッチの生涯」、前記 Miroslav Karaulac, *Rani Andrić*（若き日のアンドリッチ）を参照。

（37）アンドリッチが公私に亘って多忙をきわめた一端は以下の略年表からも窺える。*Делатност и документи*, Задужбина Иве Андрића, Београд 1980）

一九四五年　『ドリナの橋』『ボスニア物語』『サラエボの女』出版、ボスニア・ヘルツェゴビナ議会議員に選出、三月と九月にユーゴ作家代表団の一人としてブルガリア訪問。

一九四六年　ユーゴ・ソ連文化協力団体副会長に選出、ユーゴスラビア作家同盟会長に選出後ソ連訪問。

一九四七年　ベオグラードでフランスの作家ルイ・アラゴンとエルザ・トリオレの訪問を受く、ソ連訪問。

一九四八年　世界知識人会議のためポーランドを訪問、『新短編小説集』出版。

一九四九年　世界平和支持者会議のためパリを訪問しピカソと知り合いエレンブルグと再会、ユーゴスラビア作家同盟会長に再選。
一九五〇年　ユーゴ連邦議会議員に選出。
一九五一年　ユーゴスラビア（現クロアチア）科学芸術アカデミー客員会員に選出。
一九五三年　連邦議会議員訪問団の一人としてトルコを訪問、スロベニア科学芸術アカデミー客員会員に選出。
一九五四年　『呪われた中庭』出版、『短編小説選』出版、セルビア作家同盟議長に選出、ユーゴ共産党に入党（党員番号1046637）。
一九五六年　パリにてフランス・ユーゴ協会の歓迎パーティを受く。ビシェグラード（『ドリナの橋』の舞台となった町で、作者が幼年期を過ごした）のギムナジウムに二〇万ディナールを寄付し、学校図書費および学校の文化・教育クラブの設備購入資金にあてた。
一九五七年　中国訪問。
一九五九年　英訳『ドリナの橋』出版を機にロンドンを訪問。
一九六〇年　短編小説選『顔』出版。
一九六一年　一〇月二六日、「自国の歴史と運命を叙述し得た叙事詩的筆力に対して」スウェーデン・アカデミーはアンドリッチにノーベル文学賞を授与。この間、彼は国内でさまざまな賞を受け、ヨーロッパのほとんどの国では彼の作品が翻訳されていた。

(38) かつて大岡昇平は鴎外の「堺事件」を評して、鴎外は、自分は歴史小説を書くにあたり「事実の前後と中間とに……推測を逞しくしたには相違ないが、余り暴力的な切盛や、人を馬鹿にした捏造はしなかった」（「大塩平八郎・付録」）と書いたが、実際は違うのではないかと異を唱えた。それを論証するため、鴎外のさまざまな誤りや省筆あるいは事実無視を詳細に列挙して、鴎外の執筆動機をこう断定した。すなわち、森鴎外は山形有朋の国防方針（陸軍増師、海軍八八艦隊建造案）が議会を通過するよう『堺事件』のような欠陥の多い作品」を書いて攘夷思想をあおり、政府に側面から援助したのだ、と言うのである。これに対して、最近、長山靖生は大岡の方法論に異をとなえている。すなわち、もし大岡は鴎外を『政治的イデオローグ』と断罪するなら、「大岡が証明すべきなのは、鴎外作品と史実の間の距離ではなく、（中略）それが作家として、人間としての鴎外の真剣な希求とは無縁の、上司や国家上層部の顔色を窺った小役人的な行為であったとの確証をこそ、示さなければならなかったであろう」（『鴎外のオカルト、漱石の科学』新潮社、一九九九年、一七六ページ）と。この評言はそっくりその侭リズヴィチのアンドリッチ批判に当てはまるだろう。日本におけるこうした論争と較べたとき、リズヴィチの方法は余りにも恣意的で独断に過ぎると断ぜざるをえない。アンドリッチの執筆動機を推測した偏執的なこの労作を見ると、むしろリズヴィチの執筆動機を推測したくなる。すなわち新生ボスニアにムスリム一色のアイデンティティを確立したい当局の意を受けて（あるいは察して）急遽纏められた欠陥多き書物ではあるまいか、と疑えるからである。

(39) 「アリヤ・ジェルゼレズの旅」徳永彰作訳、『世界文学大系93』筑摩書房、一九六五。「オルヤキの人々」栗原成郎訳、『世界短篇名作全集6』学生社、一九六六。『ドリナの橋』松谷健二訳（ドイツ語）、恒文社、一九六六。「ジェパの橋」徳永彰作訳、『世界短篇文学全集10』集英社、一九六七。「呪われた中庭」工藤幸雄訳（フランス語）、『世界文学全集31』集英社、一九六七。「象牙の女」栗原訳、「陽炎の女」田中一生訳、『東欧現代幻想小説』白水社、一九七一。「呪われた中庭」

「胴体」「囲い者マーラ」「オルヤツィ村」栗原訳、『ノーベル賞文学全集13』主婦の友社、一九七二。『ボスニア物語』岡崎慶興訳、恒文社、一九七二。「ゴヤ」「ゴヤとの対話」田中訳、『ゴヤとの対話』恒文社、一九七六。「窓」田中訳、『世界短編名作選・東欧編』新日本出版社、一九七九。『サラエボの女』田中訳、恒文社、一九八二。「呪われた中庭」「囲い者マーラ」「胴体」「サムサラの旅籠の茶番劇」「さかずき」「水車小屋の中」「オルヤツィ村」栗原訳、『呪われた中庭』恒文社、一九八三。『ドリーナの橋』田中訳・注（対訳、但し抄訳）大学書林、一九八五。「エクス・ポント（黒海より）」、「不安」、「アリヤ・ジェルゼレズの旅」、「蛇」、「サラエボの鐘―一九二〇年の手紙」、「石の上の女」、「ジェパの橋」、「橋」、「スペインの現実」、「作家としてのニェゴシュ」、「書物と文学の世界への第一歩」田中・山崎洋共訳、『サラエボの鐘』恒文社、一九九七。

付記

一昨年(二〇〇四)わたしは一四、五年ぶりにサラエボを訪れた。ボスニア戦争後の復興ぶりを見たかったこともあるが、それよりは右の論考を書いてのち、現在ボスニアでアンドリッチがどう評価されているのか調べたかったからである。印象の一端は同年六月号の『窓』(ナウカ、東京)に綴ったので、関心のある方は参照されたい。その中でリズヴィチについてこう述べている。「サラエボ大学教授のリズヴィチは、六八八ページにおよぶ浩瀚な本書『アンドリッチの世界に見られるボスニアのムスリム』において、アンドリッチを大セルビア主義者にしたてあげ、ボスニアのムスリムをいかに貶めたか証明するため、あれこれの作品を槍玉にあげている。おおかたは非文学的な誹謗中傷にすぎないが、アンドリッチの文学をあまり読んだこともない政治家やジャーナリストが喜んで引用するには恰好の材料を提供してくれる」(二一ページ)。リズヴィチの本は、サラエボの本屋で何冊か目にした。売れ残っているところを見ると、あまりに専門的すぎて一般の読者には難しすぎたのだろう。

ベオグラードではイボ・アンドリッチ財団の副理事長でアカデミー会員でもある文芸評論家のパラベストラ氏に会うことができた。リズヴィチ氏への反論書として紹介されたのがトトゥニェビッチの『文学的断罪と復讐』Staniša Tutnjević, *Književne krivice i osvrte*, Svjietlost, Sarajevo, 1989. だった。本書は副題「M・リズヴィチ著『両大戦間期ボスニア・ヘルツェゴビナの文学界』論評」からも分かるように、一九八〇年サラエボのスビェトロスト(光)社から刊行された三巻本、約一四〇〇ページの大部な書物への論評および反論である。著者はリズヴィチの本を一九八三年末までかけて読みこむと、関係資料を集めて論評を書きはじめ、一九八八年五月に書きおえたという。これも五七〇ページの決して読みやすい本ではない。わたしは取り敢えずアンドリッチ関係の箇所を拾い読みした。

一五世紀から二〇世紀にかけて四五〇年近くもオスマン帝国の支配下にあったボスニア・ヘルツェゴビナ地方では、元来セルビア人(正教徒)やクロアチア人(カトリック教徒)の多くがイスラム教に改宗していた。彼らの民族性はきわめて曖昧だったが、一九六一年の国勢調査で準民族ムスリム人として登録できるようになり、七一年には独自の民族として承認された。その後「七四年憲法体制」により各共和国や自治州へ連邦政府から大幅に権力が委譲されると、ムスリム人の民族主義がますます勢いづいたのである。

前記トトゥニェビッチによれば、こうして七〇年代ボスニアではまずモンテネグロのニェゴシュ（『山の花環』）とクロアチアのマジュラニッチ（『スマイル・アガ・チェンギッチの死』）が、トルコ人やムスリム人を不当に貶めているとして非難され、アンドリッチも同じ文脈で批判されはじめた（九六―九七ページ）。音頭を取ったのは政界に隠然たる勢力をふるっていた文芸評論家のT・クルトビッチやH・ポズデラッツである。こうした流れに棹《さお》さすかたちで、リズヴィチは予断をもってボスニア・ヘルツェゴビナの文学史を書き、アンドリッチのノーベル文学賞はボスニアのムスリムに対する偽の姿を広めただけだとまで非難した（九五ページ）。トトゥニェビッチは、こうした攻撃は高官の指令があったからに違いないと大胆に憶測している（一〇三ページ）。詳しくは本書を別のかたちで紹介しなければならないが、いずれにせよわたしは自分の立論が間違っていないことを確かめることができた。それ故、かつてリズヴィチの本のみを頼りに書いた右の論考を今は直さずにおく。

二〇〇五年二月　田中一生

（『叢書東欧⑩　バルカン学のフロンティア』所収、二〇〇六年、彩流社）

思い出の三冊——私の書棚から

1　プレシェルン『ソネットの花環』France Prešern, Sonétni Venec, Ljubljana, 1834.
2　ニェゴシュ『栄光の山並み』Petar II Petrović Njegoš, Gorski Vijenac, Wien, 1847.
3　アンドリッチ『黒海より』Ivo Andnić, Ex Ponto, Književni Jug, Zagreb, 1918.

1は一五のソネットから成る二一〇行の複雑な構成の抒情詩。恋人への想いが祖国愛に昇華する。スロベニア語は彼により完成した。

2は私家版。アンドリッチはセルビア語の絶唱と讃えた。モンテネグロの聖俗界の首長が一七世紀末の史実（?）を二八一九行にまとめ上げた。イスラムに改宗した同胞を一掃するため立ち上がる正教徒たちの苦悩と決断が描かれている。

3は第一次大戦中、国事犯として墺洪帝国の獄中にあったボスニア生れの若き日のアンドリッチが、己の魂と交わした対話をまとめた小冊子で、戦後の新生ユーゴスラビアで青年層から熱狂的に受け入れられた。

以上の三冊は、いずれも三〇年来の愛読書だが、正直な話まだ良く分らない。ぜひ自分の訳で読みたいと思っている。幸い3はこの三月に出ることになった。以下、乞ご期待。

（『窓』一〇〇号所収「一〇〇号記念特集」、一九九七年、ナウカ）

ボスニアの文化的背景

——この度メルサド・ベルベルの本格的な個展が日本で開かれることになったが。

大変に喜ばしいことだ。ベルベルの芸術に就いては他の人が論じているから、彼のバックグラウンド、つまりボスニアの歴史や文化をここでは少し話してみたい。旧ユーゴスラビアが解体し、内戦が始まってからボスニアの惨状だけが報じられ、本にも書かれてきた。しかしボスニアの正常な生活と豊かな文化が語られることはなかった。ベルベル展を見て人々がそちらの方面にも関心を向けてくれたらと願っている。

——いまボスニアと言ったが、ボスニア・ヘルツェゴビナではないのか。

その方が正式な呼称だが、略して前半だけで済ますことが多い。北部から中央部を占めるボスニア（現地名ボスナ。川の名に因んで付けられた）地方の主都はサラエボ、南部を占めるヘルツェゴビナ（公を意味するドイツ語ヘルツォグに由来する）地方の主都はモスタル。ボスニア・ヘルツェゴビナ共和国の首都はサラエボ。ボスニアは緑に覆われた丘陵地が広がる農業のさかんな土地で、鉱物資源も多い。そのせいかボスニア人は一般に穏やかだと言われている。一方ヘルツェゴビナはカルスト台地のディナール・アルプが南北に走り、緑もまばらな灰白色の山塊が目につく。タバコとワインが主な産物である。ここの人は気性が荒いと言われるのも、そうした厳しい自然環境と無関係ではないだろう。

――ボスニアは一九九一年暮れに独立を宣言してから間もなく激しい内戦に突入した。一九九五年暮れのデイトン合意によって、ようやく平和は回復したが、解決されなければならない問題は山積している。ボスニアの独立は今回が初めてなのだろうか。

いいや、中世にはバルカンで最強を誇る独立国だったこともある。そもそも南スラブ人がこの地にやって来たのは七世紀頃だった。ビザンチン、クロアチア、セルビア、ハンガリーなどに支配されていたが、一二世紀も末にクリンがバン（首長）となって国土をまとめ、ボスニア王国を築いた。トブルトコ（在位一三五三―九一）時代にはダルマチア沿岸も含む広大な領土を誇った。それまではセルビアが最強国だった。しかしオスマン・トルコ軍にコソボの戦い（一三八九）で大敗してからは、ボスニアがバルカンの覇権を握った。もっとも長続きはしなかった。一四六三年にはボスニアがまずトルコの軍門に下り、一四八二年にはヘルツェゴビナもトルコに征服されたからだ。それから四〇〇年、オスマン・トルコの支配がつづく。

――宗教事情はどうだったのだろう。あの不思議な墓石は確かボゴミールという異端のものだと聞いたことがあるが。

ご存じのとおりローマ帝国は三九五年、東西に分割された。四七六年に西ローマは滅びたがバチカンは残り、西方キリスト教会つまりカトリック世界を指導した。東ローマ（後にビザンチン）帝国は生き残り、首都コンスタンチノープルは東方キリスト教会つまり正教の世界に君臨した。その境界線が他ならぬボスニアとヘルツェゴビナの間を走っていたので、キリスト教に改宗した者の多くはカトリックか正教を信じた。ところが一〇世紀、ブルガリアに起こった異端ボゴミール派がボスニアに定着してボスニア教会を組織する。従ってトルコに征服される以前、ボスニア人はカトリック教徒か正教徒かボゴミール教徒だったと考えられる。

――そのボゴミール教徒がイスラム教に改宗するのは何故だろう？

ボスニア史で最も問題になるところだ。従来の説明では、異端を理由に東西から攻撃されることが多く、特に教皇の命を受けたハンガリーから武力でカトリックへの改宗を迫られたことに嫌気が差していた。またイスラム教徒になることで、それまでの封建的な特権を保持しようとした、と言われてきた（『ユーゴスラヴィア史』恒文社）。こうしてスラブ人ながらイスラム教徒（ムスリム）という独特な特権階級が生まれた。しかし最近の研究によると、ムスリムになったのは必ずしもボゴミール教徒に限らない。カトリック教徒も正教徒もいた。またボスニア教会はボゴミール教徒というより変則的なカトリック教徒の組織だったのであり、彼らはイスラムだけでなくカトリックや正教にも吸収されたという。さらに、あの独特な墓石も、彼らだけでなくカトリックや正教の信者も造ったことが碑文から判明しているらしい（『ボスニア・ヘルツェゴヴィナ史』恒文社）。

トルコ支配下のムスリムとラーヤ

――ところで四〇〇年という気の遠くなるようなオスマン・トルコの支配は、ボスニアに大変な影響を与えたと思われるが。

そのとおり。バルカンの後進性はしばしばトルコによる長期支配に帰せられる。だが事はそれほど単純ではない。おなじバルカンでも、支配したのは同朋ながら改宗したスラブ人のムスリムであり、支配されたのもスラブ人のラーヤ（ムスリム以外の人々、主に農奴。トルコ語で家畜の群れを指す）であったという点がボスニアのユニークな歴史を形作った。ただオスマン帝国が送り込む長官はトルコ人だったが、これとて後にはボスニア出身者もしばしば就任している。官邸はブルフボスナ（サラエボ）、バニャルカ、トラブニク、再びサラエボと移った。そして官邸はサライ（宮殿）と称されていたから、ブルフボスナは、一五世紀末には町全体がサラエボと呼ばれるようになった。

長官の下にはベイ（名士、一種の貴族）となったボスニア人のムスリムが軍人階級をなしていた。彼らはスルタンの軍隊に一定の騎馬兵を供給する義務を負うだけだった（軍事封土＝ティマール制）。彼らの下にいたラーヤには、土地を耕し主人に租税を払うだけでなく、別にデウシルメ（童税）と呼ばれる重い義務が課せられた。これはほぼ五年ごとにキリスト教徒の少年を徴発してイスタンブルなどに連行し、イスラムに改宗させ、才能に応じて軍団に送り込むか宮廷で奉仕させる制度である。彼らの中には軍人になり、あるいは高官となって故郷に錦を飾った者もいたが、それはあくまでもムスリムとしてだった。

――誰か代表的な人物を挙げるとすれば。

メフメド・パシャ・ソコロビッチ（一五〇五―七九）。セルビア人だがデウシルメでムスリムにされ、軍人としてモハチやウィーンの戦いで名を挙げた。スレイマン大帝の女婿となり、一五六五年ついに大宰相に任命された。だが彼は故郷を忘れることはなく、ボスニアとセルビアを分かつ国境の町ビシェグラードを流れるドリナ川に、優美で堅牢な石橋を造らせた。ユーゴのノーベル賞作家アンドリッチが書いた長編『ドリナの橋』（恒文社）は、この橋を主人公にしたユニークな小説である。ソコロビッチのような例外だけを見て、デウシルメにもよい面があったと主張する人もいる。しかし小説に描かれているように、わが子を取られないよう必死で隠したり、不具にしたりして抵抗した母親が大多数だったことを忘れてはならない。

――キリスト教徒の生活振りをもう少し。

彼らがラーヤ（農奴）だったことは前述した。ところでラーヤの大半を占めていたのはセルビア人正教徒で、宗教的にはコンスタンチノープル（イスタンブル）の世界総主教に監督された（ミッレト制）。ギリシャ人の世界総主教はボスニアにギリシャ人聖職者を送り込んできたが、彼らはセルビア語を話せない。そのうえ高い教会税を徴収した。ミッレト制とは、トルコ支配下で「啓典の民」として寛大に扱われたキリスト教徒とユダヤ教徒が、国家によって承認された自治機能をもつ宗教共同体ということになっている（『東欧を知る事典』平凡社）。だが実態はどうだったか。少し古いが、アンドリッチの博士論文「トルコ支配の影響下に於けるボスニアの精神生活の発展」（一九二四年）には、七世紀に施行されたラーヤ法の原型二四条が引用されている。例えば聖堂の新築禁止と修復制限、イスラム教への改宗を邪魔せざる事、ムスリム人に払うべき敬意細則、服装および履物の制約、十字架および聖典を戸外で自由に携行せざる事、打鐘および歌唱は屋内で静かに行われる事、葬儀は無言で挙行さるべき事など、さまざまな面で規制されていた。ボスニアのラーヤもほぼ同様の制約を受けていたと考えられる。

もっとも四〇〇年間の前半は当時の西ヨーロッパに較べても善政だったと言われている。歴史の功罪は立場によって大いに異なるからこれ以上は論じないが、誰もが認める事実は、彼らが受けた圧倒的なトルコの影響だろう。それは言語の面からも一目瞭然だ。『ドリナの橋』には巻末に二一〇〇以上もの借用語（主にトルコ語）がボスニア人以外の読者を対象に説明されている。歴史小説だとしてもやはり只事ではない。かつてサラエボで出版された『セルビア・クロアチア語に借用されたトルコ語辞典』には、約七〇〇〇のトルコ語（ないしトルコ語に転訛したアラビア語）が収録されていた。抽象名詞その他（八四八）、動詞（八〇二）、ムスリム関係の宗教用語（六七〇）、固有名詞（五〇三）の他、形容詞、法・行政・国家機構その他、職業、工具、服装関係・装飾・化粧など、家具その他家庭用具、食物・飲み物・菓子、花・果物・野菜・穀物・植物、商業・金銭・貨幣、土木・建築・建築資材、軍隊および軍事関係など、生活百般が網羅されている。ボスニアがヨーロッパのオリエントと称されるのは、モスクや民族衣装といった外見だけを指して言っている訳ではない。

列強介入で加速した文化アマルガム

――サラエボと言えばすぐ第一次世界大戦勃発の地として連想されるが、オーストリアのフェルディナント大公夫妻を暗殺した犯人の足跡はまだ残っているのかな？　そもそもどうしてあの事件は起きたのだろう。

春秋の筆法を以てすれば、オスマン帝国四〇〇年支配のつけがあの事件を引き起こしたことになる。というのは、トルコ支配の末期、一九世紀の半ば頃にはオスマン当局やムスリム地主の圧政に抗して農民がしばしば反乱を起こし、ボスニア州内は擾乱が絶えなかった。とくに一八七五年、ヘルツェゴビナのネベシニェ村に端を発した蜂起はたちまち両州全体に広がった。前に述べたとおり農民の大半は正教徒のセルビア人だったので、トルコからすでに自治権を獲得していた（一八三〇）セルビアとの統一を掲げる者も現れた。翌年、彼らに連帯を表明してセルビアとモンテネグロがオスマン帝国に宣戦したが敗れてしまう。そこで正教世界の盟主であり、汎スラブ主義にも染まっていたロシアが乗り出してきてこれを破った（露土戦争）。一八七八年サン・ステファノ条約、それを修正したベルリン条約が結ばれて、セルビアとモンテネグロは独立を承認された。しかしボスニア＝ヘルツェゴビナはオーストリア＝ハンガリー帝国が「占領」し「統治」することになった。トルコ政府は無能であり、隣接するトルコ領土内でたえず騒動があっては迷惑である、という理由だった。それゆえ、ボスニアに秩序と繁栄が回復された暁には、トルコに返却すると約束された。だが一九〇八年、青年トルコ革命の混乱に乗じてこれを併合してしまった。大セルビアを目指していたセルビアの民族主義者が反発したのも無理はない。

――だが結果的にボスニアが近代化されたことは否めないだろう。

鉄道敷設、製鉄場の建設など、インフラストラクチャーが整備され工業化が推し進められた。教育制度が導入され、州立博物館を作るなどして文化遺産の収集保存も図られた。都市や町が大いに活性化した。サラエボが今日のような中欧と東洋のアマルガム状態に変貌し、独特な魅力を帯びるようになったのも、この時代だ。一九一〇年には立憲制も敷かれた。しかし社会制度にはあまり手をつけなかった。最大の農業問題は依然として未解決のままだった。アンドリッチはその頃の雰囲気を鮮やかに再現してくれる。

「一九〇六年頃のサラエボ！　さまざまな影響が交錯し、文化が混淆し、異なった生活方法と相反する思惑が衝突している町。しかしこれら多種多様の階級、信条、民族および階層すべてが一つの共通した特徴を帯びていた。だれもがお金を必要とし、それも現有しているより遥かに多くを必要としていたことである。昔からサラエボはお金の町、お金の必要な町であったが、いまやそれが頂点に達していた。われわれの市民社会は、これまでもトルコの無秩序な慣習とスラブの過度な欲求に代々喘いできたが、ここでまたオーストリアから、個人的名声や階級的威厳、非生産的で無意味な消費、しばしば思慮も趣味も欠いた空虚でこっけいな豪奢に基づく、社会と社会的義務に関する形式的な考えを受けいれたのだった」。

そういった状態の中でサラエボ事件が起こり、暴徒が発生し、町は騒然となった。

「三大宗教の信者たちは生まれてから死ぬまで、お互い理由もなく心底から憎み合い、自分達には栄光と勝利、他信仰のものには、敗北と屈辱と見なす死後の世界までもその憎悪をもちこむのである。彼らは憎しみのうちに生まれ、成人し、死んでゆく。他信仰の隣人に対する文字どおり肉体的な嫌悪感や憎悪が、暴力や恐怖のすがたをとることなく一世紀を過ぎることもしばしばあった。だがなにか大事件が起こり、確立していた規律や理性がゆすぶられ、法が数時間か数日のあいだ停止する時はいつも、暴徒の一部はついに恰好な理屈を見つけ、優雅で親切な社会生活と甘美な言葉で知られたこの町へなだれ込む。積年の憎悪と、この時まで感情と思想によって支配されてきた破壊と暴力へのひそかな欲望が、長い模索のすえようやく獲物をえた火焔のように路上を占拠すると、唾をはき、噛みつき、打ち壊して、

彼らより強大な勢力がこれを弾圧するか彼らの憤怒が燃え尽きるまで止むことがない」。(『サラエボの女』恒文社)

――この小説は一九四五年に出たのに、まるで現代の混乱を先取りしているようだ。

ただアンドリッチはボスニアに潜在する憎悪や暴力だけを描いたわけではない。そういう現実から目をそらすことなくこれを確証し分析した上で、多民族社会の共存共栄を図らなければならないと説いたのだった。その象徴的な存在として彼は「橋」をとりわけ重要視する。人々を結び付けるもの、誰にでも平等に奉仕するものとして、最も聖なる公共建造物である「橋」を考察した。彼がエッセイ「橋」、短編「ジェパの橋」を経て長編の傑作『ドリナの橋』を書いた真意を、われわれは改めて思い起こす必要がある。

区別しにくい〝厳然たる区別〟

――ユーゴスラビア時代のボスニアはしばしば新聞や雑誌で解説されているから、簡単に。

両大戦間期のボスニアは、いわばセルビアとクロアチアの調停役をつとめたと言えるかも知れない。第二次大戦中は、ナチス・ドイツの傀儡国家「クロアチア独立国」に組み入れられ、セルビア人虐待や虐殺に少なからず加担した。

しかし民族解放と社会主義革命を掲げてチトーが指揮したパルチザン戦争は、ここボスニアが主戦場だった。映画「ネレトバの戦い」でご存じだろうが、社会主義ユーゴスラビアは一九四三年、ボスニアの古都ヤイツェで誕生している。

戦後のボスニア史で最も重要な出来事は、一九六八年、ムスリムが初めて民族概念として規定されたことだろう。人口調査でそれまではクロアチア人かセルビア人、もしくはユーゴスラビア人として登録していた人々も、これからはムスリム人、後にムスリムないしボスニア人と登録出来るようになった。またボスニアはユーゴスラビアの中央部を占め、国土防衛の面から戦略上最も有利だったことと、パルチザン戦争の激戦地だったという理由から、軍需工業の中心となった。

——素朴な質問だが、ボスニアでは何語が話されているのだろう。

セルビア・クロアチアないしクロアチア・セルビア語だった。これは一八五〇年ウィーンで結ばれた言語協定によって共通言語とされたものだったが、この度クロアチアが独立してクロアチア語も独自のものとした。クロアチア語はラテン文字を使用しセルビア語はキリル文字を用いるから、ボスニアの代表的な日刊紙「オスロボジェーニェ（解放）」は、ある日は奇数ページをキリル文字、偶数ページをラテン文字で印刷し、翌日はこれを逆にするといったややこしい編集をやっていた。さすがにそれはもう無いだろうが。では多数派を占めるムスリムは何語で話しているか。一般にはクロアチア語と考えられるが、現在彼らはこれをボスニア語と称し独立言語と見做しているようだ。

——いったいクロアチア人、セルビア人、あるいはムスリムの区別は出来るのだろうか。

外見上はまず無理だが、名前や服装、あるいは話し合った時点でおおよその見当はつく。けれども日常あまり気にする必要がないから、人々はこだわらない。なにか事が生じた時になって初めて問題になるくらいのものだった。差別というより区別はあった。それがむしろボスニア社会の寛容と重層文化の豊かさを示していたのだが。

——ボスニアを訪れたいという人にはどこを推薦する？

やはりサラエボだろう。旧市街バシュチャルシアはまさにヨーロッパのオリエントだった。一六世紀観光客にできた商業と手工業の中心地で、金銀や銅細工の店が立ち並び、あちこちに鞴《ふいご》や鎚音が響き、観光客でいつもごった返している。広場の中心には泉水が流れ、まわりのレストランから名物のチェバプチッチ（肉団子）の香りがただよってくる。カファナでトルコ・コーヒーを飲みながら（地元ではボスニア・コーヒーと称する）、イスラム寺院や時計塔を眺めて小休止するのもよい。アンドリッチが定宿にしていたホテル・エウローパやフェルディナント大公夫妻暗殺の現場も近い。モスタルもオリエント風という点では引けを取らない。ただ有名なネレトバ川に架かる石橋は、今度の戦争でクロアチア軍が破壊してしまった。一五六六年にスレイマン大帝の栄誉を称えて造られた「石の三日月」で、地名の由来にもなった美しいものだった。平和が戻ればいずれ再建されるだろう。『ドリナの橋』を見るためなら国境の町ビシェグラード、「ボゴミールの墓石」ならストラッツ近くのラディムリャ村。宗教心の強い人ならメジュゴーリエだろう。これは一九八一年に聖母マリアが六人の少年少女の前に現れて神のお告げを伝えたという聖地だ。モスタル近くの山村ながら、世界各地から巡礼者がやってくるため、いまでは宿泊施設も整っている。フランスのルルド、ポルトガルのファティマに次いで奇跡が起こった地としてバチカンに申請しているが、まだ認定はされていない。

——最後に、ベルベルはどの民族に属するのだろう。またアンドリッチは？

基本的に民族帰属は自己申告制だから本人に聞かなければ分からない。アンドリッチは大学を終えるまでクロアチア語で生活していた。王制ユーゴスラビアで外交官に成ってからはセルビア語で生活するようになった。彼が亡くなった一九七五年当時は、まだ民族性がそれほど問題になっていなかったから、憶測するよりしかたがないが、たぶんユーゴ人と自覚していたのではないか。ベルベルはムスリムらしいが確かめてはいない。ただ苗字から判断するとユダヤ人だと思われる。ボスニアにユダヤ人がやって来るのは一六世紀スペイン系のセファルディムだ。一九世紀の末にドイツ系のアシュケナジムもやって来たが、こちらはごく少数だった。もしベルベルがセファルディ系のユダヤ人だとすると、彼が好んで描くベラスケス風の魅惑的な女性像は、遥かなる故郷へのノスタルジアと考えられなくもない。反対にバルカンの無名画家が入れ違いのような形でスペインに渡り、エル・グレコとして名を挙げた。そんな因縁を勝手に想像しながら、ヨーロッパの開かれた精神世界に思いを馳せてみるのも、あるいはこの展覧会を楽しむ一助になるかも知れない。

（『現代ボスニアの巨匠――メルサド・ベルベル展図録』所収、一九九七年、朝日新聞社）

ドナウ河をめぐる南・東欧史

田中一生
南塚信吾

一　名と姿《かたち》

ヴォルガに次ぐヨーロッパ第二の大河ドナウは全長約二八五〇キロ。海抜一五〇〇メートル、アルプス北部シュワルツワルトの細流に発し三角州地帯を形成して黒海に注ぐまで、ドイツ、オーストリア（ドナウ）、チェコスロヴァキア（ドゥナイ）、ハンガリー（ドゥナ）、ユーゴスラヴィア（ドゥナヴ）、ブルガリア（ドゥナフ）、ルーマニア（ドゥナレア）、ソ連（ドゥナイ）と少しずつ名を変えながら悠然と流れてゆく。世界でも三〇番目の大河だ。

ドナウの最も古い呼称はマトアス Matoas らしいが、紀元前七世紀からギリシア人はトラキア人に倣ってイストロス Istoros（川）と称していた。ただしサヴァ川が合流するベオグラードから下流だけを指す。カエサルの『ガリア戦記』第六巻第二五節に文献上はじめてダーヌウィウス Danuvius が現われる。彼らはこれを上・中流に適用したのであって、下流はギリシア人同様、ただし少し変えてイステル Hister（Ister）と呼んでいた。これはイラン語ダーヌス dānus（川）と無縁ではない。紀元前ドナウ下流域に居住していたイラン系スキタイ人が、しばしば中・上流まで遡行して、彼らの命名を定着させたからである。ローマ人はそれを、名詞フルーウィウス fluvius（川）に真似してダーヌウィウスとした。一方ゴート人は母音を変換してドーナウィス Dōnavis とし、スラヴ人は更に長母音ōをuに変換するなどして、最終的にドゥナヴ Dunav ないしドゥナイ Dunaj を得た。

ギリシア人は長い間ドナウを、アドリア海と黒海を結ぶ帯状の川と考えていた。アウグストゥス帝時代のローマ人が初めて大がかりな探索をおこない、支流を含めて、多くの正確なデータを今に残している。彼らはドナウを国境として、北方からの蛮族に対処した。そのためシンギドゥヌム Singidunum といったベオグラードには、警備艇が何隻もうかぶ港がつくられた。この川は歴史時代に入ってから近代まで、常に侵略と戦闘の重要な水路だったのである。

本稿では、しかし時代を近・現代にしぼり、空間もオーストリアを除く中・下流のドナウを中心として、幾つかのエピソードを語ることで、この川のユニークな姿をたずねてみたい。

ドナウ川が青くなくなってから既に久しいが、それは必ずしも工場の排水だけが原因ではなかった。一六世紀の初頭から一九世紀末まで、オスマン・トルコとオーストリアの二大帝国が対峙する国境だったため、数知れぬ兵士と人民の血で汚され、腐肉を呑んできたのだ。今世紀に入ってからも、ルーマニア大飢饉に端を発した農民反乱の一舞台となっている。思えば一九四八年にユーゴスラヴィアがコミンフォルムから追放された一因も、この国がソ連とのドナウ川航行合弁会社をめぐって紛糾したからだった。

しかしこの川はいつも変わらず美しい。アンデルセンが見た時のように（『一詩人のバザール』）、ル・コルビュジェが遊んだ時と変わらず（『東方への旅』）、また斎藤茂吉が留学した時そのままに（『滞欧随筆』）多くの都市の岸辺を洗い、ラインと較べれば荒々しいけれども、独自の美しさで我々を魅了する。

二　川に落ちた国王

ドナウ川がドラヴァ川と合流する手前数一〇キロの右岸にモハーチという町がある。ここは毎年二月にブショーという仮装踊りがおこなわれることで知られている。このモハーチの町のはずれで、一五二六年八月二九日にハンガリー軍がオスマン・トルコ軍に歴史的な敗北を喫したのである。このモハーチの戦いは、その前史および影響の点で、広くドナウ川流域諸地域にかかわる事件であった。

一五二〇年に即位したオスマン・トルコのシュレイマーン一世は、一五二一年にベオグラードを陥落させていた。ドナウ川とサヴァ川の合流点に位置し、古代から軍事拠点であったこの町は、九世紀末までには「白い城」（ベオグラード）とよばれていた。一二世紀まではブルガリアやビザンツの支配を受けていたが、その後はハンガリーとセルビアとの争いの対象となった。一五世紀にセルビア国の首都として町の建設が進み商業も発達したが、半ばにはオスマン・トルコの圧力が及んできた。その圧力に対し、ハンガリー軍も協力してしばらく対抗したが、ついに一五二一年に陥落し、以後一六八三年までオスマン支配下におかれたのである。

シュレイマーン一世は、一五二五年からは全力を投入してハンガリー攻撃にとりかかった。だが当時のハンガリー国内は諸勢力が四分五裂の状態にあった。一五世紀末に貴族勢力を押えて中央集権化を実現し、ルネサンス文化の華をブダの王宮に咲かせたマーチャーシュ王が死ぬと、再び王権と貴族勢力の対立が深まり、貴族勢力の中にも対立が激化した。一五一六年に即位したポーランドのヤゲウォ家の若いルドヴィク（ラヨシュ）二世は、貴族の一部の支持はえたが、サポヤイらの反対派貴族を掌握できなかった。

さらにこの時期は、貴族領主と農民のあいだに決定的な対立が生じたときでもあった。この頃ハンガリーの貴族領主は西欧市場への農産物輸出に大きな関心を抱き、農奴労働を用いた領主制商品生産を拡大し始めていた。それは領主の農民支配の再強化であり、農民の強い不満をひきおこした。その現われが一五一四年のドージャ・ジェルジの率いる農民戦争であったが、その鎮圧は領主と農民の対立を一層深め、農民は土地に縛りつけられる世襲農奴となってしまった。ここに「再版農奴制」が成立していくのである。

国際情勢の面でも、一五一九年にハプスブルク家のカールが神聖ローマ皇帝に選出されていたが、フランスとの対立や、ドイツでの宗教改革や農民戦争のため、ドナウ流域でのオスマン・トルコの進出に充分な関心を向けることができないでいた。

このような一般情勢の中で、一五二六年春に、フッガー家の支配下に入っていたハンガリー各地の鉱山で鉱夫の暴動が発生した。これが残酷な鎮圧をみたとき、シュレイマーン一世はドナウ川を越えてハンガリー王国を攻撃したのである。

八月二九日の戦いでは、ラヨシュ二世は、外国の傭兵と国内の大貴族軍を率いたが、サポヤイの率いる大軍は参加しなかった。こうして数に劣るハンガリー軍は、数時間の戦闘ののち、オスマン・トルコ軍の前に大敗した。敗走のさいにラヨシュ二世もドナウ川岸で戦死した。

この戦いののち、オスマン・トルコ軍はドナウ川に沿って北上し、九月にはブダをおとし、一五二九年九月にはウィーンを包囲するにいたった。ウィーン攻撃は失敗に終わったが、ここにシュレイマーン一世のドナウ流域征服は頂点に達したのである。

この後、ハンガリー王国は三分割された。北部・西部はラヨシュ二世の義理の弟にあたるハプスブルク家のオーストリア大公フェルディナントが継承するハンガリー王国となり、ハンガリー大平原はオスマン帝国領となり、東部のトランシルヴァニアはオスマン帝国内の自治的な公国となった。ハンガリー王国の貴族は反ハプスブルク、反オスマンの意識を強め、トランシルヴァニア公国の貴族は不断に反オスマン・トルコ反乱をおこした。大平原においては、ハンガリー貴族が逃亡し、オスマン・トルコのティマール制が導入されたが、農民は「再版農奴制」下の状態よりも自由になった場合もあった。

三　ヴォイヴォディナの形成

マリツァ川（一三七一）とコソヴォ平原（一三八九）の対オスマン・トルコ戦争で、セルビアの支配層や貴族はほぼ全滅してしまった。それでも国家として一四九〇年のスメデレヴォ城陥落まで生き永らえたのは、決してデスポト（僭主）の才覚が優れていたからではない。内紛や東方での戦役、あるいはコンスタンチノープルを落して東ローマ帝国を抹殺する（一四五三）など、バルカン政策に手抜きをしていたオスマン・トルコ側の事情による。

オスマン・トルコ軍が二度目のウィーン攻略（一六八三）に失敗して南方へ退去しはじめた時、ヨーロッパを震えあがらせたイェニチェリ（新兵）軍団にもようやく翳りが見えた。オーストリア軍は、一六八八年ベオグラード入城。次いでスコピエを占領し、コソヴォ平原に立ったのだ。セルビア人が彼らを支援したのは当然すぎる話だった。だが、ペーチに在った総主教アルセニエ三世の心境は複雑だった。聖サヴァが一三世紀に独立させたセルビア正教会は、オスマン・トルコの独特な占領政策ミッレト制によって再びオフリッド大主教のギリシア人に支配されてしまう。しかし、かつてのセルビア人大宰相ソコロヴィチによって、一五五七年、総主教座が復位されていた。君公のいないセルビアでは、総主教が唯一の民族指導者だったが、オーストリア皇帝レオポルト一世は、自軍への支援と引きかえに彼と交した約束を忘れたらしい。セルビアが解放されれば、イエズス会を通してカトリックへの改宗を迫ることが明らかとなったからである。

アルセニエ三世はロシア人と交渉して、彼らの正教信仰を支持してくれるよう頼んだ。セルビア人は落胆し、戦線を離脱する。ためにオーストリア軍も守勢にまわり、やがて北方へ逆に退きはじめた。ニーシュ、ベオグラードが又もオスマン・トルコの手中に帰した。

レオポルト皇帝は一六九〇年、あわててセルビア人に再蜂起を呼びかける一方、ドナウ川を越えてオーストリア領南ハンガリーに移住する全セルビア人には、信教の権利と民族的特権を認めると約束しなおした。いずれにせよオスマン・トルコ軍の帰還で生命の危険にさらされたアルセニエ三世は、約三万世帯の同胞を組織して、長い困難な大移動を開始したのである。こうしてベオグラードに到り、サヴァ川とドナウ川を渡った彼らは、ヴォイヴォダ（将軍）の地、すなわちヴォイヴォディナを得て定住することとなった。

だが新天地も、それほど安全でない。南と北の両軍が交替で略奪をはたらいたからだ。一六九七年、セルビア人の傭兵に助けられたオイゲン公がティサ河畔で初の大勝利を博し、オスマン・トルコを永遠にヴォイヴォディナの地から追い払った時、ようやく平和がおとずれた。それが二年後のカルロヴツィ条約で国際的に承認されるわけだが、一方センタの戦い後南へ敗走したスルタンは、ドナウ川を渡河する際、あわてふためいて自軍の半数を溺死させたといわれる。これを記念してウィーンに建てられた凱旋門には、Vienna ad Zentem servata（ウィーンはセンタで救われた）と刻まれた。

なお、新しいモーゼとなったアルセニエ三世の勇姿は、ベオグラードとドナウを隔てたパンチェヴォにある博物館の大きな歴史的群像画「セルビア人の大移動」（パーヤ・ヨヴァノヴィチ作）に生々と描かれ、今も人びとに感動をあたえている。

四　三つの都市の革命

一八四八年三月一日、パリの二月革命の知らせが、ウィーンの下流の都市ポジョニに届いた。折から開かれていたハンガリー身分制議会において、三月三日、改革派の小貴族コシュート・ラヨシュは、ハプスブルク帝国全体の立憲的改革を求める演説をおこなった。

ポジョニ（これはハンガリー語）は、ドイツ語ではプレスブルク、スロヴァキア語ではブラティスラヴァとよばれる。かつての「大モラヴィア国」に属するスラヴ人の町であったが、八九二年にハンガリー人に占領され、一一世紀にはハンガリー王国の行政に編入され、一三世紀末からはドイツ人が多数を占める王国自由都市として盛え、一四六七年には大学も持つにいたった。さらに一五一四年にはブダにかわってハンガリー王国の首都となり、議会もここに移された。モハーチの戦い以後はハンガリー貴族はここを拠点に反ハプスブルク、反オスマンの運動をおこなった。一七世紀末にハンガリー全体がオスマン・トルコから解放され、ハプスブルクの支配下に入ると、ポジョニはハプスブルクの手で都市化されていった。しかし、一八世紀末からはポジョニを拠点とするハンガリー貴族の反ハプスブルク運動が新たに始められ、一八三〇年以後はポジョニはハンガリーの「改革期」の中心となっていた。

ポジョニでのコシュート演説は、帝国各地に反響をよんだ。とくに三月一三日にウィーンでおきた革命は重要である。同日、「読書協会」に集まっていた学生たちの改革請願運動が、ウィーン市内区でのデモへと発展し、市内のブルジョワジーや市外区の労働者などを巻き込んだ革命となったのである。宮廷は、いくつかの改革を約束し、夜にメッテルニヒを辞任させたのである。

ローマ時代の軍事拠点ヴィンドボナにその名を由来するといわれるウィーンは、一二世紀にバーベンベルク伯領となり、ドナウ川に面する利点などを生かして商業的に発展した。一二七六年にハプスブルク家の居城地となるが、東方貿易で経済力をつけていたウィーン市民は自治を要求して反乱をおこしたりした。一四世紀には都市づくりが進んで、一三五九年には大学が創設された。その後、ウィーンは、一五二九年と一六八三年のオスマン・トルコ軍の攻撃を退けて、オーストリアの、また神聖ローマ帝国の首都として発展した。一八世紀後半のマリア＝テレージアとヨーゼフ二世の治下において工業育成策がとられたのをはじめに、一九世紀初頭の資本主義の発展期には城壁外の市外区に工業地帯が拡大した。ウィーンの三月革命はこの市内区と市外区の結合した革命であった。時の人口四〇万あまりであった。

ウィーン革命の報は、一四日の朝にはポジョニに届いた。ポジョニの議会ではコシュートの指導下に改革の請願書がつくられ、一五日の早朝、コシュートらの代表団がドナウ川を蒸気船でウィーンへ向かった。彼らは、一五日の午後、革命下の民衆の熱狂的な歓迎を受けてウィーンに着き、翌日、国王に請願書を提出した。ところがこの間に、ペシュトで革命がおきていた。

ペシュトでは青年知識人ら急進的改革派が台頭していたが、一四日の夜にウィーン革命の報を聞くと、一五日の早朝から行動を開始した。午後には民族博物館前広場で大衆集会を開いたのち、ペシュト市議会や、ドナウ川の右岸にあるブダの総督会議に押しかけて、改革要求を飲ませた。

この時期、ブダとペシュトはまだ別々の町であった。ブダペシュトとして統一されるのは一八七三年のことであり、両者のあいだに恒久的な橋ができるのは一八四二－四九年のことであった。ドナウ川右岸の丘陵地にあるブダは、九世紀末にハンガリー人がドナウ盆地を「征服」したときの部族長の一人の名にちなむものであり、ペシュトは町をつくる際に必要な石灰を焼くかまど（ブルガール＝スラヴ語系の語でペシュト）にちなむものといわれる。ブダとペシュトの町の建設が本格化したのは一二四一年のモンゴル襲来ののちで、ブダに王宮がつくられ、両町は商業の中心地として発展した。一五四一年に両町がオスマン・トルコの手に帰し、一六八六年にようやくとりもどされた。その後ハプスブルク支配の制約を受けながら都市の再建がおこなわれた。とくに工業の発展が制約されたことが問題であったが、一八四六年にはペシュトの人口は一〇万人、ブダの人口は四万人を数えるにいたっていた。

ペシュト革命の報にも押されて、ウィーンにおけるコシュートらの代表団は、国王から譲歩を得、ハンガリー独自の責任内閣を形成する許可を獲得した。一七日夕方遅く、代表団がドナウ川を下ってポジョニにもどるや、議会は急いで封建制度の廃止や議会制国家樹立や市民的自由の保証のための立法にとりかかり、法案を採択して、ウィーンへ送った。これは四月にようやく国王が承認した。

一方、四月七日に承認されたバチャーニ内閣は、四月一四日にペシュトへ移り、ポジョニの革命とペシュトの革命は合体したのである。

五　四月蜂起

ブルガリアはオスマン・トルコの隣国となったため、バルカン半島では最も長く過酷な支配を受けた。すなわち、一三六三年プロヴディフ、一三八五年ソフィアを奪われた後、一三九六年のヴィディン陥落で国家が消滅。一九〇八年の独立まで実に五一二年間、一八七八年ベルリン条約による公国成立までを数えても四八二年、ブルガリア人は屈辱の歴史を強いられたのだった。

いわゆるファナリオット制度によって、イスタンブル総主教下のギリシア人主教を押しつけられたブルガリアの正教徒は、セルビア人より不利だったといえよう。政治的にオスマン・トルコの支配を受け、宗教的にはギリシア人に従わなければならず、それだけ民衆のアイデンティティが危殆に瀕していた。もちろん彼らが常に忍従していたわけではない。バルカン一帯に見られたゲリラ戦や農民反乱で、ハイドゥティ（義賊）は大いに活躍し、民衆の喝采を博していた。一九世紀も後半に入って、東方問題がますます列強の政治日程にのぼると、ブルガリア人の革命運動はさらに活気づく。だが国内での活動はあまりにも危険である。いきおいドナウ川の北岸へ逃れて、好機の到来を待つ者が続出した。

当時のブクレシュティ（ブカレスト）は、さながらブルガリア人革命家の溜り場かと見えた。資金を集め、武器を調達し、方法論を弁じ合う人びとの熱気がすさまじい。が、よく眺めると彼らは三つのグループに大別された。中の一つがラコスキとその後継者に指導された最も急進的なグループ「ブルガリア最高人民司令部」で、これはやがて「ブルガリア協会」、「ブルガリア革命委員会」と名を替える。彼らはすでに一八六七年、二〇〇名の同志を武装させ、ドナウ川南岸の祖国へ送り込んで、民衆に革命思想を吹き込むよう工作していた。それが一八七五年七月のボスニア＝ヘルツェゴヴィナの蜂起を聞いて、一気に実行へはしりだしたのである。

蜂起は九月一七日におこなわれる筈だったが、武器が未だ充分に集らず延期となった。だが連絡が不充分で、一部は立ち上がり、オスマン・トルコの官憲にすぐさま鎮圧されてしまった。そこで改めて翌年の五月一日を一斉蜂起の日と決めた。

一八七六年一月、ドナウ沿岸のギュルゲヴォから武装部隊がドナウ川を渡ってブルガリアに潜入、各自の持場へ散って五月一日に向け準備をはじめた。その日彼らは役所や警察署を襲撃し、オスマン・トルコ人居住区を放火して、鉄道、橋、電信局、電線を破壊するだろう……。

しかし計画が事前にもれて、五月一日まで待つ余裕がなくなった。仕方なく四月二〇日、予定より早く蜂起がはじまってしまった。そうして案の定、完全な失敗に終わった。殺害された者三万、投獄ないし流刑者一万、孤児は三〇〇〇以上を数えた。とくに南部のバタク村の教会では約五〇〇〇の村人が殺害され、ヨーロッパ中に「ブルガリア人大虐殺事件」としてセンセーションを巻き起こした。これに抗議した知識人の中には、トルストイ、ツルゲーネフ、ドストエフスキー、ユーゴー、ガリバルディなどがいる。

ブルガリアの四月蜂起といえば、誰でもすぐ詩人フリスト・ボテフを思い浮かべるに違いない。その彼は蜂起時まだルーマニアに在って、支援部隊を組織していた。ようやく五月もなかばを過ぎてから、ドナウ川で汽船ラデツキイを乗っとり、同志二〇〇名とヴラツァ地区へ到着したのが一七日。もはや住民の支援も得られない。三日後、作戦会議中、敵弾に胸を撃ち抜かれて即死。二八歳だった。

歎け　母なるブルガリアよ
ソフィアの市《まち》はずれ、絞首台には
お前の息子が　吊られていた

一八七三年、スパイの密告により逮捕、処刑されたレフスキを、ボテフは死の年にこう詠じた。そしてボテフらの英雄的な死は、青年時代ブクレシュティで彼らと会ったこともあるイワン・ヴァーゾフが、後年『軛《くびき》の下《もと》で』という長編小説に髣髴と再現した。

六『はだしのダリエ』

一九世紀から二〇世紀の転換期にドナウ川をウィーンあたりから下ると、その両岸にはさまざまな農村風景が展開したはずである。ハンガリー平原に入って右岸はトランスダニューブ（ドゥナントゥール）とよばれるなだらかな丘陵地帯であるが、ここには大地主貴族の農場がひしめきあっていた。その農場は「プスタ」とよばれ、定住の農場下僕を雇って、大規模な農業経営をおこなっていた。そういう「プスタ」に押し潰されるようにして、貧しい村があった。そこには「プスタ」に働き口を求める日雇や季節雇の労働者が住んでいた。

ドナウ川の左岸の「大平原」（アルフェルド）とよばれるところには、こういうプスタのほかに、「市場町」と「タニャ」という農民の世界が点在した。「市場町」は比較的早くから封建義務を集団で領主から買い戻し、一定の特権を得ていた農民たちの町であり、「タニャ」は「市場町」などに居住を持ちながら、農作業の期間に住む「村域（ハタール）」内の居住である。これらの「市場町」や「タニャ」の農民は、比較的自立心や企業心を持ち、活発な農民運動の担い手であった。

一八九〇年代の「大平原」は、「農業社会主義」とよばれる農業労働者と貧農の運動が荒れ狂った。ドナウ川の支流ティサ川とマロシュ川の合流するあたりの「嵐のコーナー」とよばれる地域から発したこの運動は、労働条件の改善のみならず、地主地の分割までも求め、農民の共和国、農民の社会主義を実現しようとした。それは、二〇世紀初頭には、ドナウ川を越えて、トランスダニューブの「プスタ」の民をも覚醒させ、彼らのストライキなどをひきおこしたのだった。

ドナウ川がティサ川と合流し、ベオグラードを経て、鉄門のほうに向かうと、セルビアやボスニアの山々が右手に見えてくる。この山々からマケドニア、ブルガリアの山々にかけて、多くの農民は「ザドルガ」とよばれる大家族共同体を単位にして生活していた。血縁または養子関係でつながった数家族の結合体であるザドルガは、ザドルガ長を中心に、財産や生産手段を共有し、分業による生産をおこない、消費生活も協同でおこなっていた。ザドルガの起源には諸説があるが、中世以来南スラヴの農民はザドルガを拠点として生活しており、オスマン・トルコ支配下でもそうであった。一九世紀中葉には、これを基礎にして社会主義を構想する人々もいた。しかし、一九世紀後半には、さまざまな要因により、ザドルガは解体に向かった。世紀転換期には山に近いところで主として見られていた。ザドルガの解体過程には、財産の分割などをめぐって、複雑な問題がおきており、また残存しているザドルガも押しよせる市場経済の波に苦しめられていた。

ドナウ川がカルパチア山脈を横切って、ブルガリアとルーマニアのあいだの平原に流れ込むと、川の右岸と左岸には、またもや異なった農村風景が現われたはずである。右岸のブルガリア北部平野では、一七世紀以来見られたチフトリキというトルコ人らの「地主経営」が一九世紀後半に解体し、ブルガリア人農民の小経営が成立していた。だがその経営も土地の狭さや租税の重さや役人の恣意によって苦しめられていた。そういう不満を受けて、一八九九年末には、ブルガリア農民同盟がつくられていた。

一方の左岸にあるルーマニアのバラガン平野では、地主が大規模な土地を所有していた。だが彼らはそれを自らは経営せず、貧しい農民に小作に出していた。農民は収穫の四分の三を地主に取られ、自分の手には「クリスマス前には水車小屋へ持っていくものがなくなる」ほどしか残らなかった。だから、ルーマニア農民は一九世紀に幾度も一揆をおこした。しかしその最大のものが一九〇七年におきた。

この年の初春、例によってドナウ川の氷が溶けて洪水になり、水がなかなか引かなかった。農民は飢えと寒さに苦しんだが、政府も地主も何もしてくれなかった。二月八日、モルドヴァのフラムンジ村で小作条件への不満から農民の一揆がおきた。「村の百姓衆が地主の屋敷をおそって焼打ちをかけ、地主の土地を自分たちのあいだで分配している」といううわさが平原をかけめぐった。一揆は南のほうへと拡大し、ドナウ川に面するムンテニア、オルテニアにもおよんだ。一揆は三月の末に軍隊の手でようやく鎮圧され、一万数千人の農民が死亡した。これはザハリア・スタンクが『はだしのダリエ』(一九四八年——邦訳、恒文社、一九六七年)の中で描いたものである。ドナウ川流域の農民反乱の最も悲劇的なものの一つであった。

＊　＊

ドナウ川と南・東欧史とのかかわり合いとしては、このほかにも扱うべきテーマは多い。とくに、一九世紀から二〇世紀まで、ドナウ諸民族の連帯の道として、絶えず「ドナウ連邦」とか「ドナウ連合」、あるいは「バルカン連邦」というものが問題になってきている。その時代的・主体的・思想的位置づけをおこなうことが必要であるが、本稿ではドナウ流域の民衆の実体を中心にしたのでこの問題は扱えなかった。

なお、本稿の一、三、五は田中一生、二、四、六は南塚信吾が担当した。

(『歴史評論』一九八七年五月号所収、校倉書房)

第3部

ユーゴスラヴィアの芸術世界

一九四八年のユーゴスラヴィア知識人——文学者の場合

一九四八年のいわゆる「コミンフォルムからの追放」は戦後ユーゴスラヴィア史最大の事件であったとする見方に、誰しも異論はなかろうと思われる。したがってユーゴスラヴィア共産党とコミンフォルム、就中ユーゴとソヴィエト連邦の関係を扱った書物は多くを数える。わが国でも幾つかの論文がこの事件に言及しているが、初期のものはニュース・ソースの関係からか、一方的にユーゴを断罪する調子のはなはだ政治的色彩の強いものであった。本格的な研究の開始は、「ソ連＝ユーゴスラヴィア関係史——第二次大戦から一九四八年まで」と題された木戸論文をもって嚆矢とする（立川文彦編著『国際政治の史的構造』ミネルヴァ書房、一九六八年所収）。

筆者も昨年八月、東欧研究会で「ユーゴスラヴィアのコミンフォルム追放に就ての一考察」を報告し、一九四八年当時のユーゴを、いささか国内から眺めようと試みたことがあった。

本稿は、その際時間の都合で割愛した部分を個条書風にまとめたものである。

一　一九四五〜四八年、ユーゴ文学年表

一九四五年

詩歌　B・チョピッチ「詩集」、D・マキシモヴィチ「ツベタ・アンドリッチの解放」、M・フラニチェヴィチ「ミラク・トルードニの話」、O・ジュパンチッチ「雪の下の常緑樹」、S・ヤネフスキー「流血」、B・コネスキー「人頭税」

散文　I・アンドリッチ「ドリナの橋」「トラヴニク年代記」「お嬢さん」

M・クルレジャ「グレンバイ家の人びと」I―II（戯曲および散文）

Č・ミンデロヴィチ「チトーに従って」

I・ダンチェヴィチ「名もなき人びと」

V・ナゾール「パルチザン従軍記　一九四三〜一九四四」（日記）

翻訳　V・マヤコフスキー「詩集」

M・ショーロホフ「彼ら祖国のために闘えり」「開かれた処女地」「憎悪の学問」

一九四六年

詩歌　V・ナゾール「作品集」I―III（叙事詩）、J・フラニチェヴィチ・プロチャル「地の炎」、M・ボール「詩集」、V・マルコフスキー「奴隷」、S・ヤネフスキー「唄う文字」、S・クレノヴィチ「クネズボーリェの母ストヤンカ」、M・バニェヴィチ「スチェスカ」

散文　P・シェゲディン「神の子」

V・カーレプ「短編集」

N・シミッチ「幕の後ろで」

M・クラニェッツ「山の歌」

翻訳

B・クレフト「喜劇俳優たち」
M・ボール「困難な時」（舞踊）
C・コスマッツ「幸福とパン」
I・サモコヴリヤ「赤帽サムエル」
M・ショーロホフ「静かなるドン」（I—Ⅳ）
L・アラゴン「バーゼルの鐘」
M・ショーロホフ「開かれた処女地」
B・ブレヒト「カラール夫人の銃」

一九四七年

詩歌

B・チョピッチ「戦士の春」、R・ゾゴヴィチ「挑戦的な歌章」、
J・ジョーノヴィチ「渓流」、D・コスティッチ「詩集」、
G・クルクレツ「詩選集」、V・パルン「早暁と旋風」
M・クルレジャ「バラック　5号b」

散文

O・ダビッチョ「マルコのパルチザンと共に」（ルポ）
S・クレノヴィチ「夕食」（喜劇）
Č・ミンデロヴィチ「ターラ上の雲」
R・チョラコヴィチ「嘆きの家」
P・シェゲディン「孤独な人びと」
V・カーレプ「旅団」
J・ホルバト「鼻先の指」（喜劇）
A・スロドニャク「犬を殺せ」

翻訳

K・グラベリシェク「自由とパンのために」
J・ボシュコフスキー「銃殺」
B・ショー「ピグマリオン」
G・ルカーチ「リアリズム論」
J・スタインベック「二十日鼠と人間たち」

一九四八年

詩歌

M・デディナッツ「捕虜60211号の日記より抜粋せる詩集」、T・ムラディノヴィチ「詩集」、D・コスティッチ「愛でし国土へ」、O・ジュパンチッチ「詩人よ、義務を遂行せよ」、B・コネフスキー「国土と愛」、
S・ヤネフスキー「詩集」

散文

I・アンドリッチ「新短編集」
V・ペトロヴィチ「掌中の鶉」
B・チョピッチ「残酷な学校」
M・ラリッチ「斥候」
J・ポポヴィチ「真実の伝説」

翻訳

R・マリンコヴィチ「短編集」
M・クラニェツ「人生の軸」
L・アラゴン「お屋敷町」
B・ショー「悪魔の弟子」
G・ルカーチ「フランス文学エッセイ」

二　一九四五～四八年、ユーゴ文学情況

「破壊された経済、戦後の貧困」など幾多の難題を早急に解決するため、「上は国家計画委員会」から「下は地方の小工場にいたるまで、経済行政における管理制度がつくられ」たこの時期を、ユーゴスラヴィアでは「管理時代」とも呼んでいる(1)。

一の文学年表は、この管理時代の文学情況を論ずるに当って必要最小限度のものだけを選んである。

年表から窺われる特徴的なことの一つは、祖国解放と社会主義革命といった大きな課題を同時達成するため闘った四年間にも、ユーゴスラヴィア文学は断絶しなかったということであろう。言葉を換えていえば、社会・政治・経済制度は一八〇度の転換をとげたが、戦前と戦後のユーゴスラヴィア文学には連続性が見られるのである。王制時代すでにして盛名を馳せていたアンドリッチとクルレジャの作品が終戦直後に出版されている事実は、その意味で非常に象徴的である。連続性の原因には、差当り二つを挙げておく。一つは、第一次世界大戦後南スラヴ諸民族は宿望の統一国家を建設したものの、多くの矛盾が露呈した。そこでモダニズムの強い影響下にあった作家達は、これを糾弾する過程で、急速に社会派としての自覚を確立していったということである。中には入党した者もあったが、左翼作家をも含めて、戦前の社会派達が戦後の人民民主主義社会へすんなりと入れたであろうことは想像に難くない。いま一つは、銃を執るか、占領下で蟄居するか、強制収容所に連行されたかの違いこそあれ、すべての作家は筆舌に尽し難い戦争体験を強いられたのであり、そこから大量の戦争文学が生まれたことである。

例えば、戦前クロアチア文壇を代表する作家の一人、ヴラディーミル・ナゾールは、六六歳の高齢をおして、一九四二年の暮解放運動に身を投じたのであった。彼がパルチザンへ参加したことでクロアチアのインテリ多数は最後の決断をしたといわれる。その彼は戦後「パルチザン従軍記」を発表した(2)（年表参照）。同種のものでは、他にR・チョラコヴィチ「解放戦争ノート」（抜粋が英訳で読める *Winning*

Freedom, R. Čolaković, London, 1962)、V・デディエル「日記」(英訳本は、*With Tito Through the War, 1941—1944*, V. Dedijer, London, 1951)が有名である。

ナゾールと同年代のスロヴェニアの大詩人O・ジュパンチッチは占領下のリュブリァナに蟄居していたが、その頃スロヴェニアのパルチザン部隊では彼の十数年前の愛国詩が愛唱されていた。一九四五年五月、ドイツからの解放を祝した集会で、民衆を前に解放戦の一英雄が彼の詩を朗読したのは、正に感動的なシーンだったと伝えられている。(3)

またナゾールと共にパルチザンへ走った若き才能ある詩人、I・G・コヴァチッチは、クロアチアで行なわれたセルビア人の大虐殺を、目玉を刳り抜かれた無辜の人びとが自分達の掘った穴蔵へ投げ込まれる様を、兄弟殺しを演じたナチスの手先が目玉を袋に集めて弄ぶ姿を活写した。コヴァチッチがノートに記した「墓穴」は、解放戦争中に成った厖大な詩編群の中でも一頭地を抜いているが、その彼は翌一九四三年、チェトニックに何処へともなく連行され惨殺された。三〇歳だった。(4)

クルレジャの「グレンバイ家の人びと」は、実は一九三二〜三三年に発表されたものの再版である。一代のポレミストで現代の百科全書家ともいうべきクルレジャは、クロアチア独立国の創建と同時に逮捕され、作品は発禁・焚書の憂き目にあっていたから、戦時中は執筆できなかったのだ。(5)

年表からは、また、マケドニア作家の旺盛な活躍ぶりも読みとれるだろう。戦前は大セルビア主義の下で自国語の使用が公式に認められていなかったマケドニア民族も、いまや堂々とマケドニア語を駆使するヤネフスキー、コネスキー、マルコフスキーなどの詩人を新生ユーゴスラヴィアの文学界へ送り込むことで、アルバニア人、ハンガリア人、ルーマニア人などの少数民族ともども、ユーゴ文学に新たな地平を拓いていった。

三　作家同盟の結成、社会主義リアリズム

戦争直後、各共和国では新たに文学紙が創刊され、戦場から帰還した作家達を結集してダイナミックな活動をはじめた。ベオグラードの「文学」、ザグレブの「共和国」、リュブリァナの「新世界」、スコピエの「新しき日」、ツェティニエ（ツルナゴーラの旧主都。但し一九四六年からはチトーグラード）の「創造」、サライェヴォの「耕地」などである。

一九四六年には早くも全国規模の作家の結集が具体化し、同年九月一七〜一九日、ベオグラードでユーゴスラヴィア作家同盟第一回大会を開くにいたった。開会を宣言したJ・ポポヴィチは先ず自由と進歩のための戦いに斃れ、殺害された内外の進歩的作家に哀悼の意を捧げてから本題に入った。最初に立ったのは弱冠三九歳のR・ゾゴヴィチで、作家同盟の任務に関して主要報告（「今日に於ける我国の文学、文学情況および課題に就て」）を行なっている。引きつづきアンドリッチ、M・ボグダノヴィチが報告した。議長にはアンドリッチが満場一致で選出された。

かつては青年ボスニア党員の一人として、第一次大戦中の数年を牢獄で送らなければならなかった詩人アンドリッチは、両大戦中は外交官生活に入り、時折りボスニアの歴史に材を採った彫琢の短編を発表して文壇に確固たる位置を占めていた。一九四一年四月六日ベオグラードがドイツ空軍によって無警告爆撃を受ける寸前、当時の駐独公使だった彼は本省の許可を待たずベルリンを去ると、この度は自ら占領下のベオグラードに閉じ籠もり、任官中に蒐集した資史料をもとに発表の当てもない長編にとりかかったのだった。世上ボスニア三部作といわれる「ドリナの橋」、「トラヴニク年代記」（一九四二年）、「お嬢さん」（一九四四年）は、生命の危険に或る時はおびえ乍ら、遺書のように書き継がれていった。一九四五年、長編の三作が一挙に出版され、アンドリッチは名実ともにユーゴスラヴィアを代表する作家になっていたので、作家同盟の議長就任はしごく順当であった。(6)

翌年には内規が採択された。それに依ると同盟員の任務は、国土の建設にあらゆる面で参加し、ユーゴ諸民族の統一強化に尽力し、都市と農村の統一に努め、ユーゴ諸民族の権利を実現する過程で国家の独立、自由、前進を保障することであった。(7) 一九四八年二月一八日（火）、べオグラードで作家同盟機関紙「文学新報」が出た。週刊、四ページだてのタブロイド版。編集にはJ・ポポヴィチ、M・デディナッツ、M・ユルコヴィチが当った。

こう見てくると、戦後ユーゴスラヴィア文学は戦前からの遺産に戦中文学を加えて豊かになり、戦後新しい政治制度の下で順調に発展していったかに思われるが、事はそれ程簡単には進まなかった。いうまでもなく、管理時代のユーゴは大先輩格のソヴィエトから多大な影響を受けていた。例えば劇場ではゴーゴリ、オストロフスキー、ゴリキー等の作品が上演されていたが、ソ連側はこれに満足せず、二流どころか三流作家のものまで扱うよう要求する。一九四六年に結ばれた契約に依ってソヴィエトの高いフィルムを選択権もなく一方的に買わされもした。ローレンス・オリヴィエの傑作「ハムレット」は二〇〇〇ドルだったのに「或るソヴィエト情報員の功績」という駄作にはその十倍ほど、しかもドルで払わなければならなかった。(8)「文学新報」第一一号掲載のM・ジラス報告「ユーゴスラヴィアに於ける文化的生活の発展情況」に依ると、一九四五年に出版されたユーゴ人の手に成るマルクス・レーニン主義関係本は八七点七〇万冊、文学・芸術図書は二六三点一〇八万冊。対する翻訳物は、マルクス・レーニン関係本五三点六五万冊、文学・芸術図書一三〇点九〇万冊を数えた。当然ながら、翻訳の大部分はロシア語からであった。

一九四七年九月ポーランドで「ヨーロッパ主要共産党会議」が開かれ、コミンフォルムを結成した。そして本部がべオグラードに置かれたこともあって、右記の傾向は急速に強化されてゆく。ジラスの報告はさらに、一九四七年度の出版概況に移り、自国人に依るマルクス・レーニン主義本二一一点三七万冊は翻訳物七四点一二七万冊に圧倒されたことを教えてくれる。文学・芸術本は、三六四点二三〇万冊に対して三一四点二一二万冊と伯仲していた。

話を文学の領域に戻そう。ここでもソヴィエトの影響は顕著だった。ソヴィエトの文学情況がユーゴでも、多少のずれと縮小された形で繰り返される。

ソヴィエトに於ても、独ソ戦直後には自由と解放の気風がただよい、ゾシチェンコやアフマートヴァの作品が発表されたりした。だが国際政治が緊張を高めてくると、党が乗り出してこうした傾向にストップをかけた。一九四六年八月、党の政治局員であったジュダーノフはソヴィエト文学の使命に就いて報告を行ない、「世界で最も進歩的な文学であるソヴィエト文学の力は、それが国民の興味、国家の興味以外いかなる他の興味もそこにありえない文学であるという点にある。……したがって、無思想、非政治性、芸術至上主義のいっさいの宣伝は、ソヴィエト文学に無縁であり、ソヴィエト国民と国家の興味にとって有害であり、わが国の雑誌に場所を持つべきではない」[9]といった。

ユーゴスラヴィアも戦争直後の一時期は「かなりの高揚期」で、例えばクルレジャは「共和国」紙上に「今日の文学」、「鰐の真実または真理問答」（一九四五年）などを寄稿して、現代世界を批判的に扱うことの必要性を説いたが、大方の同意を得るところとはならなかった[10]。いうところの社会主義リアリズムがユーゴにも次第に影響力を増大し、戦争体験は豊富ながら筆力の乏しい若手作家やソヴィエト崇拝者達の理論的支柱として、絶大な威力を発揮しはじめていたからである。スターリン時代、つまり第一次五ヵ年計画からスターリンの死まで、またはソ連共産党第二〇回大会まで、ソヴィエト文学の創作方法を規定した社会主義リアリズムのイデオローグは前出したジュダーノフだった。そのジュダーノフは、多くの信奉者を持つユーゴスラヴィアの文化生活を見下し、一度などジラスに「ユーゴにはオペラ劇場があるのかね？」と尋ねたという[11]。

ユーゴの著名な作家達がこうした風潮に馴染めず次第に沈黙していったことと反対に、戦争のヒロイズムを描くことをもって文学者の任務と考える人びとが、「不毛な」文学的発言を繰り拡げ騒々しい唱和を響かせていた。(12) 中でもラドヴァン・ゾゴヴィチの声は際立っていた。詩人、小説家、批評家、随筆家と沢山の肩書を持つ彼は、しかし、色々な意味でロシア語からの翻訳者として最大の成功をおさめたように思われる。作家同盟と「文学新報」を舞台に、ジュダーノフの意を体して大活躍を演じていたことへの見返りででもあろうか、一九四四年に発表した彼の詩作品「同志チトーの伝記」のみがモスクワ(一九四五年)、プラハ(一九四六年)、ソフィア(一九四七年)で訳出刊行されたのである。(13) ただ、ユーゴスラヴィアがコミンフォルムから追放されて後に、ソ連その他の東欧諸国でチトー等に冠せられた限定詞「ファシスト的暴君」、「手先、スパイ、人殺し」、「バルカンの小人」(14) などを知っている現在から眺めると、ゾゴヴィチと彼の保護者は作品の選択に若干過ちをおかしたようである。

四　一九四八年の反応、一九四九年以降

創刊号からの「文学新報」を見て意外に感ずるのは、これが文学・社会的諸問題を扱う作家同盟機関紙であるせいか、思いの外地味にコミンフォルムからの追放を報じていることである。確かに当時は戦後ユーゴ史上最大の国難に直面していたとはいえ、チトーおよび党指導部は国民自らが事の真相を知り判定を下すことを望んでいたため、控え目に事を運ぼうとした。例えば、一九四八年六月二八日、コミンフォルムはユーゴ除名の決議をチェコ共産党機関紙「ルーデ・プラヴォ」紙上で発表したが、翌日開かれたユーゴ共産党中央委総会は決議全文とユーゴ側の回答を同時に国民に報らせることを決定したのだった。ユーゴ共産党機関紙「ボルバ」は六月三〇日付で両文を五〇万部に掲載した。「文学新報」も七月六日付第二一号に両全文を載せ、囲みで作家同盟所属党ユニットの名で中央委へ党路線を支持する旨表明した電文を併載している。が、それだけである。何のコメントもない。第二二号にも別した記事

はなく、第二三号には近く開かれる第五回党大会への挨拶文とチトー礼賛の辞が見える。七月二七日付第二四号にはさすが「歴史的大会」と題して一面に写真入りで大会の様子が報じられ、大会決議はゴシックで、また第二面にはジラスの中央委煽動宣伝活動報告抜粋がぎっしり組まれている。しかし第二五号ではC・ミンデロヴィチの「新しき課題を前に」という半ページの論文だけに減り、次号にはもう関連記事は見当らない。してみると、「ベオグラードは事件の衝撃を冷静にうけとめた。秩序の混乱は全くなく、……」と書いたジョン・ガンサーの記録（『ソ連勢力圏の内幕』、時事通信社、一九五〇年）は額面どおり受けとって良いのだろう。

しかし、事件の結果は、やはり窺われる。「文学新報」一一月九日付第三九号は、レーニンとスターリンの肖像画を大きく左右に並べ、十月革命の意義と、ユーゴで翻訳された十月革命主題のソヴィエト文学を概観した後に、少し大きな活字で「偉大なる十月革命三一周年を記念してソヴィエト作家同盟に送られたユーゴスラヴィア作家同盟の祝電」が載っている。だが、書記長ミンデロヴィチと議長アンドリッチの名で「心からのお祝いをお伝え」してはいても、どこか素気なく、例えば二月二四日付第二号でソヴィエト軍創設三一周年を記念して送られた祝電文のような「ソヴィエト軍……万歳！」とか「ソヴィエト軍最高司令官、ソヴィエト連邦大元帥、ヨシップ・ヴィサリオノヴィチ・スターリン万歳！」といった熱っぽい言葉は姿を消していた。

そして、この年の最後の一二月二七日付第四六号には、ほぼ第一面を費して、「F・グラトコーフ、N・チーホノフその他のソヴィエト作家に宛てたユーゴスラヴィア作家連の回答」が現われて、本稿の主題に直接答えてくれるかのようである。内容を点描してみよう。

ユーゴ建国記念の祝辞を、我々はモスクワ放送を通じて受け取った。彼らはユーゴで過したことがあるだけに、祝辞は、コミンフォルム決議以後さまざまな形で我々に浴びせられている不当な非難とは一線を画するものである筈なのに、残念ながら、僅かの賛辞と多くの誹謗に満ちていた。

彼らがユーゴ滞在中、我々は胸襟を開いて彼らを遇し、彼らもまた我々ユーゴ人民に対し愛情を表明していたことを考えると、この度の彼らの言動は理解に苦しむところだ。(15) なぜなら、彼らは我国の人民が革命を行なったことには言及しているが、革命を指導した党には構えて口をとざしているからである。

ボリシェヴィクの役割、つまりレーニンやスターリンの名を挙げずに偉大な十月革命や社会主義建設、あるいは大祖国戦争を書いてもソヴィエトの読者は真実の作品とは認めまい。ならば、なぜ、チーホノフやグラトコーフ同志らは、ユーゴ作家に対して、ユーゴ党には僅かしか触れず、同志チトーや彼の側近を扱う場合はこれを黙殺するだけでなく、拒絶し断罪すらすれと云えるのか。

チーホノフ自身、ユーゴに材を採った連詩を物するに当っては、同志チトーの歴史的な人物像とその役割を唄わずに済ませなかったのではないか？　そこには矛盾がある。

またソ連の作家達は、我々が建国の三周年と同時に五周年をも祝っていることを無視することに依って、我々の解放戦争が持っていた革命的な性格を故意に無視しようとした。

我々は、文学者の最大の課題は人生の真実、社会主義闘争のダイナミズム、美と英雄主義を描くところにあると教えられた。チーホノフやグラトコーフ同志に左袒《さたん》することは、したがって我国の人民と歴史を裏切るばかりか、反帝戦線や民主主義的、社会主義的戦線をも裏切ることになる。世界最初の社会主義国の作家が、我々にまさかその様なことを望む筈はあるまい！

同志達は、我国の民衆がソ連への限りない愛情を披瀝したことを語っているが、その愛情の内容や、こうした愛情が単なる伝統感情ではなく、党が不断に民衆を教宣した活動の結果に過ぎないことを知らないのだろうか。特に、戦前は我国のブルジョワ連が如何に社会主義国を憎み、反ソ宣伝を行なっていたかを思い起せば容易に分る筈である。(16)

我国の党が反ソ・キャンペーンを行なっているという非難は当らない。ユーゴに現われたソヴィエトの科学、文学、パンフレットの翻訳、ソヴィエト映画の上映、ソヴィエト音楽の演奏、ジャーナリズムに見られるソヴィエト関係記事の厖大さは、故なき反ユーゴ攻撃から六ヵ月経った現在でも変らない。チーホノフとグラトコーフ同志は、また、我国が社会主義を建設しておらず、指導層は人民を社会主義戦線から離脱させていると非難している。いったい何うして「民族主義」とか「裏切り」という言辞を裏付けるつもりなのだろう。

それ故我々は、同志達が我国へ来て、己が目と良心に依って、我国が社会主義への道を歩んでいるのかいないのか、帝国主義の植民地へ堕落しつつあるのかないのか、しかと判定して貰いたいのである。事実は真実を語るだろう。右記のような虚偽の非難は、すべて我国の指導層を転覆させることを目的としたデッチ上げに他ならないことを、作家の同志達は思い起す必要があるのではないか？

我々は、彼らに非難の証拠を挙げてくれるよう求める。彼らは我々ユーゴ作家に対してのみならず、我国の人民、あらゆる進歩的な人びとに対し、また自分自身の良心に対しても回答する必要があるのである。

我々は、こうした問いと答えが、民主主義諸国間の正当な関係樹立のため、また、進歩的な人びとの利益と、世界で社会主義が完全な勝利を獲得するための、いま一つの刺戟とならんことを望む者である。

イヴォ・アンドリッチ以下六六名の署名を持つこの回答文には、しかし、ゾゴヴィチの名は見当らない。

ゾゴヴィチ達の、社会主義リアリズム喧伝家が、実はコミンフォルムの密命を帯びていたであろうことは十分推察できる。[17] それにも拘らず、四八年以降も彼らの勢力は衰えを見せず、一九五〇年頃まで主流を成していた。だが、クルレジャ等の説得力に富むキャンペーンと党指導層、なかんずくカルデリなどの理論家が党は創造活動に介入しないことを確認してから、ユーゴスラヴィア文学は異常な活況を呈した。或るアメリカの作家は、一九五〇年頃ユーゴの文学にルネサンスが起り、五〇年代に現われた小説の数は、今世紀に入ってからそれ迄出版された全ユーゴの小説数を陵駕していたと断言している[18]。

こうして他の東欧諸国に先駆けて文学のドグマチズムから脱却したユーゴスラヴィア文学は、イヴォ・アンドリッチが一九六一年度ノーベル文学賞を受賞したことで、名実ともに世界文学へ仲間入りするのである。

【注】

(1) V・ヴィンテルハルテル著、拙訳『チトー伝』（徳間書店、1972年）、240ページ
(2) 『チトー伝』、162〜165ページ
(3) 『現代世界文学講座』8（講談社、1956年）、315〜316ページ
(4) *A History of Yugoslav Literature*, Antun Barac, Beograd, 1955
(5) 邦訳は『世界文学大系』93（筑摩書房、1965年）収録の「千と一つの死」のみ。英訳では、*The Return of Philip Latinovicz*, London, 1959. *The Cricket Beneath the Waterfall and Other Stories*, New York, 1972
(6) 邦訳された作品には「アリヤ・ジェルゼレズの旅」（『世界文学大系』93、筑摩書房）、「ジェパの橋」（『世界短篇文学全集』10、集英社）、「胴体」「囲い者マーラ」「オルヤツィ村」「呪われた中庭」（『ノーベル文学全集』13、主婦の友社）、「象牙の女」「イェレーナ、陽炎の女」（『現代東欧幻想小説』、白水社）、「ドリナの橋」（『現代東欧文学全集』12、恒文社）、『ボスニア物語』（恒文社）、『ゴヤとの対話』（恒文社）等がある。「ボスニア物語」の原題は「トラーヴニク年代記」
(7) Jugoslovenski Književni Leksikon, Matica Srpska, Novi Sad, 1971. 468ページ
(8) *Tito*, V. Dedijer, New York, 1953. 267ページ
(9) 木村彰一他編『ロシア文学史』、明治書院、1972年。282ページ。但しソビエトをソヴィエトとした。
(10) Savremena Jugoslovenska Literatura 1945-1965, Sveta Lukic, Beograd, 1968. 24ページ
(11) *Tito*, 266ページ
(12) Savremena Jugoslovenska Literatura 1945-1965, 24ページ
(13) デディエルは、この頃の話として、「我々は1850冊もソヴィエトの本を出版したのに、彼らは我国のものから2冊しか出版しなかった」（*Tito*, 267ページ）と書いている。なおS・ルキッチの文学年表に依れば、1947年、イヴォ・アンドリッチの「ドリナの橋」がブダペストで刊行されているが、長編の訳出時間を考慮すれば、アンドリッチは文学的に正当な扱いを受けたといえよう。同書は翌年プラハでも出版された。
(14) ロバート・バス、エリザベス・マーブリィ共編「ソ連とユーゴの紛争文献記録（1948〜58年）」、日本外政学会、1961年
(15) 例えば「赤い星」紙の戦時特派員としてユーゴ解放戦争に取材したコンスタンチン・シーモノフの『ユーゴスラヴィアの手帖』（時事通信社、1946年）が邦文で読める。
(16) 「ソ連とユーゴの紛争文献記録」、33ページ
(17) Savremena Jugoslovenska Literatura 1945-1965, 25ページ
(18) *Internationl Literary Annual 3*, London, 1961 所収の Some Recent Writing in Yugoslavia (Eleanor Wollner)、130ページ

（『東欧史研究』創刊号所収「第七篇　第二次世界大戦後の東欧」第一八章、一九七八年、東欧史研究会）

南スラヴにおけるイリリア主義

イリリア運動とは、以下に訳出した三篇の論文が明らかにしてくれるように、クロアチア人の民族的自覚と再生の一大エピソードである。名の由来は、スラヴ人の起源を先住民族のイリリア人とする誤解に基づいていた。だが、スロヴァキア人のコラールやシャファリークなどの汎スラヴ主義に影響されて、南スラヴ人の統一国家建設という正しい方向へ進んでいったことは、周知のとおりである。フランス革命の思想からも影響を受けて、ガイ、ドラシュコヴィチ、プレラドヴィチ、ヴラズ、マジュラニッチ等、スロヴェニア人、クロアチア人、セルビア人がこの当時、たとえ文化面だけとはいえ、かくも一斉にユーゴスラヴィア共通の問題と取り組んだことは、けだし壮観であった。運動の頂点は一八四八年革命時で、やがてオーストリア＝ハンガリー帝国の絶対主義により、イリリア名を使用することまで禁止されてしまう……。

しかしながら、イリリア運動が同時代あるいは後世に与えた衝撃の大きさは、一般に考えられている以上に深甚であった。いまこれを簡単に纏めれば、①クロアチア人の民族的意識の覚醒、②ユーゴスラヴィア統一国家への準備、③ヴーク・カラジッチの正書法導入、④クロアチア文語にシュト・イイェ方言（現在のセルビア・クロアチア語とほぼ同じ）を採用、ということになる。

こういった問題の重要性にもかかわらず、日本では未だイリリア運動が研究されていない。訳者は、本号の主要テーマともオーバーラップすることを考えて、この機にユーゴスラヴィアのスタンダードな概説を訳出・紹介することとした。テキストは Enciklopedija Jugoslavije 4Hil ~ Jugos, Leksikografski zavod FNRJ, Zagreb 1960, pp. 338-344. **ヤロスラヴ・シーダク**（一九〇二年ウィーン生れ）はザグレブ大学の歴史学教授。専門は中世なかんずくボスニア＝ヘルツェゴヴィナのボグミール派で、「ボスニア教会およびボスニアに於けるボグミール問題」、「ペトラノヴィチからグルシャツに至る我国の歴史学に現われた〈ボスニア教会〉問題」その他の著がある。**アントン・スロドニャク**（一八九九年ボドコフツィ・プリ・プトゥーユ生れ）は本稿執筆時リュブリァナ大学教授。専門は言語学ながら、ザグレブ大学（一九五〇～五九）やフランクフルト大学（一九六二～六五）でスロヴェニア文学を講じたこともある。主著はGeschichte der Slovenischen Literatur（Berlin, 1958）、「スロヴェニア文学史」（全四巻）、「プレーシェルンの生涯」。現在は年金生活者。**イリヤ・マムズィッチ**は、本稿執筆時ベオグラードの高等師範学校教授であったが、詳細は未詳。

尚、英文で手軽に入手できるイリリア関係の研究書としてはWayne S.Vucinich,“Croatian Illyrism: Its Background and Genesis”, *Intellectual and Social Developments in the Habsburg Empire*, Winters and Held, ed. Columbia University, 1975 および Despalatovic, *Ljudevit Gaj* and *the Illyrian Movement*, Columbia University, 1975 を挙げておこう。いずれも East European Monographs シリーズの一冊で、巻末に詳細な文献目録が付いていて非常に便利である。Danica Ilirska のファクシミル版が一九七〇年にザグレブで出ているが、その他 Ilirska Antologija, Minerva, Zagreb, 1934. によっても、以下に言及された諸篇はほぼ窺われる。訳者はいずれそれ等の幾つかも訳出することを約束して、今回の不十分な仕事の言い訳とします。

（『東欧史研究』3号所収　［訳と解説］より「緒言」、一九八〇年、東欧史研究会）

十年雑感

東欧史研究会が発足してから一〇年になるという。創立時から関係してきた者の一人として何でもいいから書くようにとの編集部からの注文である。例によって気楽に、かなり無責任にお喋りして責を果たすことにする。

一〇年という一区切りの歳月を顧みて先ず念頭に浮ぶのは、鬼籍に入られた方のことだ。明大教授だった熊谷氏は、温厚そのものであった。小柄で甘ったるい小声で、きまって自分はこの方面に暗いからご教示願いたいのだが、と前置きして質問された。それは下段の構えだったから、ふと気を許して不用意に応答すると、間髪を入れず白刃が小手に一閃した。氏は自らの存在そのものによって、良い意味でのアカデミズムを醸し出されていたように思う。

つい先頃亡くなられた良知一橋教授は、熊谷教授と異なり一度も東欧史研には出席されなかった。しかし著作を通じて、氏と面識の無い人びとにも多大の刺激を与えられたし、今後も与えつづけられるだろう。仄聞するところによると、氏は東欧史研究会を大変に評価しておられたらしい。権威主義的でないというのがその理由であるとのこと。これに就いて後に再考する。

東欧史研の歴史において最大の事件は何かと問えば、答えは、間違いなく「日本と東欧諸国の文化交流に関する国際シンポジウム」である。その成果の一端は報告書に纏められて、他地域の研究者や東欧関係の研究を志す後輩にどれほど裨益したことか。しかし、より重要なのは、シンポジウムを成功させたことで我々が得た自信だったかも知れない。当時院生だった一〇人前後が文字どおり中心となって、時には徹夜をしてまで尽力したのだった。この人びとの大半は今や東京以外の大学に就職し、今度は教える立場になった。東欧関係の文献目録作成やシンポジウムでの発表準備のため、何度も日本外交史料館に通ってカード作りしたことで、皆は学問の方法論を身につけ足腰をきたえたのだ。

これは余談だが、シンポジウムの準備をつうじてメンバーの親密度が異常に高まり、幾組かのカップルが誕生したことも付記しておく。ニアミスは今後もしばしば起るだろう。

東京以外の大学に東欧史研究会のメンバーが就職したと述べたが、もう少し具体的にいえば大分大学、広島大学、大阪教育大学、高崎女子短期大学、茨城大学、千葉県の敬愛経済大学などがこれである。都内でも曾ては津田塾大学と東京大学でほとんどの研究会がもたれていたのが、中央大学、法政大学、早稲田大学、一橋大学、大東文化大学にも拠点ができて、随分とバラエティに富むようになった。

メンバーの加減とは直接関係ないけれども、公務多忙のためか関心事が少し移動したために何年かわれわれから遠ざかっていた人が、何かのきっかけで再び親しく研究会に顔を見せるということがある。例えば最近のN氏やM氏がそうで、私には特に嬉しい。というのも、両氏には、研究会後の酒席でも色々と教えられることが多いからだ。

私はふと「朋有《ともあり》遠方より来たる、亦《また》楽しからず乎《や》」の一節を思い出した。

『読書の快楽』（角川文庫）に渋澤龍彦が「ポルノグラフィー　ベスト50」を紹介している。彼の選択だから、そこには気品と名文と何よりも哲学が含まれていない作品は除外されているらしいことは想像がつく。中に一冊、例の『バルカン戦争』が未訳として数えられていた。はて、昔、邦訳で読んだ筈だが、さては訳文が選者には日本語と看做されなかったものか。物語は、銃後の婦女子連が僅かな男達と乱痴気を繰り返すたわいもない筋だと記憶するが、舞台はルーマニア、大いに奮闘する男性の一人がボスニア人だった。とすると、ボスニア人は、当時からその道では名が通っていたらしい。これを証明するエピソードの数々は、ここでは省く。

今や構造主義は古くなって、ポスト構造主義の時代らしい。なぜならこの種のものでは定連だった同僚Yの名がもう見当らない、といってN氏が示してくれた一本（一八名の執筆）から、こんな感想をもったことだった。

五、六年も気にかかっていた『ヒランダル』の翻訳が、ようやく今夏に終了する目途がついた。岡山大学の鐸木氏との共訳で、美術関係の部分をあちらに任せ、私は歴史的叙述の方を受け持った。ヒランダルはセルビア人の歴史に於いて、いわば日本人にとっての正倉院といった趣きをもつ、重要な中世史料の宝庫である。いずれも時の最高権力者が創設したことは同じであっても、正倉院の方が一種の蔵であったのに対し、ヒランダルは修道院であるから、現在も修道士が共住し活用している。五年前、ギリシアのハルキディキ地方東端に突出するアギオン・オロス（聖山）、つまりアトス半島にヒランダルを訪ねたのも、より正確な翻訳を願ってのことだった。そして、ようやく最後の段階を迎え、確認その他のためにビザンティン関係の本を読むべきところを、ついつい別の本に目移りするのは、どうした訳だろう。ラウラナのことを思い出したり、大好きなベルニーニの生涯を近刊の『ベルニーニ――バロック美術の巨星』（石鍋真澄）でたどったり、一〇年近くも前に購入したままの日本人による世界的な名著『サンドロ・ボッティチェルリ』（矢代幸雄）といよいよ本格的に取り組もうと決心したりしている。こうした天邪鬼ぶりから考えて、私が正統な学問に向かない一介のディレッタントであることは明らかだ。が、これをも許容してくれる東欧史研を、私はそれだけに有難いと感謝している。

故人が東欧史研の良さの一つに、権威主義的でないと言われていたことは、前述した。その真意が奈辺にあるものか、凡俗の私には想像するしかないが、私のような在野の者でも気軽に受け入れてくれるのもその一つの表われであろう、と勝手に解釈している。

「権威主義的でないということと学問的水準を高度に保つこと——これが今後のわれわれの課題です」。そう断言したK氏の若武者らしい決意を、私は決して忘れまい。

一〇周年を期して東欧史研を学会に昇格（?）させようという動きが本格化している。名称まで変更するのだろうか。その時、私のような者でも居場所があるのだろうか。

畢竟するに、私は東欧史研を、文学でいうところの同人の集まりと同じように考えていたらしい。同人雑誌を発行して、自分達の主張を述べあう。既成の作家や読み巧者から見れば技術的に難ありで、文章も荒削りである。けれども、そこには若者特有の客気《かっき》と清新な発想があり、既成の文壇に刺激を与えないではおかない……そんなことを私はぼんやりと考えていたのではないか。勿論、若者もやがて中年になり、破壊者もいずれ体制側に取り込まれてゆく。芥川賞などを同人の誰かが貰うと、それで能事足れりと瓦解してゆく同人の集まりもある。さまざまな人の集合体であってみれば、時に感情の行き違いから不和が生ずる場合もないとはいえない。だけれども、目的がしっかりしていれば、理想が共通ならば、集まり散じて人は替わろうが本体は立派に存続してゆくだろう。いや、存続する筈である。一〇年生きてきた東欧史研が次の一〇年、次の次の一〇年……と、これからも益々バイタリティを発揮して発展してゆくのは、自明のように思われる。しかしその為には、絶えず自己検証が必要なことは今さら言を俟たない。常にラジカルな問いかけが、先ず会員の独り独りから聞かれなければならないと思う。

時間がないので未だあとがきしか読んでいないのだが、江口先生の『現代の歴史的構造と発展』の・・それには感じるところがあった。先生はここでもラジカルに自分自身への問いかけをしておられる。エピソードにサラエボで付き合った通訳のことやアンドリッチの『ドリナの橋』が出てくるので、私には殊に強く訴えたのだろう。

これは未だ購っていないけれど、良知先生の遺著『魂の現象学』をぜひ読むように、と先の研究会で二人から同時に薦められた。Hさんは読んでいて涙が流れたという。社会科学者のもので涙を誘うほどの本とは、一体いかなる内容であろうか。それはきっと、著者の人柄を偲ばせる懐しい文体で書かれているに違いない。そして、魂をゆさぶり深い感動を呼び起すような、ラジカルな自己検証に満ちたものでもあるのだろう。

この春に発足した「東欧文学を読む会」は、二ヵ月に一回というスローペースながら、順調につづいている。各国のものを先ず一通りやろうということで、ユーゴスラビア、ルーマニア、ハンガリーと進んできて夏休み。九月はチェコスロバキアの番で、長編『兵士シュヴェイクの冒険』を採り上げる。

一応これは東欧史研の分科会といった格好になっているけれども、そんな堅いことはいわず、誰でも勝手に参加して貰っているので、妙に活気がある。もともと文学鑑賞には、専門的な知識や学問上の手続きもさして要求されないので、誰もが参加し易いという利点があるのだろう。

私はまた中世研究分科会にも属していて、この方はメンバーが極端に少なく、さらに中心人物の一人がチェコスロバキアへ留学したこともあって、発表者がすぐ底をついてしまった。そこで基本図書の講読会にしようということになった。最初はドゥボルニクの『スラブ人――その初期の歴史と文明――』を選んだ。提案者がハンガリー中世史のS氏だったので、私は嬉しかった。ウクライナ関係の人も参加することが決まり、秋口から本格的に始める筈である。

南スラブ人に特有の大家族制度――ザドゥルガに就いての短期研究班も結成され、私はそれにも顔を出している。本当に南スラブ人独自の制度なのかどうか、起源は？　実態は？　終熄時は？　など問題点は多い。さしずめ私の方は、この制度が人びとの精神生活とどう係っていたか、といった方面に興味があるので、正統な歴史家の素通りしそうな文献を読もう。文学に現われた様態もノートしよう。一四世紀のドゥシャン法典にも言及されているので、関係条項を訳出して、少しは役立つ仕事もしよう、そう思っている。

それにしても、東欧史研のバイタリティーには驚かされることが多い。二重王国史分科会ではブリッジの『サドワからサラエボ迄』の読み合せが、もう何回か行なわれているという。論文を書くという作業と同時に、基本図書を正確に読みこむ努力がグループでなされていることは、当然といえば当然なのだろうが、とても健全な状態だと思う。文学部の学生だった当時の自分を省みれば、今の学生諸氏がいかに真面目に勉強しているか、感嘆させられることばかりである。

最後に、提案。

年報の性格からして何うかと思われる向きもあるかも知れないが、私の駄文が掲載されるのを機に、他の人びとにも論文以外の文章を、ぜひ沢山書いて頂きたい。そして年報をもっと楽しい読み物にしたら良いと思うのですが。

例えば私達は、会員の中の何人と面識があるだろうか。面識がない迄も、誰が何をやっておられるのか、一体どれだけ相互に分っているだろう。編集者にしても余り把握しておられないのではないか。会員名簿があって、住所と専攻分野が——それも大概は国名に史が付けられた程度のことが記されているだけだ。これでは簡単すぎて余り参考にならない。せめてその欄を三行に増やすとか、メンバー各自の毎年の研究計画を数行に纏めてみるとか、何か手立てを考えたら如何なものか。

それよりも、アンケートや投稿を募って、もう少し会員の多くが皆と話し合える場を考える方が良いのかも知れない。その為に月例会があるのだけれども、案外に人びとは集まらず、自分の関係する国や分野の時しか顔を出さない、といった傾向があるようだ。本来なら、自分の知らない分野の話に耳を傾けて、質問をするなり復習をするなりして、次第に自分の視野や知見を広める機会が月例会だろう。これが、身内だけの集まりになるようでは、困ったものである。世界史の中に占める東欧の位置の大きさも問題だが、さらにその中の一国に到っては、決して大きくはない。そこのところだけの研究に終始するようなことになっては、了見が狭すぎる。勿論そんなことはなくて、きっと私の杞憂に過ぎないのだろう。でも、それならば、月例会にもう少し若い人が出席しても良いのではないか。

しかし分科会は半日、月例会は一日仕事になりがちだから、本来の仕事があったり会場が遠距離だったりして止むなく欠席されている向きもおられるだろう。ならば、そういう人びとをも万満させるような研究会の方法論を考案しなければならない。先にも述べたように、私は往々にして二次会が楽しみで研究会に出席する不心得者だが、ひょっとして私の意見に賛成の人も思ったより多いのではないか。では紙上を借りて、もっと大勢の人を混じえて二次会をしたらどうだろう。

要約すると、私の提案は、年報をもっとバラエティに富んだ楽しいものにしたらどうかということ。その為には、自己紹介をかねた研究ノート、読書ノート、随想、旅行記、研究計画、質問、探している史料等々を、アンケート方式なりで集めて一挙に掲載して頂きたい。書評も少なくなったようだし、関連のある他研究会や学会の動向も報らせて欲しい気もする。東欧での日本研究がシンポジウム後どう発展しているのか、フォローしていないのも残念だし、在東欧日本人留学生の便りも読みたい。

それやこれや、注文ばかり勝手に並べてしまいました。年報で無理でも、例えば別冊とか、月例会の通知に二、三人ずつ自己紹介をして貰うとかして、今よりいっそう活気ある雰囲気を譲成することが出来るのではないか、と思うのです。

腕が疲れてきましたので、この辺りで擱筆いたします。妄言多謝。

（『東欧史研究』9号「東欧史研究会一〇周年記念号」所収、一九八六年、東欧史研究会）

ユーゴスラヴィアの詩歌

ユーゴスラヴィア（以下ユーゴ）とは南スラヴ諸民族の住む国といった意味であるが、他にも数多くの少数民族が混住している。

七世紀ごろには現在の地に定住し、九世紀ごろキリスト教を受け入れた。この時、北方のスロヴェニア人、クロアチア人はカソリック教徒に、南方のセルビア人、マケドニア人などは正教徒になった。南方あるいは中西部のボスニア＝ヘルツェゴヴィナ地方には、後にイスラム教徒に改宗する者も出た。

カソリック教徒たちは早くから強力なドイツ語圏の支配下に入ったため、独自の文化を育てることは難しかった。例外はルネッサンス期のダルマチア沿岸地方で、特にドゥブロヴニク共和国ではドゥルジッチやグンドゥリッチといった作家が現われた。セルビアはネマニッチ朝の下で黄金時代を迎えるが、文学活動としては宗教色の強い聖者伝などに幾つか傑れたものを生んだだけで、やがてオスマン＝トルコの支配下に入り、文化創造ができる状態ではなかった。

一九世紀に入りロマン主義が盛行すると、南スラヴ諸民族もようやく目覚める。詩人だけに限ってみてもスロヴェニアのプレーシェルン、モンテネグロのニェゴシュ、クロアチアのマジュラニッチ、セルビアのカラジッチやラディチェヴィッチが数えられる。マケドニアにはミラディノフ兄弟がいた。

前世紀末から今世紀にかけて、モダニズムの影響を受けた詩人ツァンカル、マトシュ、シャンティッチなどが輩出して、ようやくユーゴ文芸一般について論じられるような状況が生れた。しかし真の国民文学が誕生するのは、第一次大戦後である。その典型的な文学者は、本集でも採りあげたクルレジャとノーベル賞作家のアンドリッチだ。他に両大戦間を彩った詩人としてはスロヴェニアのジュパンチッチ、ボドニク、コソベル、グラドニク、クロアチアのウエヴィッチ、ナゾル、クルクレツ、ツェサリッチ、セルビアのドゥチッチ、ラキッチ、ツルニャンスキー、閨秀詩人マクシモヴィッチなどが挙げられよう。第二次大戦中、多くの文学者も祖国解放戦争に加わり、傑れた作品を残した。だが不幸にして命を落した才能もあり、その一人、コヴァチッチの名を逸することは出来ない。

戦後しばらくユーゴの詩壇には、パルチザンの活躍を謳歌した傾向的なものが支配した。しかし逸早くスターリニズム、文芸で謂うところのジュダーノヴィズムと訣別したユーゴの詩人は、次々と新鮮な感覚を文字に定着してゆく。なかでも初めて自分たちの文章語を確立したマケドニア人の登場が内外で大いに注目された。第一世代と称される詩人コネスキー、ショポフ、ヤネフスキー、本書に収録した第二世代のマテフスキーや第三世代に属するウロシェヴィッチなどがすぐ思い浮かぶ。他にトドロフスキー、パヴロフスキーが国外でも知られている。

セルビアでは戦前から前衛詩人として名の知られたマティッチ、ブーチョ、ダビッチョが戦後も旺盛な活動をした。もう少し若い世代の本書にも見えるポーパ、さらにパブロヴィッチあるいはライチコヴィッチなどが新風を吹き込み、ヨーロッパ的名声を獲得した。八〇年代に入り、プスロイッチやコマディナといった若手が台頭している。

現代クロアチア詩人として本書に採りあげたクルレジャは、文学万般に偉大な足跡を残した巨人で、ノーベル賞の候補にも挙げられたことがある。他にショプ、タディヤノヴィッチ、カシュテラン、女流パルンなどが中堅を成す。本書のゴロブは更に若い。

スロヴェニアの現代詩人としては、本書に収めたザイツ、コヴィッチの他にコツベク、ボール、タウフェル、シャラムンなどが挙げられよう。それらを詩人ズロベツが手頃な詩華集に編み、セルビア＝クロアチア語で提供しているので、スロヴェニア語を十分解せなくても容易に鑑賞できる。

ダネ・ザイツ

死んだもの

雨が石を濡《ぬ》らしていた。
暖炉には、水たまり。
雨が竈《かまど》を崩している。
砂が室《むろ》を埋めている。

葡萄が生い繁っていた。
井戸枠が傾いている。
最後の壁がたおれる。

机が在った部屋の隅に
薊《あざみ》が数本生えている。
夕方の静かな会話と、
机にやすらう父の肘《ひじ》。
死んでしまった父よ。

あなたの肘は潰《つい》えた。
その手も土と化した。

誰が葡萄に手を入れる。
誰が暖炉に火を入れる。
誰が彼の下から朽《く》ちた
死んだものの顔を掘る。

カエタン・コヴィッチ

詩篇

幸いなるかな　動物の無知、
人間に与えられたばらばらな言葉は
毒を帯び　お互いを誤解させる。

幸いなるかな　世界を前に
群衆と個人が共有せる闇、
それは黙し　ものに驚き　心を量《はか》らない。

幸いなるかな　善悪の方《かた》で
本能と支配者と裁人《さばきびと》に押えられている者、

汝は歩行を量られ　夜伽を選ばれる。
幸いなるかな　言葉を与えられても
己れの至福を黙し　己が存在の
不可知なる闇へ導かれる汝よ。

ミロスラヴ・クルレジャ

小さな町の夜はなんとも物悲しい

女たちが　それぞれの秘密と誇りを持って通り過ぎ、
それを、小枝に停《とま》った鵲《かささぎ》のように、男たちがカフェーで囃《はや》したてる。
ああ、小さな町に住むのはなんと惨めで悲しいことか、
灰色の中で老い、哀れに伝染病で朽ちてゆく。
そこでは肥《ふと》った隠謀が這《は》いまわり、借金が魂を呑み込んでいる。
森羅万象が灰色の屈託の沼で、命を枯らしている。

ワインとブラック・コーヒーで頭はふやけて重く、
馬車馬の蹄《ひずめ》がこだまし、すべてが泥酔の中で終る。

ズボニミル・ゴロブ

思い出

鏡には　まだ
君の像《すがた》が　ふるえていて
僕は一度だけ見た
それで　おしまい。

ヴァスコ・ポーパ

忘れゆく

とおい　闇から
舌を出す　平野
耐え難き　平野

溢れ出た　事件
散乱した　古語
平均化した　顔

ここ　かしこ
煙の　手

櫂《かい》のない　溜息
翼のない　思想
家のない　一瞥

ここ　かしこ
霧の　花

鞍《くら》を外し　影が
笑う　熱い灰を
ひたすら　掘る

ヴラダ・ウロシェヴィッチ

悪い冗談

河原《かわら》を歩いていると、思いがけなく、枯れ草の中に、おおきな鳥の巣を見つけた。鳥は見あたらず、巣にはおおぶりな白い卵がよこたわっている。

卵を手にとり、かわりに、河原でひろった滑らかな石をおいてやった。そこから小さな雛《ひな》が孵《かえ》るのをまつ鳥の、まのぬけた顔を思うと、ひとりでに微笑みがうかぶ。

そんなささやかな冗談など忘れたある日の夕べ、部屋にいると、はるかな空の高みで、鳥がつよく羽搏いている。なにごとならんとのぞく間もなく、とつぜん煙突が倒れてきた。

それから、かたくておおきなものが家に落ちた。ひとつの壁がたおれ、やがてつぎの壁もたおれてきた。

机の下に身をひそめ、空を見やれば、倒壊した家のうえを、おもおもしい石の鳥が翔《と》んでいた。

（田中一生訳）

詩人紹介

ダネ・ザイツ　Dane Zajc（一九二九－）

スロヴェニアの詩人、劇作家。リュブリァナで図書館員として働きながら文学活動を始める。シュールレアリスムや表現主義から影響を受けるも、次第に独自の世界を築きあげた。戦中の不幸な体験が彼の人生観を決定したようだ。意識下の問題、疎外感あるいは崩壊感覚が彼の詩にはうかがわれる。詩集『燃えつきた草』（五八）、『蛇殺し』（六八）、『隠謀』、戯曲『旅人』（七二）、『若いブレダ』（八一）。

カエタン・コヴィッチ　Kajetan Kovič（一九三一－）

スロヴェニアの作家。「ドゥルジャブナ・ザロジュバ・スロヴェニエ」（国立出版社）の編集長。新表現主義を代表する一人で、人生の不協和音を、知的および感性的な抒情で克服しようとする詩的空間をつくり上げた、と言われる。詩集『時ならぬ日』（五六）、『火と水』（六五）、『風車《かざぐるま》』（七〇）、小説『神に非ず獣に非ず』（六五）、『試合』（七〇）、童話『らんぼうな竜』（八一）。リルケ、トラークル、エリュアール、アディの訳者としても知られる。

ミロスラヴ・クルレジャ　Miroslav Krleža（一八九三－一九八〇）

クロアチアのみならず、ユーゴを代表する文学者の一人。ザグレブの生まれ。第一次大戦の悲惨な体験を詩や短篇で発表し、衝撃的なデビューを飾る。両大戦間の文学すべてのジャンルを駆使した旺盛な執筆活動は、戦後もつづく。モダニズムの影響とコミュニズムへの傾斜から、しばしばイデオロギッシュな作家と見られがちだが、彼の本質はあらゆる虚偽を憎むヒューマニズムにあったと言えよう。膨大な作品群は二七巻本選集（五三－七二）にほぼ収録されている。詩集『パーン』（一七）、『ペトリツァ・ケレンプフの歌』（三六）、中篇小説『クロアチアの神マルス』（二二）、小説『フィリップ・ラティノヴィッチの帰還』（三二）、『旗』（全五巻、七六）、戯曲『グレンバイ家の人びと』（二八）、『アレテイ』（五九）、旅行記『一九二五年のロシア紀行』（二六）。

ズボニミル・ゴロブ　Zvonimir Golob（一九二七－）

クロアチアの文学者。シュールレアリスムの影響下に詩を発表して注目された。エロティシズムを漂わせた独自の表現法を獲得し、シャンソンの作詩・作曲家としても名を成す。詩集『蓋《ふた》された眼』（五二）、『悲歌』（六三）、『百本の薇薔』（七〇）、『接吻の領域』（七六）、『林の中の抱擁』（七九）、随筆『詩歌とカバラ』（七六）。ロルカ、ネルーダ、プレヴェールの他、世界のさまざまな愛の歌を訳出している。

ヴァスコ・ポーパ　Vasko Popa（一九二二－）

戦後セルビアの現代詩を常にリードしてきた代表者の一人。「ノリット」（新文学）社の編集者としても活躍。アフォリズム、諺のような短い文言に深い意味内容を盛り込む独自の手法は、多くの隠喩に富んでいる。作品はしばしば難解になり勝ちだが、それだけ挑戦的とも言えよう。詩集『樹皮』（五三）、『二次的な空』（六八）、『狼の塩』（七五）、『切口』（八〇）。ユニークなアンソロジー『真夜中の太陽』（六二）の編者でもある。最も外国で翻訳されているユーゴ詩人。

ミオドラグ・パヴロヴィッチ　Miodrag Pavlović（一九二八－）

ベオグラード大学医学部を卒業。文化省の役人、人民劇場の部長、六一年からは「プロスヴェタ」（教育）出版社で編集に携わっている。思索的かつ情動的な力強い作品は、独創的な隠喩に富み、ポーパと並び外国でも多く紹介されてきた。詩集『八十七篇の詩』（五二）、『太古のミルク』（六三）、『明暗の休日』（七一）、『金星』（八二）、随筆『ロック詩』（五九）、『詩歌と文化』（七四）、戯曲『名も無き者たちの遊び』（六三）。

マテヤ・マテフスキー　Mateja Matevski（一九二九－）

マケドニアの文学者。雑誌や新聞の編集者を経てスコピエのラジオ・テレビ放送社長。彼の詩は先人たちの開拓した新鮮なマケドニア文章語を用いて、フォークロア的なモチーフを情感豊かに歌い上げるところに特色がある。メランコリックなノスタルジーと思索的なトーンも捨て難い。詩集『雨』（五六）、『昼夜平分時』（六三）、『アイリス』（七六）、『菩提樹』（八〇）、『悲劇の誕生』（八五）。

ヴラダ・ウロシェヴィッチ Vlada Urošević（一九三四－）

スコピエ大学文学部を卒業後、ラジオ・テレビ局に就職した。最近は大学に戻ってフランス文学を担当。都会的なセンスとモダーンな表現力を自在にあやつり、小粋な作品を発表しつづけている。詩、小説、文芸批評、翻訳と大変な才能の持主だ。詩集『或る他の町』（五九）、『マネキンのいる風景』（六六）、『沈める鐘』（七五）、『夢のコンパス』（八四）、小説『桃の味』（七四）、短篇集『夜の辻馬車』、随筆と評論『同時代人』（七一）。

（『世界現代詩文庫15　現代東欧詩集』所収、一九八九年、土曜美術社）

アンドリッチの文学作品――『ゴヤとの対話』

本書はユーゴスラヴィアのノーベル賞作家イヴォ・アンドリッチ（Ivo Andrić）の作品 Zapisi o Goji, Matica Srpska, Novi Sad, 1961 を訳出したものである。原著はセルビア語で書かれ、キリール文字で印刷された新書版よりやや大きめの変形本で、本文五四ページ、評論家オットー・ビハーリ＝メーリンの前文一二頁、モノクローム六葉の複製画からなっている。原題は『ゴヤ随筆』で、本文には「ゴヤ」と「ゴヤとの対話」の二随筆が収められているが、本書名にその一随筆の題名を採用することにした。文中、疑問の個処は、プロスヴェタ版『I・アンドリッチ選集』全一〇巻を参照し、訂正した。メーリンの前文は、紙幅の関係から割愛した。日本では、そもそも著者に就いての情報が不足しているから、それに関連したものを少しでも多く提供したいと思ったからである。

ここに、著者の略歴と、「アンドリッチとの対話」ともいうべきインタヴュー記事があるので、全訳して左に掲げる。

＊　＊

イヴォ・アンドリッチは、一八九二年一〇月九日、ボスニア地方のトラーヴニクに生まれた。ザグレブ、ウィーン、クラクフの各大学にて哲学を学び、一九二一年グラーツ大学にて、論文『トルコ治下におけるボスニアの精神生活に就いて』で博士号を取得する。革命的な愛国青年団員だったため、第一次大戦中のほとんどを刑務所と留置場で送った。一九二四年から一九四一年まで、外交官として、ユーゴスラヴィア国公使や大使を勤めた（グラーツ、ローマ、ブカレスト、マドリード、ジュネーヴ、ベルリン）。一九二六年から準、一九三九年からは正規のセルビア科学アカデミー会員であり、数多くの外国のアカデミーおよび学術団体の会員でもある。一九一八年、雑誌『南スラヴ文学』の創刊に携わり、編集員にもなった。一九四六年、初代のユーゴスラヴィア作家同盟議長に選ばれる。第二次大戦前、すでに幾つかの文学賞を授与されていたが、一九五六年にはユーゴスラヴィア作家同盟およびＦＮＲＪ（ユーゴ出版社協会から、それまでの全業績が表彰され、一九六一年にはノーベル文学賞を受賞している。以前から作品の幾つかはドイツ語、イタリア語、ロシア語、チェコ語、フランス語に翻訳されていたが、ノーベル賞受賞後、全世界で訳出されるようになった。

＊　＊

――アンドリッチさん、済みませんが、ご自分とご自分の文学活動に就いて、なにかお話し願えませんか。あなたとあなたのお仕事に対する人々の関心は、今日、ひじょうに高まっているからです。おおくの人びとが、あなたのお人柄、作品、創作方法、あるいは今後の計画に就いて、すこしでもおおくを知りたいと願っていると思われるからです。

わたしは、作家は何を措いても、そして何にも増して、自分の作品をつうじて語らなければならないといつも考えてきました。また現在もそう考えております。作家にインタヴューを求め、彼の人柄や今後の計画、仕事ぶりや技法などのディテールを聞き出すことが一般に行なわれていることは、わたしも知っています。それが興味ぶかいかもしれないこと、人びとに好奇心があるかぎりそれも許されるだろうことは、わたしも認めます。しかし、わたしは次に述べる自分の考えに固執するものです。すなわち、ある作家が真に重要であるかどうか、また、彼の精神がそもそも何を志向しているかを見極めるのは、彼が創造したもの、つまりその作品とその作品が人びとにおよぼした影響、そして彼の光明によるべきであって、作家がそれに就いて多少なりとも正確に言い得る事柄によってではないのです。作家が言うことは興味ぶかいかもしれませんが、それは主要なことでも大切なことでもありませんし、また、そうあってはならないでしょう。作家にとり、そして作家に関しては、彼の作品とその作品の範囲でじゅうぶんなのです。わたしはそう理解しています。

——次は、どういった主題があなたを最もひきつけるか、そしてそれは何故であるか？　お話しいただきたいと思います。

答えは容易でありません。まったく一般的に申しましょう——いつもわたしの関心をひいたのは、人びとと人生に関わるすべての事柄です。わが国の人びととわれわれの人生に就いてです。社会が発展し変革する有様、また、個々の人間が、彼を取り巻く権力、そして彼の上へ作用し彼によっても作用される権力に対して、自己の生存をかけて闘っている有様にも興味があります。

——あなたは、わが国の過去を描いた作品の作家として知られています。或る人にとって、歴史的な過去を描いた作品は現代的でない、それらは現代生活と無関係だからだ、と思われるかもしれません。そこでお聞きしたいのですが、なぜ、わが国の過去と関わりのある主題がそれほどまであなたの関心を呼んだのでしょうか？

正直に申しあげて、わたしにも判らないのです。それはさて措き、世界各国の文学をみますと、かなりの作家が歴史的主題を扱ってきましたし、今なお扱っていることが判ります。わが国はこの数がひじょうに少ない。ですから、わたしのように、主として歴史に材を求める作家がいることを不思議がるよりも、先ず、そうした作家がわが国に数少ないことを奇異に感ずべきではないのでしょうか。それにしても、絶対にこのことを誇張してはいけません。わたしが書いたものを集めてみれば、かなりの量の作品が現代を扱っており、現代の人びとと現代の事象を描いていることに気づかれるでしょう。そして最後に、この機会に次のことを申しあげたいと思います。つまり、過去を描いても現実から逃避することにはならないということです。それは、過去、現在、未来にわたり、そこに生起するすべての事柄――つまり人間の生活、それから、作品と夢と思想――を包摂するおおきな人間の現実を、或る特定の側面から描写するだけのことなのです。

――ご自分の作品ではどれが一番お好きで、どれを最も評価されますか？　そして、理由は何でしょう。

このことは信じているのですが、作家というものは自分の仕事を、ながい時間を費す仕事を、印刷され製本された本だとか、終了した成果の形では考えません。そうではなくて、作家は自分の仕事を、止むことのない或る連続した努力として、また、創造されたり、さらにおおくの未だ創造されない主題と思想の長いつらなりとして考えているのです。そういった次第ですから、好みだとか評価の問題に就いて、ましてその理由を云々することなどは、本当にお話することができません。

――では一つ、あなたが文学活動をお始めになったころのこと、あなたが志向されている事柄、また、いかにして文学の世界へお入りになったか、といった問題に就いてお話し願えないでしょうか？

ここにある一短篇が、今のあなたの問に多少なりともお答えするでしょう。次のようなものです。

書物と文学の世界への第一歩

わたしは自分がいつ物を書き始めたのか覚えておりませんし、正確に指摘することもできそうにありません。なぜなら、わたしが初めて書きたいと感じたことや表現しなければならなかったことが、時とともに、わたしが実際に物を書き始めたころのことと、わたしの裡で混じりあってしまったからです。ただ、わたしが初めて読んだり眺めたりしただけの書物とともに、自分でも何か書いてみようとか、想像だけででも描いてみようといった最初の考えが芽生えたように思われます。ところで本は、わたし達が少年のころ、それはおおきな熱情であり、おおきな苦しみでもありました。本は、幼年時代をつうじ、またその後も、わたしが求めつづけたものでした。ギムナジウムの三年生だったわたしは、文字どおり本に渇き、苦しんでいました。そして、本が手に入りにくければ、それだけ渇きも増したのです。でもそのころ、わたし達の周囲には本が少なく、高価でしたから、ほとんど高峯の花といったものでした。

本といっても、貧しいわたし達の家にあるのは教科書か、見すぼらしい暦ぐらいのものなのです。学校が提供してくれるのは一、二冊か、それすらない場合があって、買うことなど思いもよりません。そのころサライェヴォには三軒か四軒の本屋がありましたが、みな当然のことながら、事務用品や学用品も売っていました。本当は、順序を逆にして言うほうがよいでしょう。なぜなら、本はつけたしで、事務用品が主人公だったのですから。こうした《本屋兼文房具店》で一番おおきくて最も立派だったのは、或る外国人がやっていたもので、この店にだけは、幾冊かのわたし達の国の本に混じって、ドイツ語で印刷されたたくさんの外国の本がおいてありました。そしてそれが、ほど良く照らし出された陳列窓へモダーンに並べられているのです。たいがいはウィーンかミュンヘンで出版された、軽い娯楽読物で、オーストリアの事務員や将校めあてのものでしたが、その他にも、当時たいへん流行っていたロシア文学やスカンジナヴィア文学のドイツ語訳も少しありました。もっとも、わたしにはすべて同じことでした。わたしは、どれがどうなのか何も知らなかったのですから。わたしが知っていたことは、それらが本だということであり、いずれも、その美事な装幀と神秘的な題名と未知の内容で抗いがたくわたしをひきつけたので、わたしは心からそれらを望んだということだけです。

その陳列窓のまえで、わたしは子供のころ、おおくの時間をすごしました。それはわたしにとって最初の、そしてながいあいだ唯一の、《世界につうずる窓》であり、偉大な世界の文学とわたしとの《つながり》(と、わたしは考えたのです!)でありました。当時、わたしは世界の文学など何も知りませんでしたが、それがどこかにあるに違いないこと、しかしそれに就いては誰一人、わたしの文学の教師――といっても正式な教師ではなく、また文学との関わりがそれほどあったわけでもありません――でさえ、当時はおろか、その後も、何の話もできなかったのでした。

雨の降る午後など、わたしと同年輩の生徒たちが何かあたらしいもの、美しく胸をときめかすものに憧れ、精神と空想の糧を求めていたころ(そうした糧は、パンや水と同じく彼らに必要なのですが、そのころわたし達のまわりでは、家も学校も、社会も、それを提供することができませんでした)、わたしはしばしば味気ないわたし達の一室を脱けだし、急な坂道の踏み減らされたおおきな敷石づたいに、平らで美しい下町の一廓へ降りていったものです。わたしはまっすぐ本屋へいき、陳列窓のまえに立ちつづけるわけですが、そこはすみずみまで知りつくしていましたから、ほんの少し変っただけでもかならず気づいて、自分のことのように喜ぶのでした。わたしが、陳列窓を後にしてはまた引き返すということを何度かやっていますと、やがて秋の夕暮がおとずれ、陳列窓に明りがともり、それが濡れそぼつアスファルトに反射するのでした。もう、それらすべてに別れを告げ、坂上にある自分の家に、現実の生活に戻らなければなりません。けれども、明りのついた陳列窓は、なかなか忘れられませんでした。それらは子供の夢とまどろみの中で、光り輝き、幻想的な変容をとげながら旋回するのです。それはもはや本を並べたありきたりの町の陳列窓ではなくて、宇宙の光であり、心から求めてはいても手に入らないことが切なくも判っている、或る星座の一部でした。

こうした日が毎日つづきました。わたしは何回も何回も、自分の知らない作家の名や、彼が書いた本の題名を読んだのです。知らせたり教えてくれる人がいませんでしたから、わたしは自分で、それらの題名にいろいろな内容をもりこみました。そして、気に入った題名と気に食わない題名を見つけていたものです。それら一つ一つの題名がそれぞれのやり方でわたしの空想をはばたかせ、その後ろに何がかくされているかを推量させ、推し量ることが空しいと判ると、それら手のとどかない本の内容を勝手に想像するよう仕向けるのでした。このときです、物語や小説にたいするわたしの最初の思いが芽をふき、そしてすぐさま枯れしぼんだのは。……。

それからおおくの歳月がながれました。わたしもこれまでたくさんの本を目にし、おおくの本を読み、自分でも何冊かの本を書きました。しかし、サライェヴォの小さな書店の、小ぢんまりした陳列窓で目にした幾冊かの本——それは、けっしてすっかり忘れたことはありませんでした。それらにたいする思い出は、強くはあっても適わなかった或る悲しい子供の願いとして保存され、人がそうした状態から回復し、忘れたように見えていても、一生涯どこかわたし達の裡ふかくひそかに生きつづけて、夜半の夢や昼ひなかの無意識な行為の中に、不思議にも思いがけなく現われるのです。

(Nikola Drenovac : Pisci Govore, Grafos, Beograd, 1964 より。
この『作家は語る』は五二五頁、五九名の作家が登場するN・ドレノヴァッツの聞書き集で、写真と資料が、略歴とインタヴューの前後に付く)。

ゴヤに就いては、いまさら言及するまでもないだろう。マルローやカントンの名著が立派な日本語で読めるからである。今わたしには、本書の翻訳を夢見て、一〇年ほど昔、マドリードのあちこちに足を運び、原著に感想を書き入れていた時のことが懐かしく思い出される。

日本語で読めるアンドリッチの作品としては、『ドリナの橋』、『ボスニア物語』（恒文社）、「呪われた中庭」、「囲い者マーラ」（『ノーベル賞文学全集』第13巻、主婦の友社）、「アリヤ・ジェルゼレズの旅」（『世界文学大系』93、筑摩書房）、「イェレーナ、陽炎の女」（『現代東欧幻想小説』、白水社）などがある。そして、『ドリナの橋』に付された木村彰一、栗原成郎両氏の「アンドリッチの人と文学」や『ノーベル賞文学全集』第13巻に訳載されているノーベル賞「選考経過」、「授与演説」、「受賞演説」と、ペタル・ジャジッチの「人と作品」（栗原成郎訳）を併読されれば、その文学世界がいっそう明らかになるだろう。

＊　＊

アンドリッチがいつごろからゴヤに関心を抱いたかは、詳かでない。一等書記官としてマドリードに在勤中、足繁くプラドへ通ったとは、作者から直接お聞きしたところである。その成果がここに紹介した二つの随筆になった。他に「スペインの現実と其処での第一歩」と題される短い紀行文がある。

文学と絵画というジャンルの相違もさることながら、芸術家、人間としての資質において対極にあると思われるこの二人が、不思議な縁によって、いまから一五〇年ほどもまえ、ボルドー郊外で対話する――という設定は、それだけでも美事なドラマとなる。「ゴヤとの対話」は誠に不思議な作品というほかなく、嘗てわたしは、「これはあなたの『トニオ・クレーゲル』ではありませんか?」と作者に尋ねたことがあったが、アンドリッチ氏は微笑むだけで、これを肯定も否定もされなかった。とも角これは、ゴヤを介して、氏が最も凝縮したかたちで表明した自己の人生観であり、芸術論であることに、ほぼ間違いはなさそうである。

それに先立つ、簡にして要を得たゴヤの略伝は、言葉の御影石で構築した霊廟である、といったらよいだろうか。「ゴヤ」が書かれて以後、ゴヤ研究は進捗しており、また当時の作者の誤認もあるかもしれないが、これはあく迄もアンドリッチの文学作品として読んでいただきたい、というのがわたしの願いである。

訳者としては、そうした原文の味が少しでも読者に伝わるよう努めたつもりだが、勿論、これで満足しているわけではない。特に、一〇年前に試訳したころの気負った文体が随所に見られる。しかし今回は、青春時代の想い出として残しておいた。

尚、注釈に就いて一言すれば、（　）内に本文と同じ活字で印刷された文や語は作者の説明、小さな活字のものは訳者の註で、〔　〕内の説明は欄外の原註である。

最後になりましたが、一九六七年、わたしを作者に紹介して下さり、いままた拙訳を出版して下さる池田恒雄氏のご厚意に、心から御礼申し上げます。また、元ユーゴ出版社協会会長のR・ドラクロヴィッチ氏、それから、美しい本にまとめて下さった恒文社の皆さん、原稿の段階で懇切丁寧な批評を寄せてくれた友人にも、ふかく感謝します。

イヴォ・アンドリッチ氏は、昨年（一九七五年）の三月一三日、ベオグラードで永眠されました。本書の訳出をお約束しておきながら、生前に果せなかったことをお詫びするとともに、御冥福をお祈りいたします。

（『ゴヤとの対話』所収「訳者解説・あとがき」、一九七六年、恒文社）

バルカンのビザンツ美術——ブルガリアとユーゴスラヴィア

静寂の中の教会堂

正教の真髄

ブルガリアの全土とユーゴスラヴィアの南部、すなわちセルビア、マケドニア、ツルナ・ゴーラ地方には正教の修道院や教会堂が散在している。ほんの時たま、結婚式や洗礼式に集った村人たちの楽しげな話し声と円舞の賑わいに静寂をやぶられることはあるが、すぐまた元の眠りにかえってゆく。人里はなれた渓谷ぞいや丘陵上にあって、歴史の流れにとり残されたものの悲哀と誇りを秘めているかのようだ。修道僧や尼僧の黒衣が、そうした感慨をいっそう強めてくれる。

しかし、煉瓦造りの会堂内へ足をふみ入れるならば、周囲の異様な壁画に圧倒され、個人的な感懐をいだく暇もなく、人はただちに中世と対面することだろう。天窓から射すうすい光か、ロウソクのゆらめく焔に助けられて、ところ狭しと描かれた無数の険しい顔が自分を見すえていることを知る。そのとき、きっと人は戸惑いし、故知らず己の罪にたじろぐのではないか……。ここに正教の真髄があり、ふだんは陽気で楽天家なブルガリア人やセルビア人の、倫理と痛みの源泉がある。それは社会体制にかかわらぬ地下水として、これからも涸《か》れることなく流れゆくに違いない。

南スラヴ人の聖地

バルカン半島に住みついたブルガリア人やセルビア人が、ビザンツ帝国の圧倒的な影響下に入ったことは周知のとおり。それは、彼らが「スラヴ人の使徒」キリロスとメソディオス兄弟の布教によって正教を信仰したことで決定的となった。二人の高弟クリメントとナウムは、現在ユーゴスラヴィア領マケドニア南端のオフリッド湖畔にあって、人々を教育し、スラヴ文字を改良し、スラヴ語による典礼をおこない、多くの経典をギリシア語からスラヴ語に翻訳し、修道院（聖パンテレイモン、大天使ミカエル＝いずれも遺構のみ）を建てるなど、ここを文字どおり南スラヴ人の聖地に変え、彼らに文明をもたらした。一〇世紀のことである。

その後セルビア人はラシュカ地方（セルビア西部、ツルナ・ゴーラ）にネマニッチ王朝（一一六八～一三七一）を興《おこ》し、ブルガリア人はまた、トゥルノヴォを首都に第二ブルガリア帝国（一一八六～一三九六）を建設したことによって、政治的中心は北上したものの、オフリッドはいぜん文化の一中心だった。聖ソフィア（一一世紀中葉）、聖クリメント（一二九五）、聖ヨワン・カネヨ（一三世紀末）などの教会堂はいまも変らず清澄な湖水にその影を投げて、往時への郷愁をいざなっている。

バルカンのビザンツ美術

一二〇四年、第四次十字軍が本来の使命をすててコンスタンティノープルを陥れたとき、バルカンの空気は一時やわらいだ。これより約六〇年間、いわゆるラテン帝国の時代をつうじて、ビザンツ帝国の直接的な脅威から解放されたブルガリアとセルビアは、ビザンツ美術史においてのみならず、当時のヨーロッパ美術と較べてもまことにユニークな壁画群を創造するのである。その代表例を、ブルガリアのボヤナとセルビアのソポチャーニの作例について見てみよう。

ボヤナの壁画

「ボヤナおよびこれに類した一群の作品なかりせば、パラエオロゴス朝以前の装飾的な壁画と並存したモニュメンタルな美術という今一つの概念に、われわれは気づかなかっただろう。ビザンツ美術に写実的傾向をもった動きが存したことを証明してくれるのは、一二世紀から一四世紀に成ったブルガリアの作品だけである」(『ブルガリアの宗教絵画』)と、アンドレ・グラバアルはいう。

ソフィアから七キロほど南下したビトシャ山麓のボヤナ村にある長形の教会堂は、三つの小教会が合体されたものだが、美しい煉瓦色の化粧塗りをほどこした中央部の外壁がまず人目をひく。この第二ボヤナ教会堂、別名カロヤン教会堂は一二五九年に完成したことが、銘によって知られる。二層構造をそなえた珍しいもので、埋葬所に予定された階下の壁面に見事な壁画がある。

例えばキリスト、大天使ガブリエル、聖ステファンなどの表情、とくに生命を宿したつぶらな瞳は、ビザンツ絵画から想像されるような冷徹さ、ハイライトを多用した不気味さや無感動とはおよそ正反対のものだ。ここには確かに血のかよった肉体と、古代ヘレニズムの精神が復活している。それは、この教会堂を寄進したカロヤン夫妻の肖像画において典型的にあらわれる。夫人デシスラヴァの涼しい目と細い首の愛らしさ……。小さく結んだ口の端を少しあげているのは、夫に対する信頼の気持を微笑に託しているのでもあろうか。

因みにイタリアでは、一二〇四年に亡命したビザンツ画工の影響をうけたピサ、フィレンツェ、ヴェネツィア、とくにシエナの画家たちがもっぱらマニエラ・グレカ(ギリシア様式)の作品を物しており、ジョットー(一二六六/六七〜一三三七)の活躍は半世紀も先の話なのである。

右の事実を考えるならば、ボヤナに窺われる人間主義はいっそうの重要性をおびてくるだろう。K・

クルルテフはこのことを説明して、当時ブルガリアを風靡していたボゴミール運動を理由の一つに挙げている。東西の教会から異端とされ迫害をうけながらも、真の生活とは何かを鋭く問い、実践をせまったこの民衆運動が、ボヤナの画家にリアリズムへの眼を開かせたのだ、というわけである。

ブルガリアにはこの他ゼメン（一二、三世紀）、ベレンデ（一部、一三世紀）、スパソヴィツァ（一四世紀）などにもすぐれた壁画が残っている。

ソポチャーニの壁画

一九六五年、ベオグラードの若手美術家たちが、ある国際シンポジウムを組織した。集ったのは、S・ラドイチッチ、A・グラバアル、M・ハジダキス、D・T・ライス、A・バンクなど斯界の第一人者たち。一行は秋の一週間を、セルビア西南のノービパザールからさらに一五キロも奥まったラシュカ川沿いの修道院とホテルで、ソポチャーニを中心に当代のヨーロッパ美術、ギリシア壁画、トレビゾンドの聖ソフィア教会堂などについて講演と討論をおこなった。ソポチャーニ建堂七百年祭を記念したこのシンポジウムの成果が、二年後に出版された『十三世紀のビザンツ美術』である。

しかしボヤナの場合と異なり、ここには創建の日付を正確に決定する記述がどこにも見当らない。それで学者たちは、一二六五年を中心に幾つかの仮説をたてている。王侯や王子たちの同一人物が、かなりの歳月をへだてて二度描かれているのを比較考量したり、母后の葬儀が見られる壁画の位置を手がかりに、完成年を推定したりする。なぜなら、建造物が完成すると直ちに壁画が描かれはじめるのだが、それは上部から下部へ、神聖な所からあまり重要でない部分へと順次進められたことが分っているからだ。また旧・新約聖書の主題は別として、寄進者や王族の事績をあらわした光景がいつごろのものかは、ネマニッチ王朝時代にたくさん書かれた聖者伝から、ほぼ正確に説明がつくからである。

ところでこの数多い聖者伝は、中世セルビア文学の一盛観であろう。この精神の高さと、壁画にみとめられる人間主義とは不即不離であって、そこからネマニッチ時代の宮廷がいかに豊かな文化生活を営んでいたかを強調するのは、ラドイチッチ一人ではない。例えばソポチャーニ修道院の寄進者ウロシュ一世王（一二四二～一二七六）の母后アンナは、ヴェネツィアの総督を出している名門ダンドロ家の娘であり、妃のヘレナもアンジュー家出自のフランス婦人だった。長子のドラグーチンにはハンガリーの公女カテリナをめあわせている。このころドイツ人技師を雇って鉱山を開発し、ドゥブロヴニクを通じて西側とも交易をおこなうなど、名実ともにビザンツ帝国の正嫡を主張するに足る繁栄ぶりであった。帝都の荒廃とラテン人の占拠をまえに、バルカンの奥地へパトロンを求めて画工や棟梁たちが逃げのびてきたと考えても、無理からぬことではないか。そして、ニカイアで生れつつあった新傾向を、いちはやくバルカンへもたらしたということも……。

セルビアに残る同種の著名な壁画群は、ジッチァ、ミレシェヴァ（共に一三世紀初期）、ストゥーデニッツァ（一部、一三一四年）、マナシア（一五世紀初期）などに代表されるだろう。

ただ、ボヤナやソポチャーニの壁画を、直接ギリシア人の手に成るものと断定する学者はほとんどいない。なぜなら、彼らが最初亡命したときから六〇年近くも後にこれらは完成しており、至る所でスラヴ的な要素が濃厚に見られ、スラヴ語も書きこまれている――などの点からである。もっとも合理的な説明は、たぶん、帝都の画工から指導をうけたスラヴ人画工や弟子たちが、後年これを民族色豊かに仕上げた、ということだろう。

次ページ写真／ソポチャーニ修道院壁画「聖母の死」

IC
XC

民族遺産

以上が、バルカン半島のうちブルガリアとユーゴスラヴィア南部のみを対象とした、ビザンツ美術といっても、イコン、ミニアチュール、工芸品などをまったく無視した、大ざっぱなスケッチである。

今日これらが両国の美術に、広くいって文化にいかなるかかわりをもっているかを断ずるのは、非常にむつかしい。都会生活に宗教の演ずる役割はほとんどないといってよいだろう。それは、社会体制の問題というより、むしろ世界的な趨勢である。

ビザンツ美術は、したがって、宗教に奉仕するといった本来の使命を終えてしまった――少なくとも都会では。ところが、皮肉なことに、その都会でこれは美的な観点から、新たなる関心と評価を集めつつある。ソフィアのネフスキー大寺院の地下は、イコン博物館であり、ベオグラードにはフレスコ画廊がある。両国政府は歴史記念物の保存に多額の予算をとっており、美術学校の学生を雇って壁画をコピーさせ、清掃・修復させているのである。それらは民族遺産として最近とみに脚光をあびつつあるといってよいだろう。すなわち、両国民の精神生活を形づくってきた一大要素が、今後再び、しかし違った意味あいにおいて彼らの内面に深くかかわってゆくことは、ほぼ間違いないようである。

（『文化誌　世界の国18　東欧』所収、一九七五年、講談社）

ユーゴと映画の中のチトー——映画「風雪の太陽」をめぐって

「風雪の太陽」（原題「スゥチェスカ」）の試写を見ての感想は、遂にチトーが登場したナ、という気持だった。いままで、何本かのパルチザン映画が作られているが、その最大の焦点、事実上の主人公がスクリーンに現われたことは、一度もない。それだけに、「ネレトバの戦い」でチトーの後姿と声がはじめて観客に見えたとき、次はこのシルエットが中心の映画になるだろう、という予感はあった。だが、現実にこうしてリチャード・バートンという名優を得て、歴史を再現した場面を二時間たっぷり追体験してみると、やはり感慨深いものがある。

いったい、ユーゴスラビアはわが国にあまり馴染のない国ではあるが、それでも「チトー大統領の国ですね」という人は少なくない。チトーあってのユーゴスラビアと思われかねないくらい、ユーゴとチトーの名は緊密に結びついている。彼を建国の父と呼んでも、けっして過褒にはならぬだろう。ユーゴ人にしてからが、そういった評価をしている。そこから彼自身があれほど嫌った個人崇拝の萌芽も、つとに一部から指摘されてきた。チトーをスクリーンに登場させることは、あんがい難しかったのである。反面、いつまでもこれを回避することの矛盾、あるいは回避する故にいっそう彼を神秘化するかもしれぬ危険性も生じていた。プロデューサーや監督連にチトーが撮影の許可をなかなか与えなかった理由は、そこにあった。しかし、「風雪の太陽」はこうしたジレンマを見事に解決したようだ。その根拠は後述するとして、まずチトーの横顔などから話を進めよう。

ヨシップ・ブローズ＝チトーが生まれたのは一八九二年、当時オーストリア＝ハンガリー帝国の属領だったクロアチアの北部クムロベッツ村である。一四人兄弟のまん中というから、貧しい少年時代だったようだ。四年制の小学校を終え、丁稚奉公や機械工をめざして徒弟修業をやりながら、ヨーロッパを渡りあるく。第一次大戦では伍長としてロシア戦線に参加した。大戦の帰趨は周知のとおり。彼は捕虜としてロシアに留まり、十月革命を目撃することとなる。その間、一九一八年一二月四日、史上はじめて南スラブを大同団結した《セルビア人クロアチア人スロベニア人王国》なるものが誕生していた。一九二〇年、チトーは帰国してユーゴ共産党に入党、三五年にはコミンテルンのバルカン書記局員となって、モスクワに翌年まで滞在、はからずもスターリンの大粛清を身近かに見聞しなければならなかった。彼の個人崇拝嫌いは、このとき決定的なものとなったらしい。四〇年の共産党第五回全国協議会で議長に選出され、名実ともにユーゴ共産党の第一人者となった。前年すでに第二次大戦が勃発、チェコの轍を避けるべく卑屈な外交を展開してきた《ユーゴスラビア王国》（二九年に国名を改めていた）政府も、四一年三月のクーデターで倒れ、新政府は日独伊三国同盟への加入を反古にした。これを絶好の口実として四月六日、枢軸軍はベオグラードに無警告爆撃をおこなう。西からはイタリア軍、北からはドイツ軍、南からはブルガリア軍が大挙して国境を突破、ユーゴへなだれこんできた。ユーゴ軍は同月一七日、はやくも降伏した。

ここに降伏を肯《がえん》ぜず徹底抗戦を主張した人々がいた。王国軍の一部でドラジア・ミハイロビッチを頭目とするチェトニック部隊と、チトーが指導するパルチザン部隊がそれである。両者は当初、共通の敵を前に合作がおこなわれるかに見えたが、会談は失敗。戦争が長びくにつれてパルチザンの勢力が拡大してゆくと、チェトニック（チェタ—軍勢、班、一団——に所属する者といった意味のセルビア語）は占領軍よりこの方を主な敵とみなし、やがてドイツ軍から援助まで受けるようになったのである。

これより先、三九年八月二六日、中央集権をごり押しするセルビアに対し地方分権を強く主張するクロアチアは、自治州としてユーゴスラビア王国内で半独立的な地位を獲ていた。彼らの民族主義をさらに煽るべく、占領軍はこれをナチス的に再編強化して、その名もクロアチア独立国に作り変えていた。クロアチアの反セルビア感情は極点に達し、陰惨な兄弟殺しがこの時代に繰返された。

四分五裂した国家、ロンドンの亡命政府に忠誠を誓うチェトニック、血で血を洗う兄弟殺しと非情なナチスの占領体制、――こうした悪条件の中で、しかも連合国側の承認も得られぬままにはじめられた抵抗運動がいかに困難であったかは、想像を絶するものがある。ただですら乏しいパルチザン部隊の兵站《へいたん》は、占領軍からかすめとる以外に調達の道はない。ペータル王の言葉どおりユーゴで唯一の友軍はチェトニックであると信じて、亡命政府を援助していた連合国側から、チトーは何も期待しなかった。しかしスターリンが連合国の機嫌を損じることを恐れすぎたため、「祖国解放」のみならず「社会主義革命」までひょうぼうするチトーを助ける代りに彼らの士気を落すような指令をモスクワから送ってきたとき、さすがにチトーは落胆した。彼は、究極のところ、独力でしか事を運べないと改めて自分に云いきかせ、事実そうしたのである。

ユーゴスラビアが第二次大戦にまきこまれた一九四一年から四五年まで、パルチザン軍、後の人民解放軍を殲滅すべく枢軸軍は七次にわたる大攻勢をかけてきた。いずれも両軍が多大の犠牲を払い、しかも決定的な戦果のあがらぬうちに次回の激戦につながるといった、やりきれない四年間であった。なかんずく第四次「ネレトバ」、第五次「スゥチェスカ」攻勢は激越をきわめ、後者においてはチトー自らが負傷したほどである。したがって、今大戦中、ユーゴで謂う解放戦争中の最大のエピソード「スゥチェスカ」を抜きにして、パルチザン映画は語れないし、この「スゥチェスカ」はチトー抜きで製作できなかったのである。

＊

ドイツ軍が「黒作戦」と名づけた第五次攻勢が特筆に値するのは、チトーが負傷したからだけではない（「今大戦中、三軍の司令官として負傷したのはチトーだけだ」とリチャード・バートンはいう）。四三年五月下旬から八月二三日にかけての「スゥチェスカ」の戦いで、解放軍はイギリスから最初の軍事使節団を迎え、はじめて国際的な舞台に登場したことが重要なのである。

一方、枢軸軍にとってこの攻勢がなぜ大切だったかというと、正にこの時期、連合軍との激突も攻守ところを変えつつあったからである。すなわち、ドイツ軍はアフリカ戦争で手痛い敗北を喫し、スターリングラードでは赤軍が大勝をおさめ、ほかの戦線でも戦果をあげつつあった。英米の軍隊がヨーロッパに上陸しドイツ軍を逆襲する秋は、時間の問題だった。そしてその場所もギリシアが最有力視されていたから、バルカン作戦は重要この上なかったわけである。ユーゴを平定しないかぎり、背後を気にしながら英米軍の上陸に備えなければならない。下手をすると、狭撃される破目に陥るだろう……。ヒトラーは後顧の憂いを絶つべく、「白作戦」（ネレトバの戦い）からわずか一ヵ月後、「黒作戦」をしかけてきた。その主な陣容は四個ドイツ師団、三個イタリア師団、一個ブルガリア―ドイツ師団戦闘部隊、ドイツ連隊「ブランデンブルグ」（特務用）、および一個ドイツ機動化先発工兵大隊である。およそ一一万七千を数えた。パルチザン軍はわずか一万九千。六倍の兵力を擁し、この度も包囲作戦をとった枢軸軍と、この包囲環をいかにしてか突破するパルチザン軍との死闘が第五次攻勢、「風雪の太陽」の主題である。結果からいえば、前回に劣らぬチトーの絶妙な指揮に凱歌があがったわけだが、パルチザン軍は千人の死傷者を、ドイツ軍は七千の犠牲者を数えたと『ユーゴ人民解放戦争年表』は伝えている。もっともヒトラーは彼一流の明察力で、あらかじめこの作戦を、失敗するだろうと考えていた。現地からの吉報にも、「しかし……最後のとどめを刺しにいったときは、袋の中には跛《びっこ》のイタリア人が数名と病気の驢馬が見つかるのが落ちだろうよ」と、皮肉な評をしたほどである。またクロアチアのドイツ軍司令官は、「スゥチェスカ」で戦ったパルチザン軍をドイツ最高司令官宛の報告でこう記している。

「チトーの指令下にある共産部隊はすばらしく組織されており、巧みに指揮され、驚くほどの闘志をもやしている。敵の命令はすこぶる柔軟性にとみ——防禦においても同然——積極的である。……共産主義者たちはいつも暗闇や、霧や雨を利用することで重砲の不定をおぎない、それから乗じて接近戦——白兵戦にもちこんでいる。この際の彼らは狂信的、不撓不屈で、けわしい山地に通暁した優秀な兵士である。……」

四四年、ハインリッヒ・ヒムラーは、「私はドイツに、指導者として果断であり完全に包囲されてもけっして降服せぬ強靭な神経の持主であるチトーが一ダースもいたら、と思わずにはいられない」との感想を述べた。

当時のチトーの風貌は、最高司令部付イギリス使節団長F・マクリーンの筆になる『粉糾せるバリケード』に詳しい。

「ユーゴスラビア以外で、チトーはいまだに委員会だとか、秘密テロ組織だとか、あるいは妖艶な娘（の匿名）だとか紹介されてきたが、じつは五二（正しくは五一）歳の男である。頑丈な体躯に黒灰色の頭髪、隆起した頬骨となめらかな肌をもつ少し大きめの顔は、彼が耐えてきた辛苦を余すところなく示している。……

彼は自分が共産党主義者であることを隠さない。それどころか彼はそれを誇っている。しかし共産党主義者として異例なことであるが、彼はあらゆる問題のよい面を議論しようとし、崇高な権威などに頼らず、その場で即決する。彼はまったくの自信家にみえる。つまり、徒者にあらず首長である。そのほか彼にかんした意外な面をあげてみよう。すなわち、驚くべき視野の広さ、すぐそれとわかる精神の独立、渇れることなきユーモアのセンス、憚らずに人生の些少な楽しみを喜ぶこと、飾り気のない親切と親睦な人間関係にたいする秘かな好み、瞋恚《しんい》の焔《ほむら》に急変する激情、ときおり示す誇示や虚飾の傾向、何気ない方法にいつもうかがわれる熟慮と寛容、問題の両側面を見とる驚くべき速さ、そして最後に、自国を自負する強力な本能である」（拙訳ヴィンテルハルテル『チトー伝』徳間書店刊、一九〇ページ）。

＊

リチャード・バートン演ずるところのチトーは、幾多の資料を出来るかぎり援用して、ほぼ往時の面影を甦えらせることに成功した。チトー大統領も、満足のていだったという。彼は撮影に先立ち、バートンをブリオニ島の別荘に招待し、親しく謦咳《けいがい》に接する機会を提供している。バートンは記者団に対し、彼の人間的魅力にまったく虜《とりこ》にされた、と告白した。

例えば「風雪の太陽」のチトーは、豪胆な英雄のようには写らない。うつむきがちで、部下の痛みを全身に背負い、病人を置きざりに退却するぐらいなら最高司令部を敵の弾雨にさらす方を選ぶ男として登場する。「自分は全軍の司令官として、共産主義者として、人間として、彼ら負傷兵や病人を見捨てることは出来ないし、してはならないのだ」と断言するとき、リチャード・バートンのチトー解釈がいかに深く、誠実なものであったかが改めてうかがわれよう。

戦時の英雄がかならずしも平和時の良き指導者たりえないことは、経験の教えるところである。幸いにもチトーにあっては、両者が見事に調和していた。新生ユーゴスラビアにとり、これほど喜ばしいことはなかった。チトーは、戦後はコミンフォルムと衝突したり、非同盟政策・中立主義を唱導したりして、国際舞台で活躍することが多かった。ユーゴのチトーは世界的なチトーとなって、彼を抜いて国際共産主義運動や第二次大戦、冷戦、発展途上国勢力の問題を論ずることはできなくなった。

あまりにも彼の色彩が強いゆえに、ユーゴの社会主義はしばしばチトーイズムという名で論じられてきた。ユーゴスラビアは、そして、《社会主義実験の国》というわけである。だが、こういうレッテルを並べても仕様がなく、ユーゴの、チトーの実体に迫るためには、先ず先入見を捨て、なるべく確かな資料に基いて考えを言う必要があるだろう。「風雪の太陽」はその点、立派な一資料となりうる。なぜなら、四三年のまさにこの頃、戦後のユーゴスラビアを決定する諸要因が整理され文章化されつつあったからである。してみると、「スゥチェスカ」の戦いは、事実上の建国宣言となった四三年一一月二九日の「ヤイツェ宣言」に直前する、産みの苦しみの最大の試練だったのだ。

付言――

原稿依頼があったとき、筆者は来日中のユーゴスラビア国立舞踊団「コロ」の地方公演に随行中で、時間も参考書も極度に乏しい状態でこれを纏めなければならなかった。

ユーゴでは「スゥチェスカ」は未公開だそうで、「多分、一一月二九日の建国記念日前後に一般公開されるはず」と団長はいっていた。映画の不振はいずこも同じらしく、もともと製作本数の少ないユーゴでは、今年、わずか五、六本しか作られなかった、とも話してくれた。「スゥチェスカ」は国内用と外国向けの二種類があって、日本へは国内用の二時間ものが来たことも分った。「国策映画だから、この種のものには赤字など関係ない」と、彼は笑っていった。

「コロ」舞踊団のメンバーは、いずれも若く、美しく、健康そのものである。「しかし、彼らも、必要とあらば、祖国のために命を投げ出すだろう」と、最後に団長は述べた。

（『映画芸術』一九七三年一二月号（復刊第10号）所収、映画芸術新社）

観光のユーゴスラヴィア、ドブロヴニクとベオグラード

――ユーゴ映画「3人でスプリッツァ」をめぐって

私はことしの三月をドブロヴニクで過した。朝食付で一泊五〇〇デナル（約一〇〇〇円）の民宿に落ち着き、近くの城門から旧市街の中央広場にたつスポンザ宮殿に通い、古文書を調べていたのである。地中海性の温暖な気候に恵まれているアドリア海沿岸には、すでに観光客が見えはじめていた。だが、まさか日本人に会おうとは思いもよらなかった。

ある日のこと、突然、関西弁を喋る一団が現われた。アマチュア画家のスケッチ旅行だという。なる程、画板を手にしていた。数日後、こんどは写真機を両手にぶらさげた若者のグループに出くわした。小雨の中を、あちこち忙しそうに移動してシャッターをきっていた。私が留学生として初めてこの地を訪れた二〇年前は、国名をユーゴスロバキアと平気で呼んだり、セルビアをセビリアと取り違えたりした人もいた。それが観光の対象にまで数えられるようになったらしい。

ユーゴは社会主義国であるが、我々はビザなしで入国でき、三ヵ月は何の手続きもせず滞在することができる。いわゆる東欧とは違う。西ヨーロッパと同じように、気軽に立ち寄れるのだ。ヨーロッパ旅行も二度目か三度目になって、目先を少し変え、あまり日本人が行かない所を物色する向きには、さしずめこの国など穴場ではないか。とくにローマから空路で一時間のドブロヴニクを推薦したい。

ドブロヴニクの魅力を一口で言うと、それは、ラグーザと称していた中世の城塞都市がそっくりそのまま、近代建築をまったく交えず今に残っていることだろう。一六六七年の大地震で大半の建物が倒壊

し、五千人の犠牲者を出したことは確かだ。町の守護聖人の名を冠した聖ブレーズ教会や大聖堂《カテドラル》がバロック様式なのは、その為である。しかし、かつて貨幣鋳造所あるいは税関であったスポンザ宮殿、政庁のあった総督邸はヴェネツィア風のゴシックとルネサンス様の美しいたたずまいで私達の目を楽しませてくれる。静謐な中庭を持つ修道院や博物館となった多くの公共建造物、一様な高さの人家が整然と立ちならぶ大理石の裏通りもある。サマー・フェスティヴァルの舞台となる数々の広場、極色彩の民芸品を陳列する商店街。それらすべてを取り囲む市壁。サービスに多少の難はあっても物価は安く、魚介類を主とした料理をワインで流し込めば、バーナード・ショウならずとも「この世の楽園」と言いたくなる。そして人びとは開放的、あくまで明るく、まるでイタリア風だ。

　ドブロヴニク観光のハイライトは市壁めぐりである。一三―一七世紀に造られた市壁は最高二五メートル、厚さ五メートルで二キロにおよぶ。銃眼をうがち、ところどころに旧式の大砲を並べたその上を散策すれば、白い壁に赤い屋根の家々は、窓いっぱいにゼラニウムの花を飾り、抜けるような青空の下に、かすかな生活の匂いをただよわせている。濃緑のアドリア海が、背景で永遠の時を刻んでいる。「3人でスプリッツァ」でも、市壁めぐりがさり気なく挿入されていた。監督のサービスだろう。

　ところでこの映画の舞台ベオグラードは、ユーゴスラヴィア社会主義連邦共和国の首都である。邦人も沢山訪れているが、純粋な観光客はまだ余りいないようだ。見る物がないというわけではない。ドナウとサバの両大河が合流する地点にある高台のカレメグダン公園は、紀元前四世紀にケルト人が築いた城塞趾へ、ローマ、ビザンチン、スラブ、トルコの軍兵がそれぞれの足跡を残してきた複雑な歴史の証人である。ここから眺める高層建築群の新ベオグラード、パンノニア平原、両者を分つ大河の流れは、雄大そのものだ。近くのビザンチン様式のフレスコ画廊、バイラクリ回教寺院、セルビア正教の本山、レストラン「?」、古き良き時代にボヘミアンが根城としたスカダリア通りには、ヨーロッパと一味違う雰囲気が濃厚である。かと言って完全にオリエンタルでもない。つまり両者の間のなにものか――

ベオグラード　スカダリア通り

Nešto Između なのである。これがバルカンだとすれば、ベオグラードこそ最もバルカン風の町であろう。住人の精神構造も完全にバルカン的であって、これを「どっちつかず」と見るか「中庸」と弁ずるかは、個々人の理解と愛情の多寡にかかわってくる。

私はといえば、戦後一貫して東西陣営の対立を緩和するため努力したチトーと、彼が主導した非同盟主義を評価しているだけに、バルカン風の思考法も生活態度もまた悪くないと思うのだが――。それはこの国と長年つき合ってきた者の贔屓目にすぎないのだろうか。

（『シネマスクエアマガジン』26号所収、一九八四年、シネマスクエアとうきゅう）

戦後ユーゴ史のクライマックス
——ユーゴ映画「ハッピー'49」の歴史的背景

ユーゴスラビアの人びとは、自分たちがいわゆる東欧の一員であるとは考えていない。なるほど同じ社会主義国ではあるが、社会主義圏には属していないというのである。私がユーゴの人びとと話していてしばしば驚かされるのは、他ならぬ彼らの強烈な愛国主義と独自の道を歩んでいるという確固たる自信であった。内に自主管理、外に非同盟主義というユーゴの国是が生まれる直接の契機となった一九四八年のコミンフォルム追放劇は、その意味からも、戦後ユーゴ史のクライマックスといって差し支えあるまい。

■「スターリン万歳！」

第二次大戦後に誕生したヤルタ体制の中で、ユーゴはソビエト・ブロックの最も優れた一員として登場した。他の東欧諸国とは異なり、今大戦をソ連の戦車ぬきで勝ちとったからだ。圧倒的な軍備をほこるナチス・ドイツ軍に対し、ほとんど空拳で立ち向かったチトー麾下《きか》のパルチザン部隊はこれを撃破、一九四五年春には八〇万を数える正規軍に成長していた。彼らは祖国解放と社会主義革命といういずれも困難な二つの大事業を終え、得意満面で世界史の舞台に立ったのである。四六年すでに工業の八〇％を国有化、四七年、他の東欧諸国に先がけて作成した五ヵ年計画は国民所得を戦前の二倍、工業生産高を五倍とし、あわせて農業国から工業化へ脱皮しようとするきわめて野心的なものだった。「冷戦」に初めて言及したことで有名なチャーチルのフルトン演説（四六年三月）に対しても、チトーは直ちにこれを戦争への挑発であると激しく反発するなど、ソ連への忠節ぶりは群をぬいていた。つまり管理時代とも呼ばれるこの頃のユーゴは、「ソ連の最も忠実な徒弟」によって指導されていたのであって、いたるところチトーとスターリンの写真が並び、演説の最後ではきまって「チトー万歳！」「スターリン万歳！」の声が聞かれた。

■「我々は非難されている」

一九四七年九月、四年前に解散されていたコミンテルンに代わるコミンフォルム（共産党労働者党情報局）がワルシャワで結成された時、ソ連の意を体したユーゴ代表が大活躍した。情報局本部がベオグラードに設置されたことからも、東欧におけるユーゴの地位がいかに高かったかが分ろうというものだ。しかし、ソ連がこの機関を利用してユーゴの動きを牽制しようと企んだであろうことも想像に難くない。はたして両国間に、その頃から不協和音が聞かれるようになった。

まず、ユーゴに乗り込んできたロシア人たちは、必ずしも優れた同志ではなかった。軍事顧問は先輩面をしてしばしば専横に振舞い、多額の給与と特別待遇を要求する。経済援助の面でも、西側と変わらぬ、あるいはそれ以上の厳しい条件をもちだしてきた。また合弁銀行案まで日程にのせて、ユーゴ側に不信感を植えつけている。ソ連大使館その他民間人がユーゴ人と秘かに接触し、独自の情報収集を行なっていたため、トラブルが絶えなかった。これを要するに、ユーゴ人の目には、あれ程あこがれていた社会主義祖国の同志はことのほか傲慢で、無知な人びとと映ったのだ。例えばジュダーノフは、「ユーゴにはオペラ劇場があるのかね?」と尋ねて、ジラスを唖然とさせた。ローレンス・オリビエの傑作「ハムレット」は二〇〇〇ドルだったのに、彼らは「或るソビエト情報員の功績」なる駄作をその一〇倍、しかもドル払いで売りつけたりした。市民の中には赤軍によるユーゴ人婦女子の凌辱を目撃した者もいたのである。

一九四八年に入って、そうした諸々の問題を指摘し非難し合った両国間の書簡が行き交い、最終的にはコミンフォルム決議によるユーゴ共産党除名という形で決着がついた。後に『ソ連とユーゴ紛争文献記録』として発表された往復書簡を丹念に読み返しても、非公開部分もあるせいか、どうして世界を仰天させたこの大事件が突発したものか判然としない。いま少し時間的に経過を追ってみると、チトーからモロトフ宛に送られた第一書簡は三月二〇日付で、返簡は三月二七日付。第二書簡は四月一三日付でモロトフ及びスターリン宛、回答は三週間後の五月四日付である。この長文の返簡でソ連はユーゴ側の言動をあらゆる面からあげつらい、「過度に野心的」で「ブルジョワ的」であって誠実でないと決めつけている。五月二五日のチトー誕生日に、スターリンは祝電を送らなかった。六月、コミンフォルム会議は議場を予定地のベオグラードからブカレストに変更し、ユーゴ代表の欠席にも拘らず二八日に後者を除名する決定を下した。その理由は、ユーゴ共産党指導部が反マルクス主義的であり、ソ連共産党に非友好的であり、農地の集団化を怠っており、ユーゴ共産党を人民戦線に従属させているというのである。そして、「人殺しとスパイに支配され」「帝国主義反動の走狗となった」チトー一派に代わって、正統マルクス主義者がユーゴを再建することを望む、とまで言って、公然とクーデターを示唆したのだった。

■「統一と団結！」

ユーゴ共産党は七月、第五回大会を招集して焦眉の問題を討議した。改めて党内を引き締め、チトーのもとに一致団結して国造りに励むことを皆が誓って、いわば宮廷革命の可能性を断ち切ってしまった。というのは、一見イデオロギー上の論争に見せかけたソ連や東欧諸国の問題提起も、実はスターリンがユーゴの絶対支配と服従を要求する隠れ蓑にすぎないことを、チトーは見抜いていたからだ。俺が小指を動かせばチトーなどすぐにでも抹殺できると嘯《うそぶ》いたスターリンは、とんだ思い違いをしていたことに気付く。それでも九時間におよぶこの時の演説を、チトーが自分を称える言葉で結んだことで満足したかどうか、いまとなっては問う術《すべ》もない。

四八年の秋、コミンフォルム諸国からは一方的に通商協定を破棄され、輸出入の五〇％以上が突如として無に帰したため、ユーゴ経済は壊滅的な打撃をうけた。ハンガリー、ルーマニア、ブルガリアなど東側の国境では挑発的な紛争が頻発し、業を煮やしたユーゴは一九五一年、これを国連に提訴する。国内ではいたるところに「統一と団結！」を呼びかけるポスターが掲げられ、ラジオも繰り返し国民に訴えていた。

まことに皮肉なことながら、コミンフォルムから破門されたことによって、チトーは真のユーゴ統一と団結のシンボルとなった。それ迄は彼のあまりにもソ連式なやり方に、戦前からのブルジョワは全幅の信頼をしていなかったと考えられるからだ。だがスターリンというゴリアテに敢然として「ノー」を叫んだチトーのダビデに、いまは誰もが喜んで従うのだった。一九五〇年の労働者自主管理法によって工場を労働者の手に渡し、一九六一年のベオグラード会議で非同盟主義を宣言したチトーは、一九八〇年、八八年に近い生涯を終えたが、いまも全国民から敬愛されている。一方スターリンは、一九五三年に亡くなり、五六年のソ連共産党第二〇回大会の秘密報告において、フルシチョフから恐るべき怪物ぶりを暴露され、その悪事はこれからも弾劾されつづけるだろう。だがこれをもってチトー主義をすべて善、スターリン主義を完全なる悪ときめつけるのはあまりに単純すぎる。ユーゴにもソ連式の内務省があり、政治犯収容所があったのであって、その一端は「パパは、出張中！」や「ハッピー'49」に見られるとおりである。ただこれを自分たちの手で告発できるところに、ユーゴの自由と民主主義が紛うかたなき本物であることを、今更ながら思い知らされるのだ。

私はこの度、五年ぶりにマケドニアの町や人びとにスクリーンで再会し、友人の父が四八年に経験したという悲しいエピソードをしきりに考えていた。あの頃はまだひそひそ話でしか聞けなかった事柄が、こうして公然と語られるのを目のあたりにして、別種の感慨も味わったことだった。

（小見出しは、いずれも映画の中でラジオから放送されていたもの）

（『CINE VIVANT』23号所収、一九八七年、シネセゾン）

ユーゴと映画「ホワイト・ローズ」

■ユーゴの長い冬

第一次大戦が終了した時、地上からは四つの帝国が消滅していた。トルコ帝国（名目上は二二年）、ロシア帝国、ドイツ帝国とオーストリア＝ハンガリー帝国である。その結果、現在東欧と呼ばれる諸国の大半が誕生するのだが、ユーゴスラビアも例外ではなかった。

一九一八年一二月に建国した当初は「セルビア人クロアチア人スロベニア人王国」という長ったらしい名前だった。二九年「ユーゴスラビア王国」と改称されている。意味するところは南《ユーグ》スラブ人の国ということで、その代表格が前記三民族なのである。

この国は寄合所帯だったからいつも不協和音に悩まされ、中でも民族間の反目が激しく、しばしば分裂の危機にさらされていた。最大の民族セルビア人は一八七八年すでに独立を達成、一九一二、三年のバルカン戦争にも勝利を得て自他共に南スラブ人の盟主をもって任じていた。それ故、新生国家にはカラジョルジェヴィチ家を中心とする強力な中央集権制を主張した。他の二民族は長らくハプスブルク家による直接・間接支配を受け、独立こそしていないが大幅な自治を享受してきたので、当然のことに連邦制を主張した。政治的背景の差ばかりではない。前者はビザンチン文化に育まれ、正教を信奉し、キリル文字を使用している。後者は中欧文化に馴染み、カソリック信者でラテン文字を使用していたから、セルビア人を勇敢ではあるが田舎者だと見下す傾向があった。その彼らに統治されるぐらいなら、昔の方が良かったということにもなりかねない。不満は特にクロアチア人の間で強かった。

一九三四年、マルセーユでアレクサンデル王暗殺。事件の背後にはクロアチアの分離を目指すウスタシャ（反抗者）グループがいた。摂政パブレは武断政治の限界を知り、クロアチアを自治州として承認した（三九年）。また三国同盟への加入によって、ナチズムの餌食にならぬよう先手を打ったつもりだった（四一・三・二五）。だが二日後クーデターが起こり、同盟を破棄。激怒したヒトラーは四月六日、首都ベオグラードに無警告爆撃を行なって、二万人を殺害した。ユーゴはドイツ軍やイタリア軍によってまたたく間に制圧され、四月一七日、最高司令部は降伏した。これより足かけ五年、ユーゴは枢軸軍の占領下で長い冬の時代を送ることとなる。

■「東欧の優等生」だったが

ヒトラーはセルビア人とクロアチア人の反目を巧みに利用した。すなわち親ナチ政権の「クロアチア独立国」を樹立し、ウスタシャのセルビア人虐殺を黙認したのである。ユーゴ各地では、旧王国軍の残党や共産党に指導されたパルチザンが、占領軍への困難な抵抗闘争を繰り拡げていた。全土に砲声がこだまし、流血と叫喚と飢餓と死が遍在していた。しかし、ここクロアチア独立国だけは、ひとり平和だった。傀儡政権に楯突かぬ限り、また周囲の過酷な現実から目をそらせる間は、欺瞞の平安が約束されていたのである。「ホワイト・ローズ」はそうした人工国家の死角、カルロヴァッツ市の郊外が舞台に選ばれている。

抵抗闘争は結局パルチザン部隊が主導権を握り、連合軍からも認知されて国土解放を達成した。最高司令官はチトー。彼はまた共産党書記長だったから、ロンドンの亡命政府を否認する社会主義革命をも同時に行ない、戦後の社会主義ユーゴスラビアを経営することとなった。こうして独力で社会主義国家を創ったユーゴ共産党とチトーは、他の東欧諸国でも絶大な人気を博す。尊大なスターリンにとり、これは許し難い越権行為と映ったに違いない。はたして四八年、コミンフォルムという出先機関の名において、チトー一派を破門してしまった。

「東欧の優等生」から、一転して放校されてしまった格好のユーゴは、それ以後さまざまな試行錯誤を重ねて今日に到っている。労働者自主管理（五〇）、党名を共産主義者同盟と改正（五二）、大統領制（五三）、経済改革（六五）と次々に新機軸を打ち出して、文字どおりユーゴを「社会主義実験の国」「独自の社会主義国」としたのだった。外交の面でも独自性は発揮され、東西いずれのブロックにも属さない非同盟・積極的中立主義をとなえたことは周知のとおり。これを要するに、ユーゴは東欧から疎外されたのを奇貨として、今日東欧諸国で見られる色々の改革を実は先取りしてきたのだと言えよう。

それでは今日、ユーゴは東欧の改革との関連から見て、どのような状況にあるのだろうか。御多分にもれず、ここも最大の難問は経済不振である。六〇年代のいちじるしい経済成長率は七〇年代に入り二度のオイル・ショックで急激に降下、百万とも言われた西独などへの出稼ぎ労働者が一度に帰国したこともあって、失業者があふれた。新しい職場は増えず、大学を出ても就職は難しくなった。人びとの不満は、民族的対立へと容易に転化した。その最も悪い例が、日本でもしばしば報道されているコソボ事件である。

もともと社会主義ユーゴは戦前の反省にたって連邦国家として出発した。六つの共和国はそれぞれ南スラブ民族名を持ち（ボスニア＝ヘルツェゴビナは例外）、それらを党とチトーが上手く纏めてきたという経緯がある。だが一党独裁と個人崇拝の弊害から彼らが無縁だったとは思えない。幾つかのタブーも存在した。経済悪化にともない、またぞろクロアチア人がセルビア人と対立する。八〇年にチトー大統領が死ぬと、セルビア共和国内のコソボ自治州に住むアルバニア人が、経済的要求と政治的独立をからめて反抗しはじめた（第一回コソボ事件）。国内の最後進地域に住む彼らが経済不振に直撃されて苦しみの余り立ち上ったのを、隣接するアルバニアの領土的野心に躍らされたものと断罪するのは早計に過ぎよう。先進地域のスロベニア人が少数民族アルバニア人への連帯を表明したことからセルビアの態度はさらに硬化し、事態はますます複雑化している。昨年のコソボ事件では二三名の死者、今年一月にも二〇名を越す死者を出した。この問題はユーゴの今後を左右しかねない危険な要素をはらんでいる。

ここへ来て党や政府の首脳もようやく本腰を入れて改革に乗り出した。まず経済改革。昨年はインフレ上昇率が二五〇〇％という天文学的な数字で国民生活を圧迫した。今年一月一日を期して、政府は一万分の一のデノミを断行、西独マルクとの連動制を採用してようやくこれを抑え込むことに成功した。政治改革では複数政党制を認めたため、現在各地で陸続と新党が名乗りをあげている。間もなく各共和国で議会選挙が行なわれ、政界地図の革命的な書き換えがあるものと期待されている。

■そしてユーゴ映画は……

ユーゴスラビア映画といえば、古くは「汚れなき悪戯《いたずら》」のユーゴ版と評判を呼んだ「抵抗の詩《うた》」や、テレビで何度も放映された「ネレトバの戦い」「風雪の太陽」といったパルチザン戦争物がすぐ思い浮かぶ。「ジプシーの唄をきいた」はいかにもバルカン的な習俗を見事に映像化した秀作で、和田勉氏も激賞しておられたのを記憶している。この作者ペトロビッチと同年代のマカベイエフは、国際的に最も著名な監督だが、「WR：オルガニズムの神秘」を作った七一年、国内での上映禁止に厭気をさして、以来アメリカで活動している。

八〇年代に入ると、チェコのプラハ映画大学を卒業した若手作家を中心にユーゴ映画は最盛期を迎えた。日本で上映され評判になった諸作を思いつくままに挙げてみると、まず八五年のカンヌ映画祭でグランプリを受賞したクストリッツァの「パパは、出張中！」だろう。反スターリン闘争を行なっていた五〇年代のユーゴ党が、実はスターリン的な手段を借用して国内の反対派を弾圧していたというグロテスクな政治の論理を、少年の眼を通して告発した傑作だ。このテーマは長らく文化的タブーの一つでもあっただけに、筆者はことさら感銘したのかも知れない。同時期を扱ったものには、ポポブの「ハッピー'49」、アチンの「ヘイ・バブリバ」など、概して佳作が多いのは単なる偶然の一致だろうか。

ユーゴという東西いずれの世界にも属さないどっちつかずの現代生活を、ほろ苦いユーモアで描いたカラノビッチの「3人でスプリッツァ」、第二次大戦前夜の一日をエピソードで綴り、歴史に翻弄されながらも強《したた》かに生きのびる庶民を称えたシアンの「歌っているのはだれ？」なども忘れ難い。

グゥルリッチ監督の「ホワイト・ローズ」は出演者が外国人で英語を喋るので、初めは面喰らった。しかし間もなく慣れた。大した異和感もなく最後まで見終わったばかりか、あんな人の良い間の抜けたユーゴ人に何度もお目にかかったなァと思ったことだった。意志の強い知的な女性も魅力的だったし、少年も老人もずっと昔からの知合いのような気がする。

それにしてもユーゴが未だに「東欧」にこだわり（「我々は東欧に属さない」）、今秋日本で催される東欧映画祭に出品を断ったとは、返すがえすも残念である。

（『シネマスクエアマガジン』79号所収、一九九〇年、シネマスクエアとうきゅう）

クストリッツァのバルカン

――ユーゴ映画「黒猫・白猫」をめぐって

私は、クストリッツァ監督が「アンダーグラウンド」(九五)の後に「黒猫・白猫」(九八)を撮ったのは、どこか「パパは、出張中!」(八五)の後で「ジプシーのとき」(八九)を作ったことと関連があるように思えてならない。強烈な政治的メッセージを世に送り、いささか虚脱状態になってから、しばらくして再びロマ(ジプシー)の世界に戻ってきた、と考えられなくもないからだ。彼はロマでないがロマの世界に格別の愛着を抱いていることは確かで、彼にとりロマは、なによりも生のエネルギーを補給してくれる特別な存在なのだろう。

ところでロマが征服者トルコ兵の武具調達ないし蹄鉄工としてバルカン半島に現れたのは、一四世紀も末のことである(アレクサンドラ・ミトロヴィチ他『セルビアのロマ』ベオグラード、一九九八年)。それ以前はビザンチン帝国に住んでいた。もともとモンゴルの度重なる進攻を逃れてインドのパンジャブ地方を捨て、数次にわたって西方へ移動を繰り返してきた。バルカンでも特に多民族が混住するセルビアに現在ロマは約一四万を数え、ここでも社会の最下層をなしている。ユーゴスラヴィアが崩壊し、新ユーゴが国連の経済制裁を受けているため、彼らの窮状はさらに悪化した。現金収入の乏しい彼らの生命を維持してきたのは、おもに生活保護や児童手当だったが、それが今は減額または遅配しているからである。ただ中には密輸で財をなす者もいて、「黒猫・白猫」のゴッドファーザーやダダンが実例を示してくれる。マトゥコも飛び抜けて実入りの多い石油に目をつけたまでは良かったが、まずロシア人に騙されて水をつかまされた。次いでブルガリア人とダダンに裏切られて、ゴッドファーザーから得た元手まですってしまう。どんな社会にもツキのない人はいる。

まだユーゴが健在だったころ、クストリッツァは幅を利かせていた在郷軍人会などから、なぜ国家の恥部をことさら描くのかとしばしば非難された。その彼は新ユーゴのもとで、ある意味ではユーゴへのオマージュともいうべき「アンダーグラウンド」を世に問うと、またも的外れな非難を浴びたらしい。一時は映画づくりを断念した彼が一転してメガホンを握った「黒猫・白猫」が、政治と距離をおいた作品になったのは当然だった。もっともバルカン人クストリッツァはそれほど単純ではなく、ただの喜劇と見ると足元をすくわれる。たとえばブタが自動車を食う場面が三度ほど出てくる。かつては東欧の優等生と称えられた東独の国民車トラバントだ。同じ社会主義国でありながら非同盟諸国の雄としてこれより繁栄していたユーゴのツルベナ・ザスタバ（赤旗）社は、イタリアのフィアット社からライセンスを買いザスタバ車を製造していた。彼らはこれが自慢で、なあにトラバントなんて紙でできているんだ、と陰口をたたいていた。ブタはそれを証明しているのだろう。くり返すが、ロマはいずれの社会でも最貧層をなし、当然ながら偏見と差別の対象にされる。だが金持ちのロマに群がり追従する人びともいる。マトゥコがダダンに石油タンクの盗みを持ちかけたとき、密談を聞かれたくないダダンは、いかがわしいセルビアの女たちを車から降りろと命じた。それから言い訳がましくこう怒鳴る。「いいか、これは決して人種差別じゃないんだぞ！」

ロマは住み着いた国々の言語や宗教を取り入れることによって生き延びてきた。ロマ語の他にそれぞれの国のことばを話し、ロマ語そのものも借用語であふれている。この映画で頻繁にとびかう罵詈雑言はおもにセルビア語が担っていた。黒海からドナウ川を遡行してきたゴーリキー丸のロシア人とマトゥコはセルビア語で商談する。スラブ語同士だからだいたいは通ずる。

私は先に、クストリッツァは政治的メッセージの後で気分転換のため二度までロマの世界へ戻ったように思われる、と書いた。すこし図式的すぎる解釈だが、ロマの奔放な生き方が若き芸術家を蘇らせたことは確かだろう。もっとも歌と踊りに明け暮れるといった浅薄なジプシー像をここで考えてはならない。ロマが今なお堅持する家父長制や無学と不潔と猥雑のすべてを受け入れるジプシー像である。それ故ダダンはチビの妹アフロディタの婿探しに人身売買をも辞さず、ゴッドファーザーはノッポの孫に嫁を探すため命懸けの旅にでる。こう見てくると彼が同国人のロマに共感し、彼らの存在に積極的な価値を見いだしていることがお分かりいただけるだろう。さらに言えば、西欧近代主義の行きづまりを打破する起爆剤の役目を、彼らに期待しているのかも知れない。私は、彼がバルカンのロマを、ヨーロッパのバルカン人という存在のアナロジーに見立てているのではないか、と想像してみたい誘惑にかられる(フェリーニ「そして船は行く」を参照せよ)。

あるユーゴ研究者によれば、冷戦構造が崩壊したことで東欧のいわばトロイの木馬を期待されていたユーゴも、もはや西側には利用価値が消えうせたという。あまつさえバルカンの安定要因で、強力な連邦軍をもつユーゴが邪魔になってきた。いっぽう東独を合併した西独の経済的負担は耐え難いものとなり、戦う相手をうしなってNATOのプレゼンスに苦慮していたアメリカと共に、ヨーロッパの何処かで事がおこるのを切望していた。やがて、あるいは事をおこすべく画策していたのではないか、と疑わせるほどタイミング良くクロアチア戦争が勃発し、ボスニア戦争は長びいた。内戦はすべて、チトー時代にロマよりすこし上の層をなしていたアルバニア人によってコソボでおこされた紛争の延長線上にあったから、最後もコソボ紛争で締めくくられる必要があった。ただしこの度は残忍と醜悪の限りが演出されたのである。それがバルカンだ、といった紋切り型の評論がまことしやかに書き立てられ、セルビア人が悪役を演じさせられた。こうしてセルビアに代表されるバルカンは、ヨーロッパの偏見と蔑視の対象となったのではなかろうか——。クストリッツァはそうした国際政治の病理や奸策をはやくから見抜いていたに違いない。彼の生まれたサラエボは、言うまでもなく第一次世界大戦の引き金となった町だ。独特の勘が養われるには理想的な環境だった。

「禍福《かふく》は糾《あざな》える縄のごとし」を象徴しているような黒猫と白猫を〈証人〉にして結婚した愛すべきロマのカップルは、ドイツの豪華客船に乗り組むことで故郷と決別した。もう一つのカップル、チビとノッポはロマの社会に残った。さて、どちらの組がより幸せをつかむか。われわれはもとより、クストリッツァ監督もきっと気になるところだろう。

（『シャンテシネ』69号所収、一九九九年、フランス映画社）

第４部

ユーゴスラヴィアを想う

ユーゴスラヴィア漫歩

はじめに

この本の計画がたてられて、第一回の執筆者会議がもたれた時のことである。「『もっと知りたかったユーゴスラヴィア』にならぬよう、早く出版しなければ」と、皮肉屋のY氏が言った。皆は大笑いしたが、その後の新聞報道によると、Y氏の警告が妙に現実味をおびてくるようで、少々気味が悪い。最悪の事態だけは避けてくれることを祈りながら、六〇年代に六年の遊学をした生活体験を基に、その後何回かの短期滞在をした知見を加えて、ユーゴスラヴィア（以下ユーゴ）漫歩をすることにする。

スロヴェニア

私が留学したのはベオグラード大学で、生活の拠点は当然のことにベオグラードであった。そこでスロヴェニアの名が聞かれる時は、何かこうユーゴ内の異国といった響きがあった。語学学校の先生方はほとんどがセルビア人で、セルビアの魅力、セルビア人の勇猛を説いて飽くことがなかった。それでもスロヴェニア、特に主邑《しゅゆう》リュブリァナ(1)の名を口にする場合、生活水準の高さと清潔さを称えるので、私はいつの間にかスロヴェニアに憧れていた。

リュブリァナには戦前から近藤常子さん[2]という方が住んでおられた。今でこそユーゴの男性に嫁いだ日本女性は十指を越すが、近藤さんは正にその第一号である。中国大陸で旧オーストリア軍人として勤務していたスロヴェニア人と知り合い、愛し合うようになって結婚。両大戦間期にこの市へ来て、一九六三年に七〇歳の生涯を全うされた。彼女の家に溢れていた中国の工芸品は遺言によってスロヴェニアに寄贈され、近郊のゴルチャーネ村にある「非ヨーロッパ博物館」に展示されている。

近藤さんはリュブリァナをこよなく愛し、市内を流れるリュブリァニツァ川の両岸につらなる小体《こてい》な商店街、大理石の可愛いらしい三叉橋《トロモストビエ》、その傍らの花市、もう一本の橋を飾る青銅の竜など、あちこち案内してくれた。中心街に建つ、当時は最も高かったネボデルチクにエレベーターで昇り、ウィーン風のコーヒーをご馳走してくれた。そして、スロヴェニアのプーシキンと慕われているローマン主義時代の詩人、プレーシェルン[3]を教えてくれたのだった。

リュブリァナはしばしばザルツブルグに譬えられる。一八世紀に成る市庁舎や、その前の小広場に水音を絶やさぬロッバ作の噴水、ウルスラ派の三位一体教会などが醸し出すバロック時代の雰囲気は、市中の小高い丘に構える城館から眺めると、いっそう明らかになる。なお三叉橋前の広場を睥睨するフランチェスコ派の聖告教会は、プレーシェルン銅像との連想から、彼がベアトリーチェに逢った所と思われがちだ。しかしライバッハ（リュブリァナのドイツ名）のブルジョワ娘が日曜ごとに通ったのはここではなく、当時は郊外だった聖ペテロ教会である。

マリボル[4]はスロヴェニア第二の都市、リュブリァナとは心地良い特急グリーン車で連絡している。車内にはラベンダーの香が漂い、スチュワデッサと呼ばれる金髪の乙女が、おしぼりとキャンディーをサービスしてくれる。

一九九〇年八月、私は東欧フォーラムの一員として、この街に一〇日ほど滞在し、日本文化週間に参加した。もとはと言えば、ベオグラードで知り合ったA嬢がここの出身だった関係から、話がまとまったのである。私達一二名は当市民との交流を通じて、日本とユーゴの相互理解にいささか寄与をしたと思っている。ただ問題がなかった訳ではない。ユーゴは極度の経済不振に陥っていたから、こうした催しへの予算がつきにくかったし、言語問題もあった。スロヴェニアではユーゴスラヴィア連邦共和国からの離脱・独立の気運が高まっていたこともあって、通訳をつとめる私とK氏のセルビア・クロアチア語が敬遠されるのではないか、と心配された。スロヴェニア語を喋る日本人や日本語を喋るスロヴェニア人が、いずれも都合がつかず、参加できなかったのだ。幸いマリボルの人びとの努力と理解が得られ、終ってみれば、大歓迎をされていたが[5]。

市役所の係員が案内してくれた市街の地下に拡がるワイン・ケラー、博物館に改装された旧城館、ドラバ川岸の洒落た喫茶店、会場の一部にあてられたオペラハウス付属の小ホールなど、すべて中欧文化そのものだった。

A嬢が頬笑みながら言ったように、結局は愛郷心がすべてを解決してくれたらしい。

ブレッド湖とボヒン湖は、ユーゴの最高峰トゥリグラウの双眸と賞《め》でられる観光地。前者は主邑から車で一時間の距離だから、いつも観光客で賑わっている。湖畔の懸崖に舞い降りたようなお城や、中島の緑地に白壁と赤い屋根で鎮座する巡礼教会は、まるで絵ハガキだ。それ故、アルプスの静寂を味わいたい向きには、車でさらに奥まったボヒン湖まで足をのばすよう勧めたい。湖から流れ出るボヒンスカ・ビストリツァには魚影が濃く、板葺きの聖ヨハネ教会が思い出したように鐘を打つ。

ブレッド湖近くのブルバ村に残るプレーシェルンの生家を訪ねてから、彼が生活し詩作したクラーニ市の記念博物館を巡った時、私は薄幸な詩人に少しは近づけたと思った。それはまた、周囲の強国に翻弄されてきたスロヴェニア人の悲しい歴史を、より良く理解する一方法でもあろう。

沿岸都市

ユーゴが二、〇〇〇キロに及ぶ海岸線を持っていることを私達は意外と忘れている。スロヴェニアはイストリア半島に市庁舎の美しいコペル、「悪魔のトリル」を作曲したタルティーニの故郷ピラン、その名も美しいポルトロージュを持っている。クロアチアにはローマ時代の円形闘技場のあるプーラなどイストリアの大半と、ダルマチア海岸が所属している。川崎市と姉妹都市のリイエカ（イタリア名フィウメ）、著名なリキュールのマラスキーノ（ユーゴではマラスカ）を生産するザダル、ゴシック式の聖堂を誇るシーベニク、軍港でダルマチア随一の港市スプリット、ユーゴを代表する観光地ドゥブロヴニクが列《つら》なる。ツルナゴーラでは、フィヨルドの奥に市壁で囲まれたコトル、小さな城塞町ブードバ、小島の漁村をすべてホテルに改造したスベティ・ステファンなどが忘れ難い。

アドリア海のユーゴ領海には一、〇〇〇もの島嶼《とうしょ》が点在し、その中三〇〇ほどに人びとが住んでいる。

私はひょんなことから、フバール島のスターリグラード町で一冬を過したことがあった。紀元前四世紀にギリシア人が植民都市ファロスを建設した処である。スプリットから舟で島の玄関フバール町に到り、そこから薄紫のラベンダーが甘い香を漂わせる丘陵を越えて、深く切り込んだ入江のスターリグラードまで歩く。ホテル・ヘリオスの支配人はアメリカからの客人を予想して、英会話の個人教授をして欲しいと申しでた。代りに滞在費をただにすると言う。ご多分にもれず彼もイタリア語はできたが、この辺りではそれぐらい常識である。お陰で私は、懐の心配をせずに三ヵ月、島の人びとと交わることができた。早朝の魚市をひやかし、ルネサンス期の詩人ヘクトロヴィッチ(6)の別荘トゥブルダリで、フバール貴族の生活ぶりを偲んだ。バスで訪れたブルボスカ町では、聖ロレンツォ教会で思いがけずベロネーゼの祭壇画を見て、魂消てしまった。小品とはいえ、私の大好きなヴェネツィア派の大家が、確かに色彩の魔術師ぶりを発揮していた。

町の小学校で授業を参観し、お礼に日本の話を子供達にしたこともある。

クロアチア

ザグレブ[7]という名を初めて知ったのは、加藤周一の『ウズベク・クロアチア・ケララ紀行』（岩波新書）を読んだ時だ。加藤が訪れ、生徒達から数々の質問を受けたザグレブの名門ギムナジウムは、現在ミマラ博物館になっている。古美術の修復をする一方で、自らもコレクターとなって莫大な蒐集に成功したミマラは、晩年、当市に一切を寄贈した。ラファエルの真作など、思いがけない古今東西の優品に、私は驚かされた。ところが東洋美術のコーナーには、なぜか日本の壊れた擂《す》り鉢が展示されている。日本通の知人にそのことを注意したところ、彼は笑いながら、二度も博物館に話したと言う。東洋課の学芸員はまるで聞く耳を持たず、依然その侭になっているのだ、ということだった。私も係りの人に、刀剣や蒔絵と並べられる品物ではないことを、冗談まじりに忠告しておいたが、もう入れ替えたかどうか。

ザグレブの人は、ベオグラードっ子から見ると自信家が多く、どこか偏狭な愛国主義者といった傾きがあるように映る。有名な魚のレストランで、明らかに意地悪をされたことがあった。それは、私がセルビア語を使ったからに違いない。

いったいユーゴではセルビア＝クロアチア語が最も普及している言語で、国民のほぼ七割五分が日常語として使用している。しかしセルビア語とクロアチア語は、文法体系はともかく、アルファベットが異なり（前者はキリル文字、後者はラテン文字）、発音、単語とかなり違う。東京弁と大阪弁のような関係ではないか。

方言への誇りは分るとしても、他方言への理解も示して欲しいと思ったことだった。
ザクレブっ子は自分達の市を小ウィーンと称して自慢する。ネオ・ゴシック様式の聖堂、オペラ劇場、ミロゴイ墓地、多くの博物館、整然たる街区におさまるオーストリア・バロック様式の重厚な建造物とプラタナスの緑陰は、確かに中欧都市の一典型であって、ふとドイツ名のアグラムで呼んだ方が相応しいような錯覚にかられる。知人の家では、一日中ウィーン放送局のダイヤルに合わせたラジオを鳴らしていた。

街の中心、共和国広場からメインストリートのイリッツァ通りへ入って直ぐ、右手に小ケーブルがある。ほんの一分ほどで上町へ運んでくれるのだが、この高台こそザグレブ発祥の城壁町があった所で、今でも中世の面影を保っている。ハンガリー製のタイルで屋根に紋章飾りを施された聖マルコ寺院、新古典様式の共和国議会、下町との交通を規制した「石の門」、テラスから一望される甍《いらか》の波、そこに聳える聖堂の双塔など、見るべき物が多い。しかし忘れてならないのは、世界的にも珍しいナイーヴ・アート美術館と、バルカンのミケランジェロとも謳《うた》われたメシュトロヴィッチ(8)の彫刻を展示する小美術館だろう。

メシュトロヴィッチの作品群は、スプリットの旧アトリエを改造した美術館に多くが収蔵されている。海に臨む高台の理想的な芸術環境とともに、忘れ難い印象を与えてくれた。特に近くの礼拝堂を内装する厚板浮彫のキリスト受難シリーズと内陣に立つ磔刑《たっけい》像は、私がぜひ再訪したい聖像群だ。他方ザグレブに在る作品は、数こそ少ないながら、メシュトロヴィッチらしい力強さで、母の愛、女性の生命力を大理石で讃美している。

共和国広場の一隅を占めるドーリア式列柱の古めかしい喫茶店は、戦前ボヘミアンが屯《たむろ》したところ。ザグレブにもコーヒーハウス文化が花開いていたのである。

現在は、同じ広場を正面から見下す大きな建物の作家クラブで、のべつタバコを吹かし、アルコールを消費して、文学論をたたかわしている。一九八〇年のある日、私は文芸評論家のMとここで落ち合って、クロアチア、いやユーゴ文学を代表する老大家ミロスラヴ・クルレジャ(9)の家を訪れた。ザグレブの文化人はクルレジャを心から尊敬していて、近年はほとんど人前に出なくなった病気がちの彼に会ったというと、大いに羨ましがられた。

一九六一年のノーベル文学賞は、周知のようにボスニア出身のイヴォ・アンドリッチが受賞した。だがクロアチアの人びとは、同時に候補者となったクルレジャがなぜ選に洩れたのか、今もって納得していない。「こちらはコミュニストで、チトー(10)の側近ですからね。資本家達には我慢ならなかったのでしょう」――そう、したり顔に解説してくれた詩人もいる。クルレジャとは僅か三〇分の会見だったから、何程のことも話せなかった。しかし、私は非常に強烈な印象を受けた。なぜ私が彼の戯曲『コロンボ』（コロンブス）や小説『フィリップ・ラティノビッチの帰還』を翻訳する気になったのか、と訊ねられた時は、口頭試問に窮してその場を逃げ出したい学生の気分だった。彼の頭脳は少しの曇りもなく、日本の工業力を称え、自動車の生産台数を挙げて、私達を驚かした。半年後に老衰で他界するなどとは、とうてい思えなかったのである。

聖堂にほど近い中央市場に立つおどけた百姓姿の銅像は、クロアチアのオイレン・シュピーゲルと謂《い》われるケレンプフを歌ったクルレジャの長詩の主人公だ。またドゥブロヴニクの郊外には新造のサンタ・マリア号が停泊していて、サマー・フェスティバルでは、観客を乗せて近くを航海しながら『コロンボ』が上演されるという。私には、クルレジャはクロアチアのゲーテかと思われた。

クムロベッツはザグレブから車で小一時間の静かな村である。建国の父ヨシップ・ブロズ＝チトーの生家があって、ユーゴ人の巡礼地となった。連日、修学旅行や遠足のバスがここを訪れ、農家の貧しい七男坊がどのような苦労をして世に出、実学と行動力で大統領にまでなったか、案内人から説明を聞く。庭に立つアウグスチンチッチ作の銅像は、物思いに耽るナポレオンといったポーズで、名作である。

私は二度、チトーと握手をしたことがある。留学生として、誕生パーティに招待された時と、日本議員団の通訳をつとめた時のことだ。二〇世紀を演出した偉大な政治家の一人であることは間違いない。随分と緊張したのを覚えている。近年は彼に対する評価にもさまざまなバリアントが出てきて、必ずしも完全な国父ではなかったと言われるようになった。セルビアでは、現在見られるユーゴの分裂騒ぎは、チトーに責任があると公言する者まで現れている。

クムロベッツが昔の寒村に戻るのは、そう遠い先の話ではないのかも知れない。

セルビア

一九六一年の暮、ベオグラードのMホテル[11]に夜遅く着き、まんじりともせず、翌朝早くに起きて窓外に見た光景を、私は決して忘れないだろう。深い雪に被われた灰色の家並みは、どこか非人情的で、人を受け付ける気配がない。低い曇り空に圧迫されたような裸の木立ちが、寒さにふるえているようだった。留学生として、この市で二年も生きられるだろうか。誰か知り合いはできるだろうか……。不安はつのるばかりだった。

結局、私は二年どころか六年もここに住み着き、多くの友人をえた。しかし、今でもあの朝の不安な気持を懐しく思うのは、無知ではあるが純粋だった青春時代を大切にしたいからだろう。

ベオグラード大学では、セルビアやマケドニア地方に残るビザンチン様式の壁画を主に勉強した。幸い市内にはフレスコ画廊があって、各地に残る教会堂の石膏模型や、壁画コピー、彫刻作品の型取りが展示されていて、中世セルビア美術のおおよその流れは分るようになっている。半年間の語学研修を終えただけの、まだ日常会話も不自由な私に、指導教官のS助教授が説明してくれる週に一回の画廊通いで、私は徐々にバルカンの歴史を感得していった。

カレメグダン公園は画廊近くの高台にある。ヨーロッパ第二の大河ドナウと、ユーゴ北部を貫流するサバ河の合流点を眼下に見はるかす雄大な景観は、ベオグラード市民が自慢するだけあって、いつ眺めても見飽きることがない。左手の前方には、近代建築があちこちに胸を張って立ち並び、新ベオグラードが社会主義ユーゴの洋々たる前途を誇示しているようだ。右手にはパンノニア平原が拡がり、穀倉地帯の名に恥じぬ大農場がどこ迄もつづく。私は画廊の人工光線で疲れた眼や頭を休めるため、両大河に洗われる高台に立ち、深呼吸をする。それからトルコ占領時代の城跡に遊び、ベンチで居眠りしている年金生活者の傍を通って帰途につくのだった。カレメグダン公園と親しむにつれて、自分もこの市の内部へ少しずつ沈潜していったように思う。

ベオグラードは如何にもバルカンといった雰囲気が強い。特に喧騒と不潔の充満する中央駅や、すぐ脇のバス・ターミナルではその感を深くする。駅前から上り坂を一〇分も歩くと、いきなり市の中心テラジエ通りに着く。新装なったセセッション様式のモスクワ・ホテルを右折すれば、やがてチトー元帥通りを経て丈高いスラビア・ホテル前の広場に着く。バルカン随一と称する聖サヴァ教会の大伽藍が、正教特有の円蓋を誇示してその後ろに完成したのは、近年のことである。モスクワ・ホテルを左折するとすぐ商店街クネズ・ミハイル通りとなり、やがてカレメグダン公園に至る。途中、近くの共和国広場を取り囲むようにしてオペラ劇場や国立博物館があり、歩いて五、六分のところに大学本部、アカデミー、出版社が控えている。私達が「三つの骸骨《トリー・コストーラ》」と仇名で呼んでいた学食の近くには、一寸気取ったマジェスティック・ホテルがあって、夜ともなれば地階のキャバレーで、オリエンタル・ダンスが見られるということだった。

ただの旅行者なら別な感想もあるだろう。私のようにこの市の濃密な毒気にあてられた者は、生涯その呪文から逃れられない。それ程の人間臭い魅力を、ベオグラードは秘めている。

ヴォイヴォディナ地方のノヴィサド(12)を語る資格は、私にはない。この市内で一泊もしたことがないからだ。ベオグラードから車で一時間という近距離にあることと、ドナウ河の対岸にペトロバラジン城塞があって、そこの眺めの良いテラスで食事をするだけで引き返すことが多かったからである。

ノヴィサド市に見るべきものが少ないかと言うと、そうではない。セルビアがまだトルコ占領下で呻吟していた近世や、一九世紀に入って二度の蜂起の末ようやく自治権を獲得したものの、近代国家に生まれ変ろうと苦しんでいた時、ここオーストリア治下のヴォイヴォディナ地方へ移民してきたセルビア人達は自由だった。経済活動が盛んで、ブルジョワ階級も生れていた。そうした資力と余裕を背景に、文化団体マテッツァ・スルプスカが一八二六年に結成されたのである。初めはペスト（ブダペスト）に本部が置かれたが、やがてノヴィサドに移され、教育、文化、啓蒙に力を入れ、セルビア人全体の覚醒と前進に貢献した。なかんずく出版と奨学制度に重きを置いた。マテッツァ・スルプスカは今も活動しており、本部付属の画廊には、セルビア近代美術の貴重なコレクションが収められている。

コソヴォ地方のプリシュティナ(13)は、このところ紛争地帯の一つとして、何度か日本の新聞でも報じられた。東欧がジャーナリズムに採り上げられる時は、不幸な事件の場合が多いが、バルカンでは特にその感が強い。昨年、ベオグラードでコソヴォへ行くと言うと、知人は「危険だからお止しなさい」と忠告してくれた。「一三八九年の六月二八日、コソヴォ平原で南スラブ軍がトルコ軍に大敗し、その後我々は四百年にわたる長い冬の時代を過した」、とは耳に胼胝《たこ》ができる位聞かされた話である。歴史的な事実からすれば、幾つかの修正が必要になるが、一般のセルビア人はそう信じ、自分達の後進性をトルコ人のせいにしている。だがイスラム教を受け入れず、コソヴォの敗戦で自分達はむしろ正教（キリスト教）の純化を行なったのだという、奇怪な滅びの美学も信じている。それ故、コソヴォ平原はセルビア人にとり、絶対の聖地であり、中世の黄金時代を偲ばせてくれる理想郷なのだ。

歴史の皮肉によって今やアルバニア人が八割も占める異郷になったことが、彼らには我慢できない。

コソヴォ自治州はもはやセルビア人の住み難い地と化し、やがては隣接するアルバニアと合併するかも知れないといった危機感が、民族の反目を激化させている。勿論、本当の原因は貧困にある。

プリシュティナ市内には、後進地域の援助基金で建てられた現代風なホテルや大学、新聞社などの横に、土管を縦割りにして屋根を葺いた土壁の小さな店が何軒も連なる。アンバランスは到るところに見出される。住民の顔付も、どことなく落着きを欠いていた。

バスに揺られて四〇分ほど行くと、ノヴォブルド村に着く。目の前の小高い丘には、城壁や教会が崩れたまま放置してあって、往時の繁栄を想像するのは難しい。ネマニッチ王朝時代、ここで銀鉱が開発されドゥブロヴニク商人の仲買いで国家は莫大な富をえた。ミルティン王やドゥシャン大帝の領土拡大、建築ブーム、法典編纂などの文化事業は、ノヴォブルドの銀なくしては考えられないのである。中世セルビアの黄金時代を招来した鉱山町の廃墟に立って、私はしばし感慨にひたっていた。それは、ユーゴの最も奥深い地点にたどり着いたというだけでなく、バルカン史の旅も中世迄さかのぼることができたからだった。

帰路プリシュティナ郊外のグラチャニツァ村で下車。ミルティン王が献堂した美しい教会と壁画に再会した。いずれもビザンチン美術とセルビアの地方様式が混合した、美事な出来栄えである。

ボスニア

俗に「サラエヴォ(14)の一発の銃声が第一次大戦を引き起こした」と言われる。

この種の決まり文句がどれほど不正確で曖昧であるかは、歴史を少しでも学んだ者には自明のことだろう。オーストリア＝ハンガリー帝国の皇位継承者フェルディナント大公夫妻を暗殺したのはセルビアの青年ガヴリロ・プリンツィプだった。

彼の名を冠した橋の畔には、発砲した時の靴跡を再現したと称するコンクリートの窪みがある。私はここへ来るたびに、自分の頭で歴史を考えることの意味に思いをはせていた。『世界史の現段階と日本』(岩波書店、一九八六年)のあとがきで、故江口朴郎教授は二〇年前にサラエヴォを訪れた時の話を述べている。タクシーの運転手は、やはりプリンツィプ橋を案内した後で、「どうです? プロフェッサー、ここは世界史の中心ではあるまいか」と言って驚かせた。教授は〈そのなにげない問いかけから歴史を自分の存在しているところから見ていくという姿勢を学〉び、〈内面の転換を促進する機縁〉を得たサラエヴォを、懐しんでいる。

私にとってのサラエヴォは、しかし、作者イヴォ・アンドリッチ(15)の市である。彼はボスニアの山間の町トラブニクに生れ、セルビアとの国境をなすドリナ河畔のビシェグラードで少年時代を過した。奨学金を貰ってサラエヴォのギムナジウムに学び、母親と暮している。クラクフ大学生の時に第一次大戦が勃発。プリンツィプの属した青年ボスニア党は、アンドリッチ達がサラエヴォ時代に組織した文学サークルが発展したものだったから、彼も危険分子として逮捕され、マリボル監獄で半年を過した。戦後、外交官としてヨーロッパ各地を転勤する傍ら、休暇ごとにボスニアに帰り、修道僧や古老から蒐集した昔の話を基に、数多くの短篇を物した。第二次大戦中はドイツ軍占領下のベオグラードに蟄居して、いわゆるボスニア三部作を仕上げ、これが認められて一九六一年度のノーベル文学賞を受賞したことは、先述したとおり。その彼は、かつて若き作家との対談で、「人は故郷《ふるさと》にすべてを負っている」という東洋の金言を引用して、自分もそうだと説いていたことがあった。

アンドリッチの故郷とは、いう迄もなくボスニアだろう。もっと具体的に言えば、少年時代を送ったビシェグラードと、多感な青年時代を過したサラエヴォである。ただ前者は寒村ということもあって、滅多に帰らなかった。だがサラエヴォにはしばしば戻って来た。世界的な文学者になってからも、プリンツィプ橋から程近いエウロパ・ホテルを定宿にするほどサラエヴォを愛したのである。サラエヴォも彼を愛し、近くのボスニア＝ヘルツェゴヴィナ演劇・文学博物館に彼の遺品や原稿を大切に保存している。

エウロパ・ホテルと隣合った格好で、サラエヴォの顔ともいうべき旧市街バシュ・チャルシアがある。トルコ風の銀細工、銅製の食器が細い路地の両側に並べられ、いつも観光客で賑わしい。そこから急坂を一〇分ほど登ると、いかにも鄙びたレストランがあって、私はサラエヴォへ来るたび、ここに腰掛けるのを楽しみにしている。眼下に広がるパノラマは、実に素晴らしい。市中のほぼ中央を縦に二分するミリャツカ川。上流に建つアラビア様の旧市庁舎は、現在ボスニア＝ヘルツェゴビナ国立図書館になっている。トルコ占領時代はこの市に一〇〇もの回教寺院があったといわれるが、今は三〇位しか残っていない。それでも、尖塔《ミナレット》がそちこちに見られ、日に何度か、礼拝を呼びかけるアラビア語が谷間の市に響きあう。

ヨーロッパのオリエントと謂われるサラエヴォで文学開眼をとげたアンドリッチは、やがて文学の世界で西洋と東洋を平和的に共生させた。現在各地で頻発する民族問題、とくにユーゴの屋台骨を揺さぶり続けているセルビアとクロアチアの反目を、もし彼が生きていたら、何と言うだろうか。

サラエヴォ墓地（2003）

1984年に冬季五輪を開催したサラエヴォは、8年後の1992年、ユーゴスラヴィア連邦の解体に伴うボスニア紛争の戦禍に包まれた。五輪の開閉会式が行われたスタジアムの隣の補助グラウンドは、内戦で亡くなった多くの市民や兵士が埋葬された市営墓地になっている。

ヘルツェゴヴィナ

モスタルはドゥブロヴニクからバスで三時間ほどの、ネレトヴァ川に臨むトルコ色の強い市である。水面から二〇メートルの天空に架かるここの橋（石の三日月）は、ユーゴの観光案内にきっと紹介されている。

河畔には近東風の土産物店やレストランが立ち並ぶ。シャルバレと称するモンペをはいた女性が、頭に荷物を載せて歩くと、ピタリ絵になる市だ。

同じ山がちの土地柄とはいえ、ボスニアには森林と牧草地が全山を被っているのに、ヘルツェゴヴィナはディナール・アルプスの一部を成すカルスト台地のため、ほとんどが禿山である。それだけ生活は厳しいのだろう。中世の異端ボグミル教徒の墓石といわれるステチャクが、あちこちに群れをなして、観る者の想像力をかきたてる。表面に刻まれた不思議な紋様を現代風にアレンジしたブヤクリヤの力強いナイーヴ絵画は、不思議な魅力で私をひきつける。

近年モスタル近郊の山村メジュゴーリェで、聖母マリアのお告げを聞いた少年少女が人びとを信仰に目覚めさせ、世界各地から巡礼者が押しかけているという。奇跡を願い、病気を治して貰おうとチャーター便でやって来る外国人のために、立派な宿泊施設も建てられた。修道僧と村人の仕組んだ芝居だと難詰する人もいるが、巡礼者はお構いなしに増えつづけている。フランスのルルド同様、聖地として認知されるようバチカンに申請した彼らは、首を長くして御墨付を待っている。政治（社会主義）より宗教がビジネスになるのは、洋の東西を問わないらしい。

ツルナゴーラ

チトーグラード[16]は、かつてポドゴリツァと称していた。当時のユーゴスラヴィア共産党書記長、第二次大戦中はファシスト占領下で祖国解放戦争を指揮したヨシプ・ブロズ＝チトーの名に因んで一九四六年改名され、新主邑となった。戦災で破壊されたため、ここにはパルチザン顕彰碑はあっても、史跡はあまり多くない。それにはもっとコトル寄りの旧都ツェティニェ[17]迄足をのばす必要がある。

ツェティニェは到る所にニェゴシュ[18]の面影を色濃くとどめている。一九世紀の前半、ヨーロッパの片田舎を治めた啓蒙君主ニェゴシュは、同時に聖界の長でもあった。彼は近くのニェグシ村から伯父ペータル一世の許に引き取られ、やがてその後を襲って、神権政治を行なったのである。当時ツェティニェで唯一の建物だった聖ペテロ修道院や、彼の手に成る住居と俗界の執政所を兼ねたビリヤルダ（撞球室）は、このユニークな人物に近づく恰好の資料館だ。

ニェゴシュの事績は、司法制度を整え、税制を導入し、元老院を設け、初めて小学校を作り、出版所を開き、ロシアとの関係を拡大するなど枚挙にいとまがない。そして彼は、生来の詩人であった。アンドリッチを始め、彼をユーゴ文学の至宝と認める人は多い。私は、彼をホーマーやダンテに比して紹介してくれたツルナゴーラ人に、何度も遭った。奴隷根性を排し、民族の解放と自由の尊厳を謳った代表作『栄光の山並み』は、セルビア語圏の人なら誰でも数節を暗誦できると思う。

ニェゴシュの霊廟は、彼の遺志によって、近くのロブチェン山上に立っている。メシュトロヴィッチが設計したもので、黒御影石で彫られた詩人が中央に鎮座して、観る者を圧倒する。不毛の山上からは四海が見渡せる。ロブチェン山に登り、西方を望んでフランスを想い、東方に首《こうべ》を廻《めぐ》らせセルビアに挨拶を送った若き日のニェゴシュ。雲海の切れ間からは、一七〇〇メートルの下方にきらめくコトル湾と、山肌を縫う九十九《つづら》折が見える。

コトル湾を抜けてアドリア海に至る手前のヘルツェグ・ノヴィ湾岸に、バオシッチという漁村がある。フランスの軍人ピエール・ロチは、ここの村娘と恋をして短篇「パスクワレ・イワノヴィッチ」を書いた。彼が滞在した跡には、小さな大理石の板が貼られている。『お菊さん』の作者は、イスタンブールをこよなく愛し、モンテネグロ（ツルナゴーラのイタリア名で、いずれも「黒山」の意）の女性にも心を動かした国際人だったのだろう。

マケドニア

スコピエ(19)の大地震は一九六三年七月二六日に発生、一〇〇〇人の犠牲者と三〇〇〇人の負傷者を出した。ベオグラードでは、ひっきりなしに到着する救急車のサイレンが、何日も鳴り響いていた記憶がある。スコピエ市の中心部を成す「石の橋」付近の広場はがらりと変って、近代的なホテルや百貨店が建ち並んでいるが、どこか薄味な感じがする。しかし「石の橋」を渡り、旧市街へ入ると、昔に変らぬ喧騒と活気があって、なぜか安心させられる。トルコ風な下町の規模は、サラエヴォのを遙かに上廻り、ジプシーやアルバニア人が目立って多い。近くの聖スパス（救世主）教会は、占領者トルコ人の命により半分地下に埋もれた恰好で建てられている。が、内部空間は厳粛な雰囲気に充ちあふれ、幾度訪れても飽きない聖所だ。一九世紀に完成した美事な木彫りのイコノスタシス（聖塀）や、中庭に安置されている愛国者デルチェフ(20)の石棺など、印象深い。

私はマケドニア語の習得とマケドニア詩華集を編集、訳出するため、この市に半年以上も滞在した。何人かの文学者や大学教授と知り合ったが、いずれもベオグラードと較べると淡白だったのは、ただ単にこちらの語学力が不足していたからだろうか。

ビザンチン美術史では必ずお目にかかる聖パンテレイモン教会（ネレジ修道院内）の壁画「ピエタ」は、スコピエから車で一時間とかからない山村で見た。ギリシア十字形プランを持つ小ぢんまりとしたこの教会堂は、砕石とレンガを組み合わせた独特の外装で、いかにも素朴な感じを与える。内壁が一二世紀の美麗なフレスコ画で被われているとは、ちょっと信じ難い。ビザンチン人がこの地を支配した時、コンスタンチノープルから画工を連れて来て描かせたものである。

マケドニアには海がない。その代りに湖が控えていた。アルバニアとの国境を成すオフリッド湖に対するマケドニア人の愛着ぶりには、まったく驚かされる。

オフリッド！　それはマケドニア人のまほろばであり、至聖所であり、原風景である。夏ともなると、借金を質においてでも彼らがオフリッドへ押しかける様は、マケドニアの歴史を知らない者には異様に映る。かつては三六五の教会があったといわれるオフリッド町と、悠久の時を秘めたオフリッド湖を詠んだ詩人は幾人かいるが、中でもコネスキー(21)の小品は、彼の苦しい経験が通底音として響いていて、私が愛誦するものの一つである。

湖畔に眠れる子

幼き者よ　お前は眠っている
湖は思いに沈み――
お前の運命《さだめ》を調えている
それは眠りつづけるお前と
白い礫《こいし》の入江の中へ
人知れずそっと入る

お前は眠っている
だが一度さざ波が立つと
砕け散る大波となり
泣き叫ぶお前を奪う
幼き者よ　眠るがよい
湖はお前の魂《こころ》をつくり
来るべき擾乱を考えている

一一世紀に建てられた聖ソフィア寺院のフレスコ画、「青い天使」に寄せたコネスキーの詩も美しく、悲しい。

一般にマケドニア人が物静かで、控え目なのは、気も遠くなるような忍従の歴史に依るものだろう。九世紀、「スラブの使徒」キリルとメトディアの高弟がオフリッド湖畔に住みつき、キリル文字を完成し、学校をつくり、翻訳をするなどして全スラブ世界に文明をもたらした。聖クリメント教会や聖ナウム教会が、そうした昔日の一端を語りかけている。丘の上には、サムイロ帝(22)の城趾が、血腥《ちなまぐさ》い伝説を今に伝えている。

【注】

（1）スロヴェニアの主都、人口三二万。ローマ時代の町エモーナが五世紀に破壊された跡に、スラブ人が定住。リュブリャナの名は一一四四年に初出、一三二〇年すでに城郭都市となっていた。一八〇九―一三年、ナポレオンが創設したイリリア諸州の首都、一九一八年以来スロヴェニアの政治・経済・文化の中心地。

（2）中村鉎司「ゴスポジャ・ヤパンカの想い出」、花房るり子「ツネコとの出会い」に近藤常子が紹介されている。

（3）プレーシェレンとも。スロヴェニア近代文学の創始者。代表作「ソネットの花冠」は、彼のミューズ、ユリア・プリミッツを折句にした複雑な構成で、ハプスブルク家の支配下にあったスロヴェニア民族の独立を希求している。

（4）スロヴェニア北東部のドラバ川に臨む人口一〇万の都市。

（5）『東欧文化フォーラム№2』（千葉大学文学部史学科西洋史研究内、東欧文化フォーラム　代表・南塚信吾、一九九〇年）にその様子が報告されている。

（6）フバールの貴族で詩人。代表作「漁《すなど》りと漁師の非難」。

（7）クロアチアの主都、ユーゴ第二の都市で、人口七〇万。文献初出は一〇九四年。中世以来、司教館を中心とするカプトル地区と城塞都市グラデツが競合してきたが、一六世紀ザグレブの名で合体。一九世紀にはクロアチア民族再生運動の中心となり、アカデミー、大学、劇場など教育・文化機関を建てた。

（8）ユーゴが生んだ世界的な彫刻家。生地ダルマチア海岸の大理石を用いて、力強い、愛国的な題材を多く刻んだ。

（9）ユーゴ現代文学を代表する一人。連作戯曲『グレンバイ家の人びと』、大河小説『旗』などがある。

（10）社会主義ユーゴスラヴィア建国の父、チトーは綽名。戦前、非合法下で共産党書記長の時、第二次大戦が勃発。ナチス・ドイツ占領下で祖国解放戦争と社会主義革命を同時に達成させた。スターリンに楯突き、労働者自主管理制度を導入し、ネルーやナセルなどと非同盟主義を唱えて、二〇世紀を代表する政治家の一人となった。

（11）セルビアの主都であり、ユーゴスラヴィアの首都。人口一三〇万。ローマ時代のシンギドゥヌム。ビェルグラード（白い町）として八七八年、文献に初出。一五二一年オスマン・トルコの占領下に入る。一八四二年セルビア人は公国の首都をベオグラードに移す。一八六七年、トルコ駐屯軍が市の鍵をミハイロ・オブレノビッチ公に返却、一九一八年一二月一日、新生「セルビア人クロアチア人スロベニア人王国」、一九二九年から「ユーゴスラヴィア王国」の首都。

（12）ヴォイヴォディナの主邑、人口一五万人。穀倉地帯の一中心で、毎年、国際農業見本市が開かれる。

（13）コソヴォの主邑、人口七万の大半はアルバニア人。アルバニア学研究所や大学もある。セルビア人からの完全独立を求めて、何度か流血事件の舞台となった。

（14）ボスニアの主都で、人口三〇万。一三七九年にブルフボスナという名で初出、一五〇七年「宮殿《サライ》の原っぱ《オバシ》」というトルコ語が訛ったサラエヴォという名が初めて言及され、この頃から急速に発展した。一四六三―一八七八年トルコ治下、一八七八―一九一八年オーストリア治下にあったため、東洋と西洋が混在した独特の魅力を持つ都市となった。

（15）ユーゴ現代文学を代表する一人で、一九六一年度ノーベル文学賞を受賞。ボスニア三部作といわれる長編『ドリナの橋』『ボスニア物語』（トラブニク年代記）『サラエヴォの女』（お嬢さん）をはじめ、中編『呪われた中庭』や随筆『ゴヤとの対話』など。

（16）ツルナゴーラの主都、人口六万。セルビアのネマニッチ王朝を開いたステファン・ネマニァは、この近郊で生まれた。一三世紀の文献にポドゴリツァの名で初出している。（一九九一年に旧名ポドゴリツァに復した。――編者注）

(17) ツルナゴーラの旧都、人口二万。
(18) 戯曲形式の叙事詩『栄光の山並み』によって、ユーゴ文学史に燦然と輝いている。
(19) マケドニアの主都、人口三二万。中世セルビアの版図に編入されたが、一三九一年オスマン・トルコに占領され、一九一二年の第二次バルカン戦争に依って再びセルビアに帰した。一九四五年、初めてマケドニア人の都市となり、今日に到っている。
(20) マケドニアの解放闘争を指導した民族革命家。
(21) 現代マケドニア文学を代表する詩人の一人。言語学者としても有名。詩集『大地と愛』『刺繍する女達』、学術書「マケドニア文語文法」『マケドニア語の歴史』。
(22) 第一次ブルガリア帝国の西半分を支配したサムイロ帝(在位九七六—一〇一四)は、ビザンチン皇帝軍と戦って敗れた。ブルガリア人殺しと綽名されたバシレイオス二世(在位九七六—一〇二五)は捕虜一五〇〇〇人の眼をくりぬいたが、一〇〇人ごとに一人の片眼を残して、縄で繋いだ仲間を誘導できるようにした。オフリッドの城から無残な部下の帰国を目にしたサムイロ帝は、悲しみと絶望の余り、その場で息絶えたと言われている。

(『もっと知りたいユーゴスラヴィア』所収、一九九一年、弘文堂)

カップから香る歴史と未来——コーヒー

現代のバルカンを理解するためには何を読むべきかと問われたなら、私は迷うことなく『カフェ・ヨーロッパ』（長場真砂子訳、恒文社、一九九八年）を推薦する。かつて祖国のクロアチアから魔女の一人として糾弾されたスラヴェンカ・ドラクリッチの名著だ。

彼女によれば冷戦後のバルカン諸国では西ヨーロッパへのあこがれが急速に蔓延し、欧米風に名付けられた喫茶店が次々に現れたという。ソフィアではウィーンなるコーヒー店が少なくとも二軒ある。アルバニアの首都ティラナにはカフェ・エヴローパがいくつもあるらしい。友人にどこへ行くのかと聞かれて、「ヨーロッパ！」と答えるとき、彼らの自尊心がくすぐられるからに違いない。ブカレストにはハリウッド。そこでは伝統的なトルコ・コーヒーではなく、エスプレッソやアメリカンが幅をきかせている。これこそバルカンの人びとをわずかにせよヨーロッパに近づいた気分にひたらせる魔法の「黒いスープ」であり、従来のトルコ・コーヒーはアジア的後進性の象徴と見なされている、と。

だが、トルコ・コーヒーは久しくバルカンの人びとに親しまれ、あるいはブルガリア・コーヒー、マケドニア・コーヒー、セルビア・コーヒー、ギリシア・コーヒーなどと呼ばれて、すっかり土着化している。「本国のトルコでは紅茶が主流になって、コーヒーもネス・カフエに人気があるというのに、私たちは未だに征服者がもたらしたトルコ式のコーヒーを飲んでいる。よっぽど人がいいのね」といって苦笑していたセルビア人女性を思い出す。ドラクリッチ女史の指摘にもかかわらず、バルカンでは当分トルコ・コーヒーと欧米式のコーヒーが平和的共存を続けることだろう。

イスラム世界で愛飲されていたカーファは、一六世紀初頭エジプト経由でトルコにもたらされるとカーフェと改名した。コーヒー豆を煎り粉末にして熱湯にひたし、その汁液を飲ませるカーフェはたちまち国中に広まった。やがて一五五四年イスタンブルにできた豪華なコーヒー店（カフェ・カーネス）は、内外の客人を魅了し、大変なにぎわいを呈した。記録によれば彼らはコーヒーを飲みながら詩の朗読に耳を傾け、歴史家の史談に胸ときめかせたというから、やがてヨーロッパに花開くコーヒー文化を先取りしていたのかも知れない（地中海学会編『地中海事典』三省堂、一九九六年）。

トルコ（オスマン・トルコ）は一四世紀後半から一五世紀の前半にかけてバルカン半島を征服していったが、それとともにコーヒーも当地へ浸透していった。彼らは住民にワインをやめてコーヒーを飲むよう奨励したらしい。トルコの詩人ベリギーはバルカン半島とそのイスラム化（ボスニアやアルバニアでは特に多くのキリスト教徒がイスラム教に改宗した。二〇世紀末の凄惨なボスニア戦争やコソヴォ紛争の淵源の一つがここにあるといえよう）を、「コーヒーの勝利」と謳っている（綿引弘『物が語る世界の歴史』聖文社、一九九四年）。一説によれば、ヨーロッパで最初にコーヒー店が開業したのはベオグラードで、およそ一五八〇年、続いてサラエヴォの一五九二年、以下ヴェネツィア（一六四〇年）、ロンドン（一六五二年）、マルセイユ（一六五九年）、アムステルダム及びデン・ハーグ（一六六二年）、パリ（一六七五年）等と続く（M.Ljubisavljević, *Sve o Kafi*, Beograd, 2011）。

サラエヴォに本格的なコーヒー店が開業した頃、同じボスニアの奥深く、セルビアとの国境をなすドリナ川に架かる美しい石橋の上に奇妙な喫茶店がお目見えした。長さ二五〇歩ほどの橋の中央部は左右に張り出しがあり、川下側は石のソファーにかたどられている。ビシェグラード町の人びとは入れかわり立ちかわりここに腰をおろし、世間話にあけくれていた。そういう彼らを相手ににわかコーヒー店が現れたのだ。川上側の張り出しには橋の由来を記した丈高い石碑が建っているが、その根方に噴水があるのを利用した親方がいた。彼はここにコンロとジェズバ（コーヒー沸かし）とフィルジャン（コーヒー

ベオグラードのレストラン「?」

カップ）を持ち込み、とろりとしたコーヒーをデミタスに入れてソファーの客に供していた。それから三〇〇年たっても同じ光景が見られた。ビシェグラード町で幼年時代を送ったイヴォ・アンドリッチは、後年ソファーで見聞きした伝承をもとに長編『ドリナの橋』を書き、一九六一年にノーベル文学賞を受けたのである（松谷健二訳、恒文社、一九六六年）。

ベオグラードのカレメグダン公園近く、セルビア正教会の大本山サボールナ・ツルクヴァと道を隔てて「?」（ズナック・ピータニャ、疑問符）という風変わりなコーヒー店がある。典型的なトルコ建築でレトロ気分を満喫させてくれる。一八二三年、ミロシュ公の貿易顧問だったイチャク邸として建てられたが、一八七九年以来コーヒー店に転じて今に至ったもの。両大戦間はここに未来の文学者たちが集い、大いに激論を戦わせていたという。ただバルカンで最もユニークなコーヒーを飲みたい向きは、すこし面倒な手続きをとって、ギリシアはハルキディキ半島の突端にのびる聖山アトスまで行くことをお勧めする。もちろん観光気分ではだめで、女人禁制でもある。正教の修道院に泊まり、朝早くから勤行に参加し、一日二食に耐えなければならないが、心やさしい修道士は日本からの巡礼者に必ずトルコ風の甘いお菓子ハルバとトルコ・コーヒーでもてなしてくれる。アテネ市内の数あるカフェニオンではけっして味わえないユニークな体験となるだろう。

トルコ・コーヒーは濾《こ》さずにそのままカップへ注ぐので、しばらく沈殿させてから飲む。飲むときも気を付けて、舌にざらざらしない程度のところで終える。それからカップを逆さにして受け皿の上に置く。頃合いを見計らってカップを起こすと、カップの内側にコーヒーかすが乾いてさまざまな模様を描いている。人びとはそれを読み、あれこれの占いをする。この遊びは大変な人気で、占いに長けた老婆やロマ（ジプシー）が荒稼ぎをしているという噂を聞いたこともある。たいていは他愛ない恋占だが、もし本当に当たるものなら、ぜひ、多難なバルカンの二一世紀を予想してもらいたいものだ。

（『バルカンを知るための65章』所収、二〇〇五年、明石書店）

プロスベタ出版社『プロスベタ小百科事典』全二巻

いまから五年ほど昔、たまたま訪日中のユーゴ出版・書店協会の人たちと一緒に仕事をしたことがあった。そのときの団長格がプロスベタ（教育）出版社の社長で、作家としても高名なイサコビッチ（一九二三〜）氏だったのを幸いに、通訳料を書籍で支払ってもらえないかと頼んだところ、あとから二〇冊ほどの高価な本が送られてきた。その中にこの『プロスベタ小百科事典―第二版―』が入っていた。爾来、折にふれて拾い読みをしたり書き込んだりしているから、この小百科との付き合いもずいぶん長いわけである。

わたしにとって、この小百科は二つの効用をもっている。第一は勿論、純粋に知的な読書の対象としてで、他人の知らないことを自分だけが――といった知的エゴイズムはなかなか捨てがたい味付けをしてくれる。たぶん日本には一〇冊も入っていないだろう書物をことさらに繙く理由は、案外そんなところにあるのかもしれない。第二は、もっぱら実務用にひく場合。英独仏露など研究者が沢山それぞれの専門分野からアプローチされている大国とは異なり、ユーゴの研究者は五指にも満たず、だからこそわたしなども鳥無き里の蝙蝠《こうもり》をきめこんでいられるのだが、反面なんでも屋、格好つけていえばエンサイクロペジストたらざるをえなくなる。そんなとき本物の百科事典がどれだけ頼りになるかは、いうだけ野暮であろう。といった次第で、わたしはこの小百科を『ユーゴスラビア』国の索引だと思って重宝している。

＊

戦前にも百科事典はあった。例えば大がかりなものとして一九二五年ザグレブで出版しはじめた『セルビア・クロアチア・スロベニア国民百科』Narodna enciklopedija srpsko-hrvatsko-slovenačka はラテン、キリル両文字で印刷されたそれぞれ四巻本として四年後に完結している。ほぼ時をおなじくして『スロベニア人名辞典』Slovenski biografski leksikon と『九二五―一九二五年クロアチア著名人大鑑』Znameniti i zaslužni Hrvati 925-1925 が上梓された。一九三八年にはザグレブで一巻本の『ミネルバ辞典』Leksikon Minerva が出、翌年には『クロアチア百科事典』Hrvatska enciklopedija が現われはじめたが、こちらは戦争のため、五冊目の電気の項目 Elektr. のところで中断してしまった。

戦後こうした経験をふまえて国民百科をつくろうという意欲は、一九五〇年ザグレブに創設されたユーゴスラビア辞典研究所（当初 Leksikografski zavod FNRJ、一九六二年に Jugoslavenski leksikografski zavod と改称）の活動と成果に読みとることができる。先ごろ亡くなったノーベル賞作家アンドリッチ I. Andrić（1892〜1975）と並ぶ老大家クルレジァ M. Krleža（1893〜）が、巨額の国費をつかい三千人の執筆者を動員して二二年後に完成した『ユーゴスラビア百科事典』Enciklopedija Jugoslavije 全八巻（各六〜七百ページ）は、文字どおりの金字塔であろう。

同研究所は副産物として、森林、農業、海洋、医学、工学、国書解題、音楽、美術の各百科も刊行した。いずれも執筆者名と詳細な参考文献が付記されたもので、例えば全四巻の『美術百科』にある彫刻家イワン・メシュトロビッチ Ivan Meštrović（1883〜1962）の項はユーゴ百科のものとまったく同じといった具合に、両者が密接な関係にあることがわかる。ただユーゴ百科の方は、国内関係の項目だけを詳述した点に特色がうかがわれる。

*

『プロスベタ小百科事典』全二巻はこれに反し、一出版社の事業であり、小なりとはいえ世界中の事象をできるかぎり詰めこもうとしている点に特徴がある。合計二千ページの中に四万という小項目と、五千の写真や挿絵、五五ページの色刷、一〇葉の多色と五〇葉の単色地図をふくむ、ずいぶんと欲ばった本である。

実はこの稿を書くにあたり、日本のことがどれだけ入っているかを調べてみたところ、あまり多いので改めて驚かされた。およそ一五〇も見つかったのである。地名では長岡とか堺まで顔を出す。アイヌ、芸者、懸物、神風、着物、ミカド、長唄、能、人力車《リクシヤ》、サムライ、フジヤマ、切腹《ハラキリ》、津波、柔道、神道が別項に挙げられ、歌舞伎や花道、茶道の解説がないといったバラツキや、藤田嗣治《ツイグアリ》とか鈴木茂三郎《ノサブロー》などの読みちがえやら誤記はいたしかたないとして、人名の項が片寄っているようだ。紫式部、清少納言、井原西鶴、石川啄木とならんで大友黒主、越智越人、藤原惺窩まであって、芭蕉や蕪村がない。漱石が入っていて鴎外がぬけていたり、平林たい子、永井隆が見えて川端康成や安部公房がおとされていたりする。現存者では太田薫、岩井章、湯川秀樹、里見弴、武者小路実篤、黒沢明（羅生門のスチール写真付）、丹下健三、舟橋聖一、藤森成吉、裕仁、野間宏、大岡昇平が載っていて、ノーベル平和賞受賞者の名はないとか、……。

ユーゴに関する記述で面白いのは、この小百科や前述のユーゴ百科にもジラス M. Đilas（1911～）の名が出ていないことで、この点は気になるところ。ただ、現大統領ヨシップ・ブローズ Josip Broz-Tito（1892～）（俗称ティートー。日本ではチトー）に割《さ》いているスペースは常識的なものなので、安心させられる。それに、なんといっても図版の多いのが特色で、ユーゴを直接知らぬ人でも臨場感が味わえる仕組みとなっている。また、ロシヤ語の知識があれば、辞書を片手に読みこなせる程度の文で書かれている。よく分らないが、共通の単語は、七割ほどあるのではないだろうか?

とも角、拙文を読まれて、『プロスベタ小百科事典』を本箱に並べてみようと思われる方が五〇人、百人とあらわれれば大変うれしいことである。及ばずながら、ご質問があればいつでもお答えしたいと思っている。

(『窓』13号所収「書評」、一九七五年、ナウカ)

戦後の見直し作業——一〇年遅れでポスト・チトーが現出

かつて社会主義の実験国として世界の耳目を集めたユーゴは、今や国家死滅の実験国として連日、世界のジャーナリズムを賑わせている。一九八〇年に建国の父チトー大統領が死去した時、ポスト・チトーの大混乱が危惧された。しかし国難を前にしてユーゴ諸民族は、一時的にせよ纏まった。ある意味で現在の崩壊過程は、ポスト・チトーが一〇年遅れで現出しているのだ。

本年六月末にまずスロベニア、クロアチアの先進地域が連邦からの離脱を宣言。これを阻止しようとするセルビア主導の中・南部地域にも内部分裂が起っている。マケドニア、ボスニア＝ヘルツェゴビナも独立宣言し、モンテネグロすらセルビアから離反する姿勢を示した。そもそも今日の民族主義紛争の仕掛け人はセルビアのミロシェビッチ大統領である。彼の狙いはアルバニア人が全住民（一五〇万）の七七％を占めるコソボ自治州を、セルビア共和国内で完全に押え込むことにあった。ところが最近、コソボ議会はセルビア人議員欠席の下で、やはり独立を宣言している。すかさずアルバニアがこれを承認して、ミロシェビッチの意図はまったく裏目に出てしまった。

クロアチアのトゥジュマン大統領にしても、当初の意図とは異なり、異常な犠牲者の続出に計算違いを認めていることだろう。「連邦維持に執心するのは、連邦制によって大きな利益を得ているセルビアである。従って独立阻止の連邦軍は、実はセルビア軍の隠れ蓑にすぎないことを内外に暴露する」という彼の戦略は、ほぼ成功した。だが、その為に、一説では二万人とも伝えられる大量の犠牲者を出してしまった。そして、内戦は未だ終ってはいないのだ。

結局、問題の国家形態として、連邦制の維持はもはや不可能であろう。ECや国連などの努力によって、常識的には、ゆるやかな国家連合という形で妥協するのではないか。

私の専門である文化の面に限っていえば、歴史の書き換えが盛んに行なわれることは間違いない。ユーゴ全土で戦後史の見直し作業は、すでに数年前から行なわれていた。チトー大統領の人間像と業績、パルチザン戦争の実態、政治犯の強制収容所ゴーリ・オトク（裸の島）での悲惨など、タブーへの挑戦や神話の崩壊が進行している。それは勿論、社会主義そのものの批判ないし否定をも含むものであって、『新しい階級』でこの方面の先駆者となったジラスも生存しているだけに、ユーゴに新しい思潮が生まれる可能性はある。

しかし、ユーゴの戦後史学は、諸民族の独自性を過小評価するというマイナス面を持ちながらも、地方史を超克して南スラブ諸族の全体史的な観点からこれを描こうとするプラスの面もあった。これからは反対に、民族主義の強い地域史ばかりが氾濫して、もっと大局的な史観に立つ、ヨーロッパないし世界の史学に貢献できるような研究がなおざりにされるのではないか、という懸念を抱かせられる。

右と呼応するかたちで、歴史文学ブームが起こると思われる。各民族が自分達の過去を讃美することに夢中になる時期がしばらく続くに違いない。だが時流に超然たる真の文学者はいつの時代にも存在する。『ハザール語辞典』で昨今とみに名声高いパビッチは疑いもなくその一人だ。将来の国家形態に関係なく、南スラブ人の才能が今後とも多くの文化人を世に送り出すことだろう。私はそのことを期待し、確信している。

（『週刊読書人——東欧諸国の現状と課題——』一九九一年一一月一八日号所収、読書人）

前進あるのみ！

――木村元彦『悪者見参――ユーゴスラビアサッカー戦記』解説

マッチ擦るつかのま海に霧ふかし
身捨つるほどの祖国はありや
寺山修司

本書の主題は著者が単行本のあとがきで述べている。

前著の『誇り』がストイコビッチの半生を描いたものであるのに対し、本書はバルカンのサッカー人たちの集団劇である。

もちろんそうは言っても中心人物は著者が感嘆してやまないストイコビッチだ。高校時代の著者は陸上競技の選手だった。サッカーはむしろ嫌いだったらしい。彼にサッカーへ開眼させたのが外《ほか》ならぬピクシー（ストイコビッチの愛称）であってみれば、それも当然だろう。

本書がカバーする一九九八年から二〇〇一年におよぶ三年間はどのような時代だったか。ストイコビッチの祖国ユーゴスラビアはコソボ紛争、NATO空爆、政変、前大統領の逮捕とつづく、史上まれに見る国難、惨劇の時代だった。それと並行してバルカンを主舞台に繰り広げられるスポーツと政治の不条理劇を、著者はハンディカムを手に生《き》のまま読者に伝えてくれる。政治を代表するのが世界一の強国アメリカ、スポーツを代表するのが超絶技巧の持ち主であるプラーヴィ（ユーゴ・ナショナルチームの別称。青色のジャージを着用していることから）とくれば、面白くないはずはない。読者は彼らの一挙手一投足を目で追い、手に汗にぎり、怒り、涙し、歓喜すればよいのだ。

だが著者が応援するプラーヴィはなぜか「世界の嫌われ者＝悪者《わるもの》」のレッテルを貼られていた。どうしてそうなったのか。納得のゆかぬ著者はそこで〈幾多のジャーナリストたちが解説を施そうと挑戦してきた複雑きわまりないあの地域に住む人々のイマを、ホンネを、フットボールを切り口に感じ、聞き出し、そして紡ぐこと〉を自分に義務づけた。彼らが本当に悪者なのかどうか、みずからの五感で確かめたかったのである。この難しい課題が達成されたか否かを検証する前に、本書に頻出する幾つかのキーワードを考えてみたい。

inat〈意地〉。R・ベネディクトの言うように、もし日本人が「恥」を基調とする文化に属するとすれば、ユーゴスラビア人ないしセルビア人は「意地」の文化に属するとわたしは考えている。トルコ語で〈強情、片意地〉を意味するが、セルビア語では〈意地、頑固〉の他に〈誰かに対する反抗的な言動〉といったニュアンスが加わった。オスマン・トルコによる四〇〇年の占領下でつちかわれた抵抗精神かもしれない。バルカン半島最初の反オスマン帝国の乱となった一八〇四年の第一次セルビア蜂起《ほうき》、あるいは第一次世界大戦の発端となった一九一四年のサラエボ事件も、ある意味ではイナト（イナット）のなせるわざだろう。

Jugoslavija（Yugoslavia、ユーゴスラビア）。〈南（jug）スラブ人の国〉の意で、クロアチアの詩人マテヤ・バンが一八四八年これを初めて用いたと言われている。一八六七年にはザグレブにユーゴスラビア科学芸術アカデミーが創設された。一九一八年一二月に誕生したセルビア人クロアチア人スロベニア人王国が一九二九年ユーゴスラビア王国と改称され、〈ユーゴスラビア〉が初めて国名に登場した。第二次世界大戦後の社会主義時代にもこの名称が継承されたのであって、もともと大セルビア主義にも社会主義にも関係はない。現在クロアチアでこの語が最も嫌われているとは、歴史の皮肉であろう。一九九〇年代になってツジマン大統領の下、アカデミー名もクロアチア科学芸術アカデミーに改称された。

Balkan〈バルカン〉。トルコ語で〈山、山脈〉を意味する。一九世紀初頭ドイツの地理学者ツォイネがこれを固有名詞に誤用していらい半島名としても用いられるようになった。ヨーロッパの東南に位置し何世紀にもわたってビザンチン帝国、オスマン帝国の支配下にあったため独特の風俗とメンタリティを育んできた。昔から小国に分裂し内部紛争が絶えないことから「バルカンはヨーロッパの火薬庫」あるいは後進地域といったマイナスのイメージが強い。しかしヨーロッパとアジアの文明が交錯する十字路、ヨーロッパ文明揺籃《ようらん》の地である。スポーツの華オリンピック発祥の地でもあることを忘れてはならない。

nation〈民族〉。『広辞苑』によれば民族とは〈文化の伝統を共有することによって歴史的に形成され、同族意識をもつ人々の集団〉である。文化のなかでも特に言語、宗教などが重要視される。問題は彼らが一定の地域に住むとは限らず、したがって人種・国民の範囲とも一致しない場合が多いことにある。バルカンのような複雑な歴史的背景の地域では特にその傾向が強い。「ユーゴスラビア人」や「ムスリム人」も政治的な理由で誕生した新しい民族だ。ユーゴの民族籍は自己申告で決まっていたから、「バルカンじゃ誰が何民族なんてよくわからんよ」と言うミレ爺さんの言葉は（292ページ）ウソ偽りのない感想だろう。

〈民族とは、自分たちの先祖に対して抱く共通の誤解と、自分たちの隣人に対して抱く共通の嫌悪によって結びつけられた人びとの集団である〉というヨーロッパの警句もある。しかしながら、民族なる概念がいかに虚妄であろうと、民族主義の激突によって引き起こされた戦争が冷酷な現実であることに変わりはない。

民族戦争が世界に与えたショックの代表例は、旧ユーゴ解体にともなって発生したクロアチア、ボスニア戦争、あるいはコソボ紛争だろう。このとき初めて「民族浄化」（エスニック・クレンジング）なる言葉が多用され、セルビア人はその張本人に擬せられて世界を敵にまわしてしまった。新ユーゴ（セルビアとモンテネグロから成る）はメディア・ウォー（情報戦争）でも完敗したのである。だが著者は〈絶対的な悪者は生まれない。絶対的な悪者は作られるのだ〉と言う。したがって新ユーゴやプラーヴィに「世界の嫌われ者＝悪者」のレッテルを貼ったジャーナリズムの暴力を彼は弾劾《だんがい》してやまない。なぜならその結果、前代未聞の長期にわたる経済制裁が科せられ、薬が手に入らぬばかりに、助かるはずの命を落としていった罪のない乳児や子供が何人もいたからである。

改めて本文に戻り、プラーヴィが演じたここ三年間の不条理劇を振り返ってみよう。

一九九八年六月三日。スイスはローザンヌでフランスW杯（ワールドカップ）直前に行われたユーゴ対日本代表のテストマッチで、試合前の国歌斉唱がはじまった。しかしユーゴの選手はだれも自国の国歌に唱和しない。あまつさえ照れ笑いを浮かべている。ユーゴスラビアなる名称はなぜそれほどまでに嫌われているのか。そう自問した著者は、理由をさぐるべく旧ユーゴ各地へと足を運ぶ。

まず訪れたのはブコバル。左足のマジシャン、ミハイロビッチの故郷だ。だが町はまずセルビア軍が、ついでクロアチア軍が徹底的に破壊してしまった。著者は、いまクロアチア人が近くを通るたびに蹴とばしてゆくという有名人ミハイロビッチの家の壁を、ひっそりと撫でる。

ついで訪れたのはコソボ。八九年にコソボが自治権を失って以来、アルバニア系サッカー選手はユーゴ・リーグでのプレーを拒否し、やがてコソボ・リーグを組織していた。著者は彼らの本音を聞き出すことに成功している。

一九九八年六月一九日、プラーヴィのフランスW杯を応援するため、著者はサポーター一行にまじって三二時間のバス旅行をした。途中ハンガリー、オーストリア、ドイツ、フランスと国境がかわるたびに厭がらせを受けながらも、たった一人の運転手が一睡もせずハンドルを握ってくれたお陰で、みなは無事パリに着く。

翌日の第二戦は〈勝ちに執着するゲルマンの軍人と脆《もろ》くてケレン味たっぷりのスラブの芸術家プラーヴィ〉の対決だった。このスリル溢れる対戦模様は本文でたっぷり堪能《たんのう》して頂くことにして省筆。けれども著者の大の贔屓《ひいき》ストイコビッチがゴールを決めた条《くだ》りは、ぜひ記しておきたい。

> 「ピクシー、マイストレ！」絶叫とともに人波が一斉に立ち上がった。
> 嗚呼《ああ》、ドラガン・ストイコビッチ。
> 世界にも希有《けう》な素晴らしい才能を見せつけたイタリア大会スペイン戦から数えて二九一五日ぶりのゴール。（中略）
> そのストイコビッチが復活し、今この夢舞台で再びゴールを挙げたのだ。感動しない人間がいるだろうか。　（85～86ページ）

こうしてピクシーと共に復活したプラーヴィの活躍ぶりが本書の全編を彩っている。にも拘《かか》わらず、この集団劇を演じているキラ星のごとき魅力あふれる名優たちは、スポーツとは関係のないところでも最高の演技をする。

著者は三度めのコソボ取材中に、突然〈ラチャク村でセルビア兵によるアルバニア系住民の大量虐殺〉との報に接する。早速現地へとびジャミア（イスラム寺院）に収容された四五人の死者に近寄り、一体ずつ確認してゆく。確かに虐殺だった。「皆、何かが起こるぞ！」そう叫びたくなる不安で胸を一杯にして帰国した。

それから二ヵ月後、パリ郊外ランブイエでの和平交渉が決裂して、アメリカ主導のＮＡＴＯによるユーゴ空爆が決定する。こうして宣戦布告のない戦争が始まった。

三月二七日、アウェーの神戸ユニバーシアード記念競技場で淡々とプレーしていたストイコビッチは、後半四四分、

トラップ一発で相手ＤＦを躱《かわ》すとＦＷ福田への絶妙のラストパスを通した。

福田のゴールを見届けた次の瞬間、彼はユニフォームをたくし上げて咆哮《ほうこう》した。Ｔシャツには試合前にひとりシャワールームで記した文字。

「NATO STOP STRIKES（ＮＡＴＯは空爆を止めよ）」が浮かんでいた。

この時の私の驚きは尋常ではなかった。何度、水を向けても「スポーツと政治は別だから」と頑《かたく》なにポリティカルな発言を避けてきたあの男が……。

（２１３ページ）

試合後、彼に「よく集中できたね」と感心すると、「プレー中もずっと祖国のことを考えていたよ」という答えが返ってきた。

浦和レッズのペトロビッチ、ガンバ大阪のドロブニャク、アビスパ福岡のマスロバルらの活躍と抗議も見事だった。あのローザンヌで国歌に唱和しなかった彼らが、今や祖国のために行動している。まさしく逆境に見せた彼らの誇りの力だった。

二ヵ月半後、戦闘機九九七機、出撃回数のべ三万五二一九回の無表情な数字を羅列して空爆は停止した。後には大量に流された血と荒廃したユーゴの大地が残った。一説によると、以前の状態に復するに

は一世紀が必要だろうといわれる程の徹底した破壊だった。

U dobru je lako dobro biti,　良き時人の善きこと易し
na muci se poznaju junaci!　苦しき時に勇者は知らる！
P.P. Njegoš　P・P・ニェゴシュ

わたしは一九六〇年代チトー大統領がまだ健在でユーゴスラビアが最も輝いていた時代に、六年ほどベオグラード大学で歴史と文化を学んできた。彼の国をこよなく愛する者の一人として一九九〇年代に起こったカタストロフィー、失われた多くの人命や難民を思うと、腹立たしさと空しさでやりきれない気持ちがする。いったい何故《なぜ》このようなことが起こり得たのか未だによく分からない。

その間わが国では翻訳もかぞえると五〇冊以上の解説書があらわれた。あたう限り目を通すことを自分に義務づけてきたわたしは、本書もそうした一冊として手にしたのだった。だが読みはじめてすぐ予想は裏切られた。類書とは異なり、著者はまったく独自な視点からユーゴ問題にアプローチしていたからだ。文字どおり一気に読み終えた。

本書の魅力はもちろん著者の筆力に負っているが、あちこちで出くわすユーモア感覚もおおいに与《あず》かっていると思う。いったいバルカンの人びとがユーモアのセンスなしにあの苛酷な歴史を生き抜いてこられただろうか。わたしはユーモア抜きのユーゴ紹介をあまり信用できない。しかし本書を最も際立たせているのは、全編にあふれている著者の情熱と対象への限りない愛情だろう。情熱なくしてはいかなる行動も言説も説得力をもたない。著者はそれ故アメリカのダブル・スタンダードをきびしく追及し、アメリカのニュースをチェックもせずタレ流す日本のジャーナリズムに苛立つ。「誤ったことをなぜ、堂々と報道するのか」。

だからと言って著者がユーゴに偏った報道をしていると考えてはならない。コソボ紛争の最中、生命の危険をおかしてアルバニア解放戦線の人びとと接触し、彼らの本音を報道しているからだ。著者が出演したテレビを見たストイコビッチ夫人のスネジャナから、「どうしてあなたはアルバニア側の報道ばかりするのですか」と一度ならず非難されても、公平でありたいという姿勢をくずさない。

わたしは今でも初めて木村さんを目にした時の光景が忘れられない。二〇〇〇年の三月末、東京品川にあるユーゴスラビア大使館では、NATOのユーゴ空爆一周年に因《ちな》んでジャーナリストや識者を集めたパネル・ディスカッションが行なわれた。会の性質上ほぼNATOの空爆非難と被害状況の報告に終始したが、木村さんだけは少し違っていた。本書でも詳しく述べられているラチャクの虐殺事件を自分が見たとおり詳しく話した。

この事件も、それ迄ユーゴを悪者に仕立てるために成された「ヤラセ」の一つではないかという有力な説（「フィガロ」紙）があった。木村さんはそれを十分承知した上で、「ではあそこにあった子供の遺体は誰に殺されたのだろうか」と正直な疑問を呈して、報告を結んだのだった。

本書によってわたしは一九九九年五月一六日のデモが木村さんのイニシアチブで組織されたことを知った。その日は日本ユーゴ協会理事の土田純二氏から誘いを受けて、赤坂の檜町公園に馳《は》せつけ、「NATOのユーゴ空爆ハンターイ！」と叫びながら日比谷公園までデモ行進をした。デモもシュプレヒコールも砂川闘争いらい実に四四年ぶりだった。当然そこでリーダーの木村さんを見ている筈だが記憶にない。先日あらためて土田氏に確認し、「木村さんってどういう人？」と問うてみた。「いやー、現代には稀な好漢です」という答えが返ってきた。好漢はしかし、ルインスキー嬢とのセックス・スキャンダルで窮地に立たされていたクリントンが、「（空爆は）悲劇を終わらせるための道義的義務だ」と演説するのを聞くと、『冗談じゃねーよ。サカりまくりのクソ白豚が』と反発する。ボスニア戦争当時にクリントン大統領へ書簡を送り、〈セルビア武器ルートへの limited and selective bomb〉を訴えていた犬養道子（『世界の現場から』中央公論社）とはまったく正反対の立場だ。こうしたおせっかいを、著者なら「日本人が言うべきことではない」と口をつぐむに違いない。木村さんのストイシズムは貴重である。

二〇〇一年のJリーグが三月一一日に始まった。日本で七年も活躍したストイコビッチもいよいよ今年の第一ステージで二〇年の選手生活に別れを告げるとのこと。そんな新聞記事を読んでいたわたしは、格別な思いをもって名古屋グランパスの開幕試合をテレビ観戦した。ピクシーの動きはことのほか素晴らしく、試合は有利にすすんでいた。

四年前、わたしはベースボール・マガジン社の通訳として『サッカー・マガジン』のストイコビッチ特集に協力したことがある。ピクシーは長いインタビューにも快く応じてくれた。間に合わせに差し出したセルビア語辞典にもサインしてくれた。仕事が一段落してわたしのベオグラード生活を話していた時、「あの頃ズベズダシュ（赤い星ファン）だったのですよ」と告白すると、ピクシーは大いに喜んでくれた。当時のツルベナ・ズベズダ（赤い星）は伝説的なシェクラーラッツが国外に去り、ユーゴ・フットボール史上最高のジャイッチの全盛時代だった。チトー大統領がパルチザン・チームのファンだったことから、意地でズベズダシュになった人も大勢いたようである。

そんなことを連想しながらテレビ観戦をしていると、名古屋グランパスのサポーターが『誇り』と書いた大きなプラカードを掲げているではないか。あきらかに木村さんの本の題名である。わたしの胸がかすかに騒いだ。そして、「木村さん、良かったね」そうつぶやいていた。

試合は2対0で名古屋グランパスが緒戦をものにし、幸先のよいスタートを切った。ピクシーのアシストも光っていた。

『悪者見参』が『誇り』につづいて文庫化されることが決定すると、木村さんはまたまたユーゴへ飛んだ。追章を書き足すためだった。著者の情熱と誠実さがさらに加わった一本となった。しかし〈絶対的な悪者は生まれない。絶対的な悪者は作られるのだ〉という結論に、いささかの修正も加えられない。プレーヤーのピークと祖国の崩壊が見事に重なってしまったストイコビッチ。彼を中心に二冊めの本を書いた木村さん。わたしは素直に脱帽し、ますますの発展を期待して一言エールを贈りたい。

Kimura-san, samo napred!（木村さん、前進あるのみだ！）

（木村元彦『悪者見参──ユーゴスラビアサッカー戦記』所収「解説」、二〇〇一年、集英社）

おわりに

追悼　田中一生

田中一生を想う――遺著『バルカンの心』によせて

南塚信吾

生前は「田中さん」と呼んで、いわば兄貴分への多少の甘えを抱いて接していた田中一生さんだが、ここでは、田中一生さんを、少し自分から離した「対象」として、いくらかの緊張感を込めて論じて見たいので、「田中一生」あるいは「田中」と呼んでみることにする。

＊　＊　＊

戦後日本の文化史の中で田中一生の文化をいかに位置づけるかという問題を立てることは、けっしておかしなことではないであろう。田中は、戦後のいわば「安保」世代であり、戦争を否定し平和を求め、そして、いくらか疑問を持ちながらも「社会主義」にこだわった世代なのだ。一方、「文化」というものを「ものの考え方」といった広い意味ではもちろん、文化様式として「翻訳」から「歴史」までを含めて広く考えれば、田中の文化というものは成り立つと考えられる。そのような田中の文化は戦後日本の文化一般と同じなのか、独特の個性をもっているのだろうか。

田中の文化には、早稲田大学の文化、その中での文学部の文化、そしてさらにその中での露文科の文化が、根強く生きている。ユーゴスラビアを研究していること自体が、その現われであるが、かれの文化への姿勢や研究の仕方にもそれが現われていて、かれは、権力に距離を置き、非権力の世界の文化を広く吸収し、文化のあらゆるジャンルに造詣を持ち、外の文化をもつねに日本の文化にひき付けて考える広がりを持つ、「戦後の文化人」であった。

田中がユーゴスラビアの文化と歴史の研究者として、戦後日本のリーダーであったことは、田中本人以外は否定しないであろうが、不思議なことに、田中のユーゴスラビア研究の舞台は、けっして首都のベオグラードやザグレブではない。この舞台というのは、田中が調査したり、知己と交流したりする場という意味ではなく、かれが思想の世界を展開する出発の場という意味である。また、かれは、けっしてユーゴスラビアの政治や経済の中心的人物や政党を、正面から扱うことはなかった。もちろんその立場上、ユーゴスラビア全体や首都を舞台とする仕事はせざるをえなかったし、政治家を問題にせざるをえないこともあったが、彼が本当に身を打ち込んだのは、そこではない。

『バルカンの心』に収録されている「ユーゴスラビアの歴史と文化」は、かれの「世界」全体を示している「田中文化地図」ともいえる論文である。これをよく読めば、かれの「勝負手」が良く分かる。かれはけっしてユーゴスラビア全体を正面から扱わない。許される限りにおいて、正教の聖画やグスラル（語り物奏者）やハイドゥクや素朴画や「橋」などの観点から全体を見ようとするのである。あるいはマルコ王子やコソボから見ようとするのである。

そういう田中が、具体的に切り込んだ主な舞台は、『バルカンの心』に見られるように、アンドリッチのボスニア、ニェゴシュのモンテネグロ（ツルナゴーラ）、そしてコソボとドゥブロブニクである。これらの場所は、現代でこそ、悲しい戦争と破壊のゆえに世界に広く知られることになったが、一九九〇年代までは、研究者以外はほとんど知られない場所であった（かれは、「おれたちのやっているところは、いつもなにか悲しいことがないと、人に知ってもらえないのだなあ」と嘆いていた）。田中は、現代世界の「周辺」（比喩的にこの言葉を使わせていただくとして）にあるユーゴスラビアのなかの、そのまた「周辺」からユーゴスラビアと世界を見続けてきたのだ。

田中の学問的営為も、「周辺」にある。生涯、アカデミズムに職を得ようとはしなかった。在野にあった。そのほうが、世界を曇りなく自由に見ることが出来るという確信があったのかもしれない。田中は歴史学を学んだわけではなかった。自分でも「歴史学者」だとは言わなかった。しかし、彼はけっして「歴史小説家」でも「文学者」でもなかった。実際のところは、ユニークな「歴史家」であったと言ったほうがいい。田中は、アカデミズムの真中には入らなかったが、しかし、かれなりのやり方で、アカデミズムで繰り広げられている方法的議論を「消化」したり、先取りしたりしていた。

田中が亡くなる直前にその故郷の美唄市で講演したときこう語っている。少し長いのだが、田中の原点があるように思うので、引用してみたい。


「翻訳というのは、必ずしも横のものを縦にするだけとはかぎらないのです。日本語でも、私を含め多くの方が、原文で『源氏物語』はすらすら読めません。ですから、与謝野晶子や谷崎潤一郎、円地文子など沢山の人が日本語を日本語に翻訳しております。……明治時代の古典も現代文に訳される時代になってきています。……さらに、日本語の古典から現代語への訳ということだけではなく、我々は実際、日常茶飯事、何らかの形で翻訳活動を行っております。ここにお集まりの三〇何人かの方がたも、一人ひとり、自分自身の経験と知識によって言語体系を持っているわけです。その人その人の言語を持っているはずです。だからこそ、お互い話し合っても、あとから、あいつ何考えてこんなこと言ったんかなぁ、というようなことがあるのです。本当に肝胆相照らして「わかった」というのは、酒の上での幻想に過ぎないのであって、大抵、日常の生活は最大公約数を取って一つの意見をまとめるだけであって、みなそれぞれ、言語体系を持っていて、一人ひとりの日本語の世界が在るはずです。一見、同じ言葉を話しているようでも、腹の中、思惑、その言葉の意味する世界というのは全然違うはずです。ですから、〝春秋の筆法〟をもってすれば、それぞれが、日常、毎日、毎時、翻訳活動をしているはずです。さらに強く言えば、我々は自分自身が無意識のうちに自分が意図せざることを言ったり行動したりすることがありますが、あとから反省して、なぜあのときこういうことをしたのか、揣摩臆測《しまおくそく》をするわけです。それもまた翻訳活動です」。

ここには言語と実態についてのポストモダン的「転回」がこめられているし、歴史の史料への新しいアプローチの必要性がこめられている。こうした方法的問題を、田中は自己の翻訳活動を理論的に突き詰めていくなかで、おのずと認識していったのである。

＊＊＊

田中一生は、個的な「人」と「場所」を論じながら、扱う時代の社会や文化にわれわれを「スー」と引き込んでいく力を持っていた。

とりわけ、かれは「人」を通した歴史理解という点で、極めて優れていた。かれは、人物を描くとき、最も生き生きとしているように思える。「翻訳」においても、訳文そのものはもとより、著者の解説のなかで、彼が展開する歴史像は、その時代をよく伝えてくれている。『バルカンの心』に収録されたいくつかの論考を見ればそのことは納得されよう。

特にアンドリッチ論とニェゴシュ論は興味深い。二人を通じて、バルカンの歴史が教科書的ではなく、人の息遣いが聞こえるような形で、われわれに伝わってくるのだ。

「ニェゴシュ再興」と「山の花環」は、一九世紀前半のモンテネグロ（ツルナゴーラ）の主教ペタル二世ペトロビッチ＝ニェゴシュの叙事詩「山の花環」の翻訳への解説として書かれたものであるが、それは文学論というよりも、独特のモンテネグロ史となっている。ニェゴシュという支配者の存在そのものがモンテネグロ史の独特なところであろうが、かれの作品をとおしてモンテネグロの民衆の信仰や儀礼や「コソボ幻想」が紹介され、われわれに劇的なモンテネグロ史を提供してくれている。

「サラエボの女」「ドリナの橋」「アンドリッチの軌跡」は、イヴォ・アンドリッチを生涯の研究対象とした田中のお得意のテーマである。これらの論文においても、田中は、アンドリッチという「人」を追いかけながら、ドリナの橋の建設をめぐるオスマン支配の様子、ボスニアでのキリスト教徒とイスラムの絡み合い、アンドリッチが避難したり軟禁された村の雰囲気を描き、G・プリンツィプや「青年ボスニア」にそくして語られる第一次世界大戦への歴史を、いわば「裏側から」語り、そしてボスニアの歴史とユーゴスラビアの歴史を現場から繰り広げて見せてくれている。だから、時代が時代であるから、われわれは知らず知らずのうちに、第一次世界大戦の前史を学んでいることになる。

田中は、「人」を愛し、それをとおして歴史に接近するのだが、不思議なことに、その人物に「溺れ」てしまうことはない。つねに、かれは「対象」から一歩身を引いたところからそれを見つめるのである。アンドリッチも、ニェゴシュもそうだ。

田中がこだわった「場所」のひとつがドゥブロブニクである。ここでは特定の「人」は出てこない。しかし、ドゥブロブニクという町が「人」そのものであるようだ。

『バルカンの心』のなかの「ドブロブニクとの付き合い方」はつねに読者サービスを考える田中の面目躍如たるものがある。ドゥブロブニクの町を回り、市場や教会や市庁舎や文書館などを巡りながら、そのたびにそれの場所に生きた「人」を理解するために、歴史に遡ってみてくれる。だから、ドゥブロブニクの歴史が非常に効果的にわれわれに伝わってくる仕掛けになっている。田中のドゥブロブニク史は歴史学研究会編『講座・世界史I——世界史とは何か』(東京大学出版会、一九九五年)に取りまとめられている。このような全体としてのドゥブロブニク史を背景に、必要に応じてそこへ立ち戻っているわけである。ここで描かれる歴史は、もちろん政治や経済に関するものもあるが、上下水道であったり、薬屋であったり、演劇であったりする。「人」への優しい眼から見られた歴史は、われわれを静かにその時代へと連れて行ってくれる。今日からすれば、田中は、早くから社会史・文化史に関心があったと言えなくもない。

おそらく田中は、時間があれば、コソボという「場所」についても、もっと生き生きとした歴史を展開したかったのではなかろうか。

最後に、田中は社会主義国としてのユーゴスラビアをいかに見ていたのかという問題をたててみたいのだが、このテーマについて田中は、正面から論ずることはなかった。『バルカンの心』のなかでも、チトーを論じ、社会主義のもとでの文学を論ずる（「土に還る」）中で、その考えをちらりちらりと見せていたにすぎない。おそらくは、ソ連のような社会主義にたいしてユーゴスラビアの社会主義の独自性を評価するが、「労働者自主管理」などを理論的に説明するのではなく、「人」と「場所」に即してどういう利点・欠点がある（あった）のかを説明できなければならないと考えていたのではなかろうか。

＊　＊　＊

始めに述べたように、戦後日本の文化史の中で、田中は、その要素の多くを共有していた。以上に見たユーゴスラビアへの姿勢にそれは現われていた。だが、それはユーゴスラビアに直接関係しないところでも窺うことができた。

『バルカンの心』から離れることになるが、かれの戦争と平和への熱い思いもそうである。二〇〇四年以来一緒にやってきた世界史研究所でかれが私に「これ、大事だよね」といって勧めてくれた本の一冊が、別技篤彦『戦争の教え方——世界の教科書にみる』（朝日文庫、一九九七年）であった。世界史研究所で世界各国の世界史の教科書を話題にしているときのことであった。そのとき改めて、「ああ、田中さんは事態をよく見ているなあ」と感じ入ったものである。残念ながら、これがかれがわたしに勧めてくれた最後の一冊になってしまった。

こうして、田中は、戦後日本の文化史の一こまであった。が、しかし、かれはその戦後の文化史をたえずどこか「はずれた」ところから、見つめていた。とくに、戦後の文化史が「権威」となることをひどく嫌っていた。そういうものから離れて考えたいという姿勢が一貫していた。

みなが広場でわいわい盛り上がっているときに、かれは広場の端にあるコチマで、騒ぎをちらちら横目で見ながら、お茶を飲んでいるのだ。しかし、それは「仲間」との強い親近感と信頼感をもった上での「はにかみ」なのである。その「はにかみ」の中から、田中は独自の文化を発し、われわれにそれをどう受け継ぐかを問いかけている。

田中一生『バルカンの心』（彩流社、二〇〇七年）

（田中一生さんは、二〇〇七年三月九日に逝去された。心よりご冥福をお祈りします。）

（『東欧史研究』30号所収「書評」、二〇〇八年、東欧史研究会）

美唄は銀白の雪に

山崎　洋

　私が田中一生の名を知ったのは、一九六三年、ベオグラード留学が決まったとき、当時のユーゴスラヴィア大使館の人が、向こうへ行けば田中一生という先輩がいて、面倒を見てくれるだろうから心配するなと言って、住所をくれたのが最初でした。行ってみたら、ベオグラードの遥か南のヴラーニェという町で通訳として日本のプラント建設を手伝っていて、不在だというので、すっかり当てが外れてしまいました。やがてベオグラードへ帰ってきて付き合いが始まったのですが、それがいつからなのか、記憶にありません。気が付いたら、私の生活の一部になっていて、一緒に雀卓を囲む仲になっていたという感じです。一九六五年にはもう田中さんの口車に乗せられて、大使館の研修生を交え、三人で『セルボクロアチア語日本語辞典』を編纂しました。共同通信の三浦元博記者が私とのインタビューのなかで、「蘭学事始」になぞらえて「バルカン学事始」と名付けたのがそれです。それ以降の私の仕事は、しばしば田中さんの提案で、田中さんに引っ張られてやることになりました。仕事ののろい私は、「山崎君、見切り発車だよ」という田中さんの言葉を、今でも恐怖の念をもって思い出します。

　田中さんは後輩に対する面倒見がよかった。熱心な人を見ると、その人の性格の良し悪しや才能のあるなしにかかわりなく仕事を割り振って育てようとする。「無駄だよ。やめとけ」と注意したこともありましたが、聞きませんでした。私もそうして田中さんの育成枠に入れられたらしい。

田中さんとは『サラエボの鐘』を最初に、『山の花環』『小宇宙の光』を共訳しました。前半を山崎、後半を田中といった分担ではありません。田中さんが下訳を作る。それを私が直す。それによって田中さんが朱を入れる、といった作業を何度も繰り返すのです。『サラエボの鐘』のときには、私の日本語力に一抹の不安を抱いていたように思われます。それも無理はありません。後の芥川賞作家や直木賞作家と机を並べてロシア文学を学び、森鴎外に心酔して作品を耽読し、和歌を詠み、優雅な文章を書くことに情熱を傾けてきた田中一生と、経済学徒として、いかに文章から贅肉をとり、むき出しの事実だけを述べるかということに腐心してきた山崎洋とでは、はじめから喧嘩になりません。『サラエボの鐘』の訳者あとがきで、アンドリッチの『ゴヤとの対話』から、「すべて成功したとは言えませんが、成功させようとして力と技量を出し切ったとは申せましょう」との一節を引き、さらに続けて「それでも不備な点が残ったとすれば、すべては田中の実力不足のせいである」と書いていますが、これはシャイな田中さん一流の謙遜で、翻訳すれば「文責田中」、つまり「これは俺の訳」の意味なのです。

ニェゴシュの『山の花環』のときにはすでにほぼ対等の扱いを受けました。もともと田中さんが留学時代からやりたかったのですが、自分のセルビア語の力では不安だから、手伝えと言ってきた。それで引き受けた仕事です。今度はふたり、差しで仕事をする機会もあり、訳語をめぐって喧々諤々の議論になることもありました。田中さんは頑固な私に腹を立て、「俺はもういやだ、後はお前がひとりでやれ」などと言い出す始末。こちらは田中さんがぜひにと頼むからやっているのに、後はひとりではないだろうと思う。でも、少し落ち着いて考えてみますと、田中さんほどの翻訳家が気に入らないという個所には、きっとなにか問題があるのです。もう一度原文に返って見ると、やはり訳者の考えすぎというか、あれこれいじりすぎて、原文から離れていたりする。「これではどうだろうか」「よし、それでいこう」と仲直りになるわけです。若い人たち、とくに女性にはやさしい顔だけを見せる田中さんでしたが、そういう厳しい面もあったことを、この際、訴えておきたいと思います。大変でしたね、気の毒だったねと、同情していただければ、今日ここに来た甲斐があったというものです。

『小宇宙の光』の時は、議論はありませんでした。田中さんがようやくこちらの日本語に慣れてきたこともあったでしょうが、その頃には田中さんは不治の病に侵されていて、大声をあげる元気もなかったというのが本当のところかもしれません。二〇〇六年の冬、田中さんの多摩の自宅に『小宇宙の光』の完全原稿を届けたときには、横になったきり、こちらの言葉に頷くばかりでした。その数ヵ月後に、完成した本を見ることなく、息を引取りました。翻訳家田中一生は現場主義で、翻訳すべき書物の舞台となった場所をかならず訪ね、あるいは作者の生家や墓を見に行くのが常でした。『小宇宙の光』は神の玉座のある天国が舞台です。本にする前に見ておこうと、先を急いだのにちがいありません。自分で見切り発車をしてしまった。

私は、田中さんから何を受け継いだのかと考えると、それはよき友人であり知人であったと思います。田中さんは大勢の人に愛され、可愛がられ、同情されもし、そういう人たちと精神的交流を持った。日セ文化交流史における田中一生の大きさは、彼の人柄を慕って集まった人たち、彼の仕事と生活を支えてくれた人たちの輪の大きさを抜きには理解できないでしょう。私自身は自閉症気味で、友達作りが下手だったので、田中さんについて行くと友達ができるというのは、ありがたいことでした。たとえば、恒文社の池田恒雄社長に紹介してくれました。ベースボールマガジンの社長でしたが、恒文社を設立し、アンドリッチやブラトビッチの長篇小説のようなセルビア文学作品を含む東欧文学全集を刊行した人です。この出会いがなければ、私が母との共訳として、ヴーク・カラジッチの『セルビア英雄譚』を訳し、文学作品翻訳の第一歩を印すということもなかったでしょう。社長室に入っていくと、「山崎君、今度こんな本を出したよ」と、丸い顔をいっそう丸くして、いかにも嬉しそうに見せてくれる。いいなと思って書店を探しても、置いてないことが多い。東欧文学に関する関心がほとんどない時代だったのです。本当に本が好きでなければできない事業だったと思います。池田恒雄氏は、ユーゴスラヴィア文学の紹介・普及に大きな貢献があったとして、一九七七年に勲章を受けました。そんなことでお嬢さんの晶子さんとも知り合いになりました。お付き合いいただくようになって、もうウン十年になります。お父上が亡くなられてからも、田中さんとふたりでよくご自宅に遊びに行ったり、ご自身が経営するレストランでエスニック料理をご馳走になったりしました。今でも文化交流の進め方についてよく相談させていただいております。

ベオグラードの詩人スルバ・ミトロヴィッチ夫妻も、田中さんが引き合わせてくれました。私が俳句のセルビア語訳をやるようになってからは、スルバさんによく原稿を見てもらったものです。訳が詩になっているかどうかは、セルビア語が母語ではなく、詩人でもない私には分かりかねるので、判断を仰ぎ、一緒に直す。どんなに正確な訳でも、詩になっていなければ、それは俳句ではありません。『芭蕉名句選　古池』『蕪村句集　春の海』など、共訳ということにしました。「スルバさんって、日本語ができるんですね」なんていう早とちりの読者もいたくらいです。楽しい仕事をさせてもらいました。スルバさん自身も俳句が好きで、ハイクを書いていました。謙遜して「三行詩、あるいはハイクの試み」と題した一連の句が未知谷の『文学の贈り物　東中欧文学アンソロジー』に田中訳で出ています。たとえば、「見晴らし台ではみな／カレメグダン城址に／背を向けている」という三行詩。これは直訳で、「ドナウ河眺むる人の背に光」という俳句風に意訳したものが添えられています。ベオグラードのカレメグダン城址の高台からは、ドナウ河とサバ川の合流地点とその先に広がるパンノニア平原の雄大な景色が見られるので、だれもが城址に背を向けている滑稽を詠んだものです。「季語がないじゃないか」とからかうと、「だれも自分の皮から脱け出ることはできないのさ」と笑う。ヨーロッパの詩の伝統のなかで教育を受けた自分は俳句の世界には完全に入りきれないと言うのです。二〇〇六年、すでに病気が進行していた田中さんは、奥さんの千寿子さんや教え子、友人たちを率いて、最後の力を振り絞ってベオグラードに来ました。そして、同じように病気だったスルバさんを見舞いました。それがふたりの最後の出会いとなりました。スルバ・ミトロヴィッチさんは田中さんよりひと月早く永眠しました。田中さんに電話すると、「どちらが先かと思っていたが……」と言ったきり、口をつぐんでしまいました。

すでに述べましたが、田中さんは翻訳をするとき、ゆかりの地を訪れるのが常でした。とくに作者の墓にはかならず詣でる。生まれた家とか住んでいた通りというのなら分かるが、墓は作品に投影されることがありません。仕方があるまいと言うと、そうではない、作者の人柄が分かると言うのです。私も今度、北海道へ行き、田中さんの墓に詣でてきました。新千歳空港から快速で約一時間、美唄に着きます。美唄は銀白の雪で覆われていました。妹さんご夫妻の出迎えを受け、菩提寺に向かいます。真宗の寺で、名前は一乗山正教寺《しょうきょう》。なんとギリシャ正教の正教と同じ字です。田中さんがビザンチン美術に惹かれ、正教世界に憧れたのはそのせいかと、田中流のダジャレ的発想で感心しました。寺の裏手の墓地へ行くと、そこには雪を被った墓石がひっそりと立ち、雪を払えば田中家重代之墓とあるのが見え、裏には、平成一九年三月九日没、田中一生、享年七一歳と彫られていた、ということはありませんでした。そうではなく、新しいモダンな本堂の二階に案内されました。大きな阿弥陀像が立っている。ここで法要を営み、それから墓参りかと思っていると、それも違いました。そこが墓地だったのです。黒塗りの厨子のような墓がロッカーのように並んでいる。田中家の墓はご本尊のすぐ脇にありました。扉を開けると仏壇になっていて、下に遺灰が納められてあります。私は焼香し、ご遺族の方々と一緒に南無阿弥陀仏を唱えさせていただきました。「田中さん、とうとう来たよ。田中さんが生前、望んでいたように、ニェゴシュの『山の花環』を文庫本にし、アンドリッチの『サラエボの鐘』を編集しなおすためにがんばっているから、見守っていてね」と、心の中で報告しました。

田中さんは天使に導かれてニェゴシュの描いた天国の視察に旅立ったものと思っていたら、どうやら阿弥陀さまに導かれて西方浄土へ行ったらしいということが分かりました。もっとも、天国といい浄土といい、所詮は人間が同じものに与えた別の名前、本質はひとつなのです。異文化間の交流もまた、たんに違うものを互いに認め合い、相互理解を深めるための架け橋を築くというのでは十分ではない。異なって見えるものが実は同じ人間の営みであり、ひとつの本質の異なった表れにすぎないことを知らなくてはならないのです。

（『プリヤテリ』28号所収、「〈講演〉私の日セ文化交流史」より抜粋、二〇一二年、日本セルビア協会）

（ベオグラード在住）

田中さんが遺してくれたもの

柴　宜弘

田中一生さんが七二歳で亡くなってから一三年が経つ。この間に田中さんの享年を越してしまい、わが身を振り返ることも多くなると、いまさらながら、田中さんのように細分化されない分野横断的な視点から、ユーゴスラヴィアやバルカンを見ることの重要性を痛感する。

本書には、田中さんの著書『バルカンの心』に収録できなかった論考やエッセイが収められている。博識な田中さんのユーゴスラヴィアやバルカンの文化に対する深い洞察は、このような短いエッセイや記事の中に鏤《ちりば》められている。本書を読むと、「ヨーロッパの火薬庫」としてのバルカンではなく、この地に生きる人々の日常生活やその基層をなす文化に改めて気づかされる。これは、今後のユーゴスラヴィア・バルカン研究にとってますます重要な視点であり、田中さんの置き土産と言える。

もう一つ指摘しておきたいのは、読書家として知られる田中さんの蔵書は膨大な数におよんだ。それらの蔵書の多くは、早稲田大学や大阪大学の図書館に寄贈されている。最近、大阪大学の図書館からバルカン関連図書を借り出した際に、K.Tanakaのサインを目にして驚いたという話を知人から聞いた。田中さんの遺したものは確実に受け継がれている。

最後に、二〇〇七年四月の田中さんお別れの会での弔辞を掲載し、追悼文に代えたい。

お別れの言葉

私にとっては三五年ほど前に、杉並区成田の四畳半ほどの部屋で田中さんからセルビア・クロアチア語の手ほどきを受けたことが、研究生活に入る出発点でした。週一回、勇んで田中宅に通っていたあの頃を今でも懐かしく思い出します。私は歴史や政治制度に対する興味からユーゴスラヴィアに関心を持ちはじめましたが、田中さんは文学や美術を通して、ユーゴスラヴィア社会に生きる人々やその基層にある文化に強い関心をいだき、人々や文化に惚れ込んでいるのをその頃から実感することができました。日本でそれほど知られている国とはいえなかったユーゴスラヴィアに関心を持つ後輩にとって、田中さんは頼もしい存在でした。博識な田中さんから一対一でセルビア・クロアチア語を学ぶなかで、私は自然にユーゴスラヴィア、バルカン、そしてヨーロッパの文化にも目を向けるようになりました。

読書家で見識が高い「教養人」としての田中さんは「自由人」でもありました。大学の研究者しか見てこなかった私にとって、組織に所属せずに、縛られることなく自分の研究や翻訳をする方と身近に接したのは、田中さんが初めてでした。その影で、奥様のご苦労があったことは容易に想像できましたが、田中さんの気骨ある生き方に共鳴し、憧れさえいだきました。もっとも、当時の私は自由に生き、研究していくことがどれほど大変なことなのかを理解できていたとは到底いえません。ただ、好きな文学作品をコツコツと翻訳する田中さんの姿を垣間見て、そうした生活に憧れただけだったのかもしれません。結局、私は田中さんの生き方を「反面教師」とするような、いわば「縛られた」生活に飛びついてしまいました。

田中さんからは、いろいろなことを学ばせていただきました。歴史を勉強してきた私から見ても、田中さんが翻訳したり論文を書いたりする際に疑問が生じると、新たに外国語を独習してでも、必ず原資料にあたり徹底的に調べぬく姿勢や、現地に足を運び、自らの目で確認するやり方は感心させられました。また、筆まめな田中さんからいただく旅先からの絵葉書はとてもうれしいものでした。これらは大切な宝物です。筆不精の私には、なかなかまねができません。田中さん夫妻と横須賀に行った帰りの電車のなかで、田中さんが器用な手つきでりんごの皮をむいてくださった姿も、妙に記憶に残っています。

田中さんが亡くなられる三日前の三月六日、入院中の病院に見舞いに行きました。たまたま、部屋には誰もいなく、目を閉じた田中さんはヘッドホンを耳に当て、口には酸素吸入器をつけていました。眠っているようでしたので、いったん病室を出ると奥様が戻られました。一緒に病床に戻り、声をかけていただきました。モーツァルトのレクイエムを聴いているとのことでした。田中さんは私が来たことに気づくと、論文集『バルカンの心』の出版記念会について、あの人も呼びたい、この人も呼びたいと、ひとしきり話し続けました。田中さんが突然「また、帰ってくるから」と言ったので、奥様が「どこから」、私が「川からですか」と言うと、「うん、うん」と笑顔でうなずくので、三人で笑ってしまいました。

田中さん、いつでも戻ってきてください。遺り残された仕事は私たち後輩が受け継いでいきますから、心配されずに、どうぞゆっくり休んでください。

二〇〇七年四月一五日

柴　宜弘

【絵／写真協力】
Jovana Tucović（ヨヴァナ・トゥーツォヴィッチ）
古賀亜希子
嶋田紗千
長見有方（写真）

追想のユーゴスラヴィア

2020年11月30日　発行

著　者　田中一生
編　集　世界史研究所
装　丁　江畑菜恵（es-design）
発行者　坪井圭子
発行所　有限会社かりん舎
〒062-0933
札幌市豊平区平岸3条9丁目2-5-801
TEL 011-816-1901
http://kwarin.jp/
印　刷　中西印刷株式会社

ISBN 978-4-902591-41-5